기독교 바로알기

김광원 · 문시영

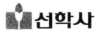선학사

책머리에

기독교 바로알기

이 책을 집어든 이유는 아마도 교재로 선택되었기 때문이거나 책제목에서 흥미가 유발되었을 가능성이 높다. 어떤 이유에서건 책을 집어든 이상 전체적인 이야기를 끝까지 읽어본 다음에 이 책에 대한 평가를 내려주었으면 한다. 이 책은 말 그대로 기독교를 '바로 알게' 하는 목적의식에 충실하도록 노력한 결과물인만큼 이 책을 통하여 참된 기독교의 모습을 발견할 수 있게 되었으면 하는 마음 간절하다.

한국 개신교 선교 2세기를 향하여 나아가고 있는 시점에서 기독교를 모르는 사람은 거의 없으리라 본다. 단편적으로 귀동냥하여 들은 것들로부터 시작하여 저마다 한 마디 이상의 비판적인 평론을 할 수 있을 정도로 기독교는 이미 익숙해졌다. 기독교인이건 비기독교인이건 간에 저마다 기독교는 이러저러한 모습을 보여 주어야 한다, 기독교가 너무 기복적이다, 기독교가 지나치게 거품에 싸여 있다 등등 한마디씩 못 할 사람은 거의 없다. 하지만 대부분의 경우, 기독교를 외부로부터 관찰하여 얻은 상식이나 남에게 전해들은 이야기들은 기독교의 알맹이를 놓치는 것이기 쉽다.

이 책은 기독교인으로 하여금 보다 깊은 신앙을 추구할 수 있도록 기독교의 근본적인 요점들을 간추리는 동시에 비기독교인에게는 기독교에 대한 피상적이고 왜곡되기 쉬운 관점을 교정하여 기독교를 보다 바르게 이해할 수 있도록 배려되었다. 필자들은 쉽고 평이하면서도 요점을 간추리는 방법을 취하여 기독교를 바르게 소개하고자 노력했고, 오랜기간의 구상과 짧은 시간의 집필로 인해 다소 축약되거나 의도적으로 생략된 부분도 없지않지만 굵은 흐름은 제대로 파악할 수 있도록 관심을 기울였다.

혹자의 말대로 현대인의 특징을 탈종교, 탈도덕의 경향으로 설명할 수 있다면, 종교의 문제에 대해 거의 관심이 없는 젊은이들을 대상으로 기독교를 소개한다는 것 만큼 어려운 일도 드물 듯 싶다. 필자들은 특별히 대학 선교의 현장에서 볼 수 있는 기독교에 대한 여러 가지 왜곡과 피상적인 인식에서 비롯하는 난제들 앞에서 기독교를 보다 쉽고 간결하며 동시에 바르게 이해시킬 수 있을 것인가를 고심하지 않을 수 없었다. 이 책은 바로 이러한 문제의식의 연장선상에서 비롯했다고 하겠다.

이 책이 여타의 소개서와 다른점이 있다면 기독교에 대한 올바른 이해를 돕는 부분과 함께 오늘의 문제를 등한시하지 않았다는 점일 것이다. 제1부는 주로 기독교의 근간을 이해하는데 도움을 줄만한 내용들로 구성하였고 기독교의 어제와 오늘, 그리고 내일에 대한 조망이 가능하도록 노력해 보았다. 제2부에서는 현대사회가 직면하고 있는 환경문제, 생명의 문제, 그리고 행복의 문제를 망라하여 기독교적 가치관 혹은 기독교 윤리적 대안의 모색을 위한 논의들이 소개되고 있다.

기독교를 소개하는 책은 많지만 교재로서 입맛에 맞는 책은 드물다. 이 책은 여러 가지 용도를 고려하여 집필되었다. 무엇보다도 대학의 '기독교개론'을 위한 교재가 필요했다. 여러종류의 개론서가 시중에 있지만 필자들이 보기에는 이것저것 모자라는 부분이나 지나친 부분이 있는 듯 여겨졌고,

보다 새로운 시각에서 기독교 과목의 교재를 손쉽게 접할 수 있도록 해야 하겠다는 생각에서 책의 구성이나 조판에 이르는 부분들을 기존의 기독교 개론서들과는 조금 달리 시도해 보았다. 더욱이 이 책의 공란은 검사한다고 강요하기 전에는 대학노트 하나 마련하지 않으려는 종교 무관심의 젊은 이들을 위해 배려된 것으로서 매번 강의시간을 통하여 공란을 충분히 채울 수 있는 이야기와 도전이 생겨나기를 기대해 본다.

부록으로 수록된 '인물로 엮어본 기독교 역사'와 '채플 엿보기'는 기독교 대학의 문에 처음 들어선 새내기들을 위해 배려되었다. 특히 '채플엿보기'는 채플에 관한 기본적인 사항을 설명하고 특히 필자들이 채플강단에서 전했던 메시지 중에서 엄선한 네 편의 설교를 소개했다. 만일 이 책을 사용하는 분들이 기독교 대학의 새내기 들이라면 '채플엿보기' 부분만큼은 시간을 내어 꼭 읽어 두었으면 좋겠다. 이 책을 집필하면서 도움을 받았거나 권장하고픈 도서들은 참고문헌에 나열되어 있다. 이 책이 나오기까지 도움을 주었던 여러 동역자에 대한 감사의 말씀도 잊지않고 싶다. 표지를 디자인해 주신 산업디자인학과의 선병일 교수님께 진심으로 감사를 드리며, 삽화를 그려준 정미경·양에게도 감사한다. 아울러 항상 친절하게 교목실을 섬기며 아낌없는 도움을 주었던 이유경 선생님께 감사를 드리며 아울러 방학 동안 교목실에 얽매여 오른팔이 되어준 전인태군과 조영상군의 노고도 치하하고 싶다.

이 책을 들고 교양과목을 수강하는 젊은 지성인에게 그리고 기독교에 대한 일목요연한 이해를 원하는 모든 사람들에게 하나님의 은총이 가득하기를 기도하면서 기독교를 바로 알게 되는 축복이 깃들기를 기원하는 바이다.

1998. 새해아침

김 광원, 문 시영 識

6

차례

8

제 1 장
인간과 종교

생각 모으기

인간을 어떤 존재로 이해하는가 하는 문제는 단순한 이해의 차원을 넘어서 그의 삶 전체를 지배하는 중요한 문제에 속한다. 그러나 사실에 있어서 "인간이란 무엇인가?"라는 질문은 그 질문의 중요성에 비해 좀처럼 쉽게 풀기 힘든 난제에 속한다. 먼저 인간에 관하여 자신이 아는 상식을 전부 동원해서 다음의 빈칸을 한번 채워 보도록 하자.

▷ "人" 글자 풀이를 해 본다면?	
▷ "생각하는 갈대"란 무엇을 뜻하는가?	
▷ 인간을 "죽음에 이르는 존재" (Sein zum Tode)라고 부르는 이유는 무엇일까?	
▷ 인생에서 종교는 필요하다고 보는가?	

소위 인간을 논할 때 생물학적 관점, 사회학이나 철학적 관점 등 얼마든지 설명이 가능하다. 물론 이런 관점들은 인간을 이해하는데 적지 않은 도움을 주어 왔다. 그러나 인간 존재의 문제를 이런 차원에서만 다루고 끝낸다면, 이는 인간 문제의 핵심을 놓치고 만다. 본 장은 바로 이 문제를 소상히 다루게 될 것이다.

1. 인간이란 어떤 존재일까?

어린 시절 비너스 석고상을 앞에 놓고 데생을 그려 본 적이 있다. 동일한 석고상이라도 그 대상을 보는 각도에 따라서 모두들 전혀 다른 모습으로 그려낸 것이다. 이때 그림을 그리는 사람에게 있어서 적어도 어떤 각도에서 대상을 보느냐하는 문제는 상당히 중요한 변수 역할을 한다. 물론 석고상의 경우 서로 다른 측면에서 그린 각각의 그림 모두는 나름대로 일면의 진실을 화폭에 담아 내고 있다고 말할 수 있다.

그러나 석고상의 경우와는 달리 인간에 관하여 말할 때에는 좀 다른 측면이 있다. 그것은 다름 아닌 인간이란 단지 석고상처럼 객관적 대상으로 그냥 묘사되는 것으로 끝나는 존재가 아니라는 점이다. 도리어 인간은 스스로 주체가 되어 삶을 살아가는 실존(實存)하는 존재라는 점에서 적어도 석고상과는 달리 취급되어져야 할 것이다. 따라서 인간을 어떻게 이해하느냐 하는 문제는 석고상을 어떤 각도에서 보느냐 하는 것과는 근본에 있어서 다르다. 왜냐하면 인간은 단순한 하나의 사물이 아니기 때문이다. 인간은 살아 움직이며, 생각하고 또한 번민하며 삶의 의미를 찾는 존재이다. 인간이란 단지 대상화시켜 객관적으로 다룰 수 있는 존재가 아니라는 점에서 우리는 인간을 '실존적 존재'라고 부른다.

● 실존적 경험들

그런데 우리는 어떤 사물을 인식하거나 설명할 때 반드시 자신의 실존적 경험을 반영하게 마련이다. 예컨대 하늘의 달(月)에 대하여 한번 생각해 보자. 사람들은 동일한 하늘의 달을 보면서도 각각 자기가 서 있는 실존적 경험들을 통해서 전혀 다른 해석을 가해 왔던 것이다.

흥미롭게도 희랍인들은 그들 특유의 실존적 경험, 즉 '무엇'(what)이라는 질문을 통해서 하늘의 달을 해석하여 왔다. 말하자면, "달은 무엇으로 만들어졌을까?" 하는 등의 학문적 질문이 여기에 속한다. 소위 희랍에서 일찍이 철학이 발달되었던 것은 희랍인들의 특유한 실존적 경험과 결코 무관하지 않다. 집요하게 '무엇'을 찾으려는 과학적 엄밀성 때문인지 서양에서 먼저 과학 혁명이 일어났던 것이다.

그러나 동일한 하늘의 달을 바라보면서도 동양에서는 전혀 다른 해석이 나왔다. 즉 동양인들은 하늘의 달을 보면서 '어찌할 바를 몰라' 하던 자신들의 마음을 빗대어 노래했던 것이다. 예컨대 "달아 달아 밝은 달아 … "는 동양인들의 '어떻게'(how)라는 고유한 실존 경험을 통해서 해석되었고, 이렇게 해석된 동양인의 달은 의인화된 일종의 '마음의 달'이다. 동양인들은 이 달 속에서 꿈을 키웠고, 한(恨)을 풀기도 했으며, 가무(歌舞)를 즐기기도 했다. '무엇'이 서구인들의 실존적 경험의 틀이었다면, '어떻게'는 동양인들의 틀이었다고 할 수 있다. 즉 서양인들은 인간으로서의 자기 정체성(self-identity)을 찾을 때 주로 '무엇'이라는 철학적인 실존 체험의 틀을 통해서 해석하였던 것이다. 따라서 이들의 본 인간은 철학적 인간이다. 그런데 동양인들의 인간 이해는 주로 '어떻게'를 통해 해석되었다. 그런 의미에서 동양인들이 본 인간은 지극히 예술적 인간이다.

그런데 하늘의 달을 해석하는 또 하나의 다른 실존적 경험이 있다. 이는 성서에 나오는 히브리인들의 '누구'(who)라는 틀이다. 성서의 사람들인 히브리인들은 동일한 하늘의 달을 보면서도 "도대체 저 달을 누가 만들었을까?"를 질문했던 것이다. 이들은 달을 보면서 오히려 그 달을 창조하신 하나님을 생각한 것이다. '누구'를 찾는 그들의 공동의 실존 경험은 세계 사물 속에서 신(神)의 숨결을 발견하도록 만들었던 것이다. 따라서 히브리인이 보는 인간은 분명히 종교적 인간임에 틀림이 없다. 마치도 시인(詩人)이 사물 너머 손짓 해 오는 존재의 눈짓을 노래하듯이, 종교적 인간은 모든 사물을 단지 나타나고 보여지는 것만으로 파악하지 않고, 도리어 사물 그 너머에 있는 영원한 신비에까지 다다른다.

이렇듯 인간을 어떻게 이해하는가 하는 문제는 언제나 인간의 삶과 직접적으로 연관되어 있는 것이다. 따라서 한 인간이 어떤 인간관을 지니고 살아가는가 하는 것은 그의 인생을 전적으로 지배한다고 할 수 있다. 인간에게 있어서 인간을 어떻게 이해하느냐 하는 인간관은 곧 그의 세계관을 구성하기 때문이다. 실로 건전하고 올바른 인간관을 확립하는 일은 인생의 성공이나 실패와 직결되어 있는 것이다. 특히 자아 확립이 이루어지는 청년 시절에 어떤 인간관을 접하고 또한 어떤 인간관을 섭렵하느냐 하는 문제는 매우 중요한 관건이 아닐 수 없는 것이다.

2. 초월을 향한 존재

반드시 히브리인이 아니더라도 인간은 내면의 실존적 경험을 통하여 종교적 인간으로 성숙될 수 있다. 그래서 희랍인들은 형이상학의 종국인 제1철학에서 신성(神聖)을 논하였고, 동양인들은 우주적 영성(靈性)을 통하여 자신들의 종교심을 표현하기도 했다. 이렇듯 신학자 라아너 (K. Rahner)의 말대로 반드시 명시적이 아니더라도, 인간에게는 본래 '초월(超越)을 향한 지향성'이 암묵적으로 내재해 있다. 종교개혁자 칼빈(J. Calvin)이 '신성의 감정'(sensus divinitatis)이라고 칭했고, 혹은 근대의 위대한 신학자 슐라이엘마허(F. Schleiermacher)가 '절대 의존의 감정'(das Gefühl der absoluten Abhängigkeit)으로 불렀던 소위 초월을 향한 이 지향성은 우리가 진지하게 자신의 내면 세계를 깊이 파고든다면 비로소 고개를 들고 조용히 그 모습을 드러낸다.

덴마크의 실존 철학자인 죄렌 키엘케골(S. Kierkegaard)은 인간의 실존을 세 단계로 나누어 구분하기도 했다. 당시 타락했던 덴마크의 기독교를 혹독하게 비판하면서 등장한 키엘케골은 본래적인 기독교의 모습을 회복시키고자 자기 생애를 바친 사람이다. 본래 그는 초기에 변증법 (Dialektik)과 절대 정신(der absolute Geist)을 추구하는 헤겔(G.W.F. Hegel)의 객관주의 철학에 심취해 있었다. 그러나 곧 이어 헤겔을 뛰어 넘어 자신의 고유한 논리의 틀인 역설법(Paradoxon)과 함께 철저한 주관주의적 실존철학을 주창하기에 이르른다.

● 심미적 실존

그는 인간 실존의 첫 단계를 심미적 실존(審美的 實存)이라고 불렀다. 이 심미적 단계는 인간에게 있어서 가장 기초적인 단계로서 쾌락을 추구하는 실존을 의미한다. 이 단계에서는 본능이 요구하는 미적 감각을 따라서 사는 것이다. 사실에 있어서 육욕적 쾌락은 추구하면 할 수록 감각의 불감증 때문에 진정한 쾌락을 얻지 못하고 불쾌감과 공허감에 도달하고 만다. 소위 정신적 만족이 결핍된 감각적 쾌락은 결국 허무에 당도하고 말기 때문이다. 이러한 심미적 실존은 일차원적 인생, 아메바성 동물적 삶이라고 말할 수 있다. 그러나 일차원적인 심미적 실존만으로는 인간의 삶은 성취되지 않는다. 도리어 본능만을 추구하던 심미적 실존은 그 쾌락의 나락에서 회의(懷疑)와 번뇌를 거듭하게 된다. 바로 이 때 인간은 보다 나은 삶을 위한 도약을 필요로 하게 된다.

● 윤리적 실존

그리하여 심미적 실존은 이제 두 번째 실존 단계인 윤리적 실존(倫理的 實存)을 획득하게 된다. 여기에서는 더이상 본능의 지배를 받는 것이 아니라, 이성(理性)과 양심의 질서를 존중한다. 왜냐하면 이 단계의 실존은 매사에 적어도 윤리적 각성을 반영하고 살아가기 때문이다. 그래

서 윤리적 실존은 보다 나은 삶의 질(質)을 향하여 진력한다. 소위 이차
원적인 가치를 추구하는 삶, 말하자면 악(惡)을 거절하고 선(善)을 선택
하는 의지를 발동한다. 더군다나 자기 자신뿐 아니라, 타자에 대한 책임
감을 의무로 느끼게 된다. 그러나 인간은 윤리적 명령이나 의무만으로
삶의 의미를 실현해 나가기에는 역시 나약한 존재에 불과하다. 왜냐하
면 가치를 실현하는 방법을 스스로의 힘에만 의존하고 있기 때문에 온
갖 노력에도 불구하고 패배와 좌절감에서 벗어나기 힘들기 때문이다.
이성의 법칙과 윤리적 결단은 참으로 위대한 것이지만 그러나 동시에
인간은 이것만으로는 진정한 선(善)을 실현해 가는 삶에 실패할 수밖에
없음을 체험하게 되는 것이다. 이것은 일종의 한계(限界)와 부조리의 체
험이며, 무기력과 이율배반이라는 인간 실존의 밑바닥에 팽개쳐 지는
아픔이기도 하다. 소위 실존을 '던져진 존재'라고 부르는 이유가 바로
여기에 있다.

　인간이란 가차없이 세계를 향해 '던져진 존재'이기에 고독을 안고 허
무(虛無)의 세계를 대책 없이 우연성에 맡기며 홀로 살아가겠노라고 선
언한 자들을 장 폴 사르트르(J.P. Sartre)는 무신론적(無神論的) 실존주
의자들이라고 했다. 그러나 실존의 의미를 포기 하지 않고 끝까지 밀고
나간 나머지 도대체 나를 세계 속에 던진 자가 누구인가를 찾아 나선
사람들을 가리켜 사르트르는 유신론적(有神論的) 실존주의자들이라고
불렀다. 그런 의미에서 키엘케골은 유신론적 실존주의자에 속한다. 따
라서 키엘케골은 실존의 마지막 세 번째 단계인 종교적(宗敎的) 실존에
몰입한다.

● 종교적 실존

　이 종교적 실존은 이성과 윤리가 감당하다가 끝내 놓쳐 버린 삶의 깊
이를 붙잡고 진지하게 씨름한다. 그도 그럴 것이 인간 실존의 참 자리

에는 이성과 윤리만으로는 다 찾아질 수 없는 종교적 영역이 있기 때문이다. 일찍이 헤겔(G.W.F. Hegel) 철학과 칸트(I. Kant)의 윤리론에 제동을 걸고 종교의 본연의 자리를 다시 찾아 낸 슐라이엘마허(F. Schleiermacher)는 종교의 깊이란 형이상학이나 도덕의 수준과는 근본적으로 달리한다고 주장했다. 기독교 성자 바울(St. Paul) 사도 역시 바로 이 문제와 씨름하면서 다음과 같이 논한 바 있다:

> "나의 행하는 것을 내가 알지 못하노니 곧 원하는 이것(선)은 행하지 아니하고 도리어 미워하는 그것(악)을 함이라 … 이제는 이것을 행하는 자가 내가 아니요 내 속에 거하는 죄니라 내 속 곧 내 육신에 선한 것이 거하지 아니하는 줄을 아노니 원함은 내게 있으나 선을 행하는 것이 없노라 내가 원하는 바 선은 행하지 아니하고 도리어 원치 아니하는 바 악을 행하는 도다." (로마서 7:16ff)

성자 바울도 여기에서 합리적 판단이나 도덕적 명령에도 불구하고 자신의 삶의 결과는 언제나 퇴락하고 있다는 진술한 고백을 하고 있는 것이다. 이성과 윤리의 끝자락에 묻어 나오는 저 종교성이야말로 인간의 삶을 바르게 실현시킬 수 있는 무진장한 보고(寶庫)가 된다. 여기서는 삶의 가치 실현의 방법에 있어서 스스로의 힘에 의존하려는 것이 아니라, 하나님을 향한 믿음을 통하여 획득하게 하자는 것이다.

키엘케골은 이 종교성을 '종교성 A' 와 '종교성 B'라는 두 가지 카테고리로 나누어 생각하고 있다. '종교성 A'는 자연 종교(自然宗敎)를 말하는 것으로서 이 종교성은 인간이 신(神)을 찾아가는 길이라고 하였다. 그러나 키엘케골은 이 자연 종교의 길에서는 진정한 종교성의 발현이 성취될 수 없다고 말한다. 이 길에 들어서면 도리어 중도에 길을 잃고 목적지까지 도달 할 수 없다는 것이다. 그러나 또 하나의 종교성인 '종교성 B'는 계시 종교(啓示宗敎)라고 한다. 이 종교성은 위에서 아래에로의 길로서 신(神)이 인간을 찾아오시는 계시의 길이라고 한다. 키엘케골은 기독교야말로 하나님의 사랑의 표현인 예수 그리스도의 십자가의 위대함을 강조하는 위대한 종교라고 강조하고 있다. 그는 인간의 합리적 판단과 도덕적 의지만으로는 도저히 성취될 수 없었던 진정한 삶의 가치와 의미의 실현을 바로 기독교적 종교성을 통하여 성취시킬 수 있다고 본 것이다. 바로 이것이 곧 전 인류를 향한 '기독교의 초대장'이며, 기독교인들의 자기 정체성을 담은 세상을 향한 '믿음의 헌장'인 것이다.

3. 기독교적 인간관

● 흙으로 빚어진 존재

기독교적 인간 이해의 출발점은 곧 인간은 '피조물'(被造物)이라는 것이다. 조물주(造物主) 하나님에 의해서 창조된 피조물인 인간은 모든 다른 피조물들과 동일한 피조물에 불과하다. 따라서 생물학적으로 보아서 인간은 분명히 다른 생물과 다를 바 없다. 성서의 증언은 하나님께서 흙으로 사람을 지으셨다(창세기 2:7)고 한다. 흙으로 만들어진 존재로서의 인간이란 곧 아무리 능력이 있다고 하더라도 역시 인간은 인간일 뿐이지 결코 신(神)일 수 없다는 것을 말해 준다. 인간은 역사적으로 볼 때 인간이기를 버리고 신의 자리에 올라앉아 보려는 오류를 끊임없이 자행해 왔던 것이다. 이는 인간이 흙으로 빚어진 존재임을 망각 한데서 비롯된 교만인 것이다. 그래서 루돌프 옷토(R. Otto)는 흙으로 빚어진 존재에 대한 인식을 '피조물 감정'(das Kreaturgefühl)이라고 불렀다. 피조물 감정이야말로 인간이 조물주에 의해 흙으로 지음 받은 존재임을 각성시켜 주는 거룩한 누미노제적(numinos) 인식인 것이다. 따라서 흙으로 빗어진 존재는 궁극적으로 '하나님 앞에 선 존재'이다.

동시에 흙으로 빗어진 존재로서의 인간은 그의 생명에 한계가 있음을 인식한다. 인간은 영원한 존재가 아니라, 시간 내 존재이며 세계 내 존재인 것이다. 즉 시간과 공간의 제약 안에 사는 존재라는 뜻이다. 특히 아담과 이브의 타락 사건과 더불어 흙으로 빗어진 인간이라는 사실 속에서 인간은 죽을 수밖에 없는 존재임을 각인 받고 있다. 그러나 한 줌의 흙에서 나와 다시 한 줌의 흙으로 돌아간다는 엄연한 사실은 동시에 지금 나에게 주어진 생명이 얼마나 고귀하고 값진 선물인가를 깨닫게 하며, 또한 지금을 바르고 성실하게 살아가도록 촉구하는 촉매가 된다.

흙으로 빗어진 인간이란 또한 인간이 근본적으로 흙과 불가 분리의 존재라는 점을 나타낸다. 흙으로 빗어진 인간은 일하고 땀 흘리며 노동하는 인간이다. 죄의 결과로 얻게 된 노동(창세기 3:17)이지만, 흙으로 빗어진 인간은 근본적으로 흙과 더불어 살고 흙과 더불어 일하는 노동하는 인간이다. 그래서 노동은 신성한 것이기도 하다. 우리가 주목할 것은 성경은 한결같이 하나님을 '일하시는 하나님'으로 묘사하고 있다. 하나님은 창조의 사역으로 일하셨고, 지금도 역사에 개입하여 일하고 계신 것이다. 예수께서도 "내 아버지께서 이제까지 일하시니 나도 일한다"(요한복음 5 : 17)고 말씀하셨다. 우리가 직업을 가지고 일하는 것은 곧 하나님께서 우리에게 맡겨주신 소명(vocation)을 수행하고 있음을 알아야 할 것이다.

● 하나님의 형상을 닮은 존재

성서의 증언은 하나님께서 흙으로 사람을 지으시고 생기를 코에 불어넣어 생령이 되게 하셨다(창세기 2:7)고 한다. 흙을 생령으로 변환시키신 하나님은 다른 피조물과 달리 인간에게 존엄성을 부여하셨음을 알수 있다. 본래 하나님께서는 인간을 창조하시되 하나님의 형상(Imago

Dei)을 따라 지으셨다(창세기 1:26). 이 점에서 인간은 다른 피조물과의 차별성을 지닌다. 이 말은 인간이 곧 신의 경지에 들 만한 존재라는 뜻이 아니라, 하나님의 특별한 사랑을 받은 존재라는 뜻이다. 그래서 모든 피조물 중에 인간만이 종교를 통하여 하나님을 찾는다. 인간만이 자기 자신을 '하나님 앞에 선 존재'로 인식한다. 인간이 종교적 실존이라는 말은 바로 이를 가리킨 말이다.

그런데 하나님의 형상을 닮았다는 것을 단지 외관 형태가 하나님과 유사하다는 식으로 이해해서는 안된다. 이러한 '신인 동형론'(der Anthropomorphismus)은 그 본래의 의미를 오해한 문자주의적 해석이다. 동시에 하나님의 형상을 인간 속에 있는 신적인 어떤 속성(屬性) 정도로 이해하는 것도 옳지 못하다. 과거 기독교에서는 하나님의 형상을 이렇게 실체론적으로 해석하려고 시도해 왔으나, 최근 데카르트적 존재론의 비판과 더불어 하나님의 형상을 단지 실체론적-정태적인(static) 어떤 존재성으로 보려는 시각은 수정을 요청 받고 있다. 즉 최근에는 하나님의 형상을 관계론적-동태적(dynamic)으로 이해하려는 반성이 일어나고 있다. 그리하여 하나님의 형상을 하나님과 인간의 인격적 관계성으로 해석한다. 즉 관계적 존재로서의 인간을 가리켜 coexisto ergo sum (나는 더불어 산다 고로 나는 존재한다)이라고 말함으로써 데카르트의 존재론적 정식(正式)인 cogito ergo sum(나는 생각한다 고로 나는 존재한다)을 수정하고 나섰다. 따라서 하나님께서 인간에게만 주신 특권 "땅을 정복하라 … 모든 생물을 다스리라"는 신의 명령을 단지 만물을 지배하라는 실체론적-정태적 해석으로 이해하지 않고, 도리어 하나님의 동역자로서의 그리고 세계 관리자로서의 위임이라는 관계론적-동태적으로 이해한다. 소위 실체론적-정태적 해석은 땅을 억압한 나머지 환경 파괴를 위한 종교 이데올로기가 되었지만, 관계론적-동태적 해석은 인간의 오만과 무지로 오염된 땅을 다시 살리자는 생태학적 전거가 되고 있는 것이다.

하나님의 형상을 닮은 피조물인 인간에게는 특권과 더불어 의무가 주어져 있다. 그것은 인간을 창조하신 하나님의 뜻을 따라 살아야 하는 거룩하고 신성한 의무인 것이다. 피조물이 조물주의 뜻을 거스르지 않아야 함은 당연한 이치이다. 하나님께 영광을 돌리는 일이야말로 피조물의 최상의 과제인 것이다. 하나님의 뜻을 가장 모범적으로 따른 분이 계시다면 그 분은 곧 독생자 외아들이신 예수님이시다. 따라서 예수께서는 '주기도문' 가운데 "(하나님의) 뜻이 하늘에서 이룬 것 같이 땅에서도 이루어지이다"(마태복음 6:10)라고 가르쳐 주셨고, 마지막 죽음의 위험 앞에서도 "나의 원(뜻)대로 마옵시고 아버지의 원대로 하옵소서"(마태복음 26:39)라고 기도하시고 십자가의 고난을 받으셨던 것이다. 또한 예수께서는 우리에게 "너희는 먼저 그(하나님)의 나라와 그의 의(義)를 구하라"(마태복음 6:33)고 권고하셨던 것이다.

● 구원받아야 할 존재

기독교적 인간 이해의 가장 극점은 인간은 곧 죄를 지은 존재라는데 있다. 죄인으로서의 인간이야말로 기독교의 관심사이다. 여기에서 성서가 말하는 죄란 일종의 도덕적 죄악이나 사회 범죄를 의미하는 것이 아니다. 즉 종교적인 죄는 세속적인 의미의 죄와는 다른 차원에서 이해되어야 한다. 다시 말하면 종교적인 죄는 인간과 인간 사이의 문제뿐만 아니라, 동시에 하나님 앞에서의 문제인 것이다. 기독교에서는 본래적인 죄(pecca essentiale), 즉 원죄(原罪)를 문제 삼는다. 즉 이 죄는 하나님을 떠난 인간의 자기 추구적인 불신앙과 하나님께 대한 죄책으로 나타난다. 성서가 말하는 원죄란 하나님께서 인간에게 선물로 주신 '자유의지'를 가지고 선(善)을 추구하는 일에 사용한 것이 아니라, 도리어 하나님의 뜻을 거스르는 일에 사용하였기에 얻게 된 죄책을 말하는 것이다. 아담의 죄로 인하여 모든 인류에게 죄가 들어 왔다는 원죄론은 생물학적인 죄의 유전을 의미하기보다는, 인간 본질 속에 내재하고 있는 죄의 보편성을 가리키는 말이다. 즉 원죄설은 인간이 구원받아야 할 존재임을 알려주는 교리이다. 소위 죄의 보편성은 인간은 죄의 용서라는 은혜가 필요한 존재라는 뜻이다. 즉 인간은 구원을 받아야 할 존재라는 말이다.

실로 인간은 불완전한 존재이다. 만일 인간이 완전한 존재로 지음 받았다면 인간에게 '자유의지'는 주어지지 않았을 것이다. 왜 하나님은 인간에게 자유의지를 주셨는가? 그래서 타락하게 만드셨는가? 인간의 죄는 도리어 조물주의 책임이 아닌가? 물론 그렇게 말할 수도 있을 것이다. 그러나 자유의지가 주어지지 않았다면 인간은 꼭두각시와 조금도 다를 바 없었을 것이다. 사실 자유의지는 하나님께서 인간에게 주신 굴레가 아니라, 도리어 빛나는 금관이다. 왜냐하면 자유의지는 인간으로 하여금 선한 가치를 만들어 내도록 하는 원천이다. 하나님께서 주신 자유의지를 가지고 인간은 자유롭게 선과 악을 선택 할 수 있는데도 불구하고 악을 선택하지 않고 선을 선택하는데서 인간은 가치를 창출하며 사는 존재라고 할 수 있다. 만일 인간이 선만을 선택하도록 완전하게 조작된 존재라면, 그런 존재가 선택한 선은 무슨 가치가 있단 말인가? 따라서 인간은 순간 순간 올바른 선택을 결단하며 살아야 한다. 자유의지가 선한 가치를 창출하도록 우리 속에서는 양심이 돕는다. 그러나 인간은 양심만으로는 진정한 선을 창출할 수 없는 나약한 죄된 존재이다. 그래서 인간은 예수 그리스도를 믿음으로 구원을 받지 않으면 안된다. 바로 여기에 앞서 언급한 종교적 실존으로서의 인간의 본질이 담겨 있는 것이다. 예수의 구원에로의 초대 말씀을 한번 들어보라.

"하나님이 세상을 이처럼 사랑하사 독생자를 주셨으니 이는 저를 믿는 자마다 멸망치 않고 영생을 얻게 하려 하심이니라"

(요한복음 3:16)

그런데 그리스도를 통한 하나님의 구원 계획은 사실 인간에게만 국한된 것은 아니다. 실로 하나님은 탄식하는 모든 만물이 자기와 화목하기를 원하신다. 이것이 바로 하나님의 보편적 사랑이요, 우주적인 구원의 계획인 것이다:

"그(그리스도)의 십자가의 피로 화평을 이루사 만물 곧 땅에 있는 것들이나 하늘에 있는 것들을 그로 말미암아 자기(하나님)와 화목케 되기를 기뻐하심이라"(골로새서 1:20)

생각해 볼 문제

1. 종교적 실존이 의미하는 것은?

2. 무신론적 실존주의와 유신론적 실존주의의 차이점은?

3. 하나님의 형상(Imago Dei)이 뜻하는 것은?

4. 인간은 왜 신앙을 필요로 하는가?

제 2 장
하나님을 찾아서

하나님은 계시는가? 아니면 신(神)은 죽었는가? 근·현대에 이르러 강력한 힘을 발휘하며 등장했던 무신론(無神論)은 과연 정당한가? 혹은 신의 존재를 증명할 수 있는가? 성서에 나타난 하나님의 모습은 어떠한가? 이런 문제들을 논하기 앞서 우선 아래 빈칸의 질문들을 아는 대로 정성스럽게 답하여 보자.

▷ 신이 존재하지 않는다는 근거를 말하라고 한다면?	
▷ 신이 존재한다는 근거를 말하라고 한다면?	
▷ 신이 존재한다면 과연 어떤 분이겠는가?	
▷ 하나님과 하느님의 관계는?	

엄밀하게 말해서 하나님은 우리의 인식(認識)과 언어(言語)를 뛰어 넘어서 계시다. 따라서 하나님에 관한 사항은 사실 인간이 왈가왈부 할 수 있는 사안이 아니다. 그렇다고 마냥 침묵만 하고 있을 수는 없는 노릇이다. 그리하여 본 장에서는 하나님이 없다는 무신론적 주장과 하나님이 계시다는 유신론적 논증들을 집중적으로 논술하여 보기로 하자.

1. 현대 무신론은 정당한가?

하나님의 존재가 의문시되는 것은 특히 근대 이후 세속화의 결과이다. 고대 희랍에서 소크라테스는 무신론자라는 죄목으로 사형 당한 바 있다. 그러나 소크라테스는 그 당시 폴리스의 신들을 경배하는 것을 거부했을 뿐이지, 어떤 신이든지 모두 거부한 것은 아니었다. 사실 그는 고대 희랍에 성행했던 '영혼 불멸설'을 신봉하고 있기도 했다. 그래서 그는 내려진 사약을 당당하고 자신 있게 마실 수 있었다. 그런데 프랑스 혁명 이후에 나타난 근대의 세속화로 말미암아 그 어떤 신이든 일체 거부하는 철저한 무신론이 등장하게 된 것이다. 서구 선진국뿐만 아니라, 제3 세계 저개발국에서조차도, 게다가 동구권에서는 말할 것도 없이 무신론이 횡행하고 있다. 더군다나 최근 세속적 무신론은 현대인들의 삶의 구석구석을 지배하면서 그 재미를 만끽하고 있는 것이다. 적어도 오늘날 우리가 기독교 신앙에 대하여 말하고자 한다면 이러한 무신론을 감안하지 않고는 도저히 말할 수 없게 되고 말았다.

● "나는 왜 기독교인이 아닌가?"

다소 희미해지기는 했지만 젊은 시절 흥미롭게 읽었던 책 중에 버트란트 럿셀(B. Russel)이 쓴 "나는 왜 기독교인이 아닌가?"가 있다. 이 책은 거의 역사적인 기독교 혹은 서구화된 기독교의 역사적 오류와 허점들을 지적하는데 집중되어 있었던 것으로 기억된다. 그 당시 과거 기독교 교회 내지 기독교 문화가 무작위로 구석구석 저질렀던 무지와 억지의 소산들을 신랄하게 꼬집어 냈던 럿셀의 날카로운 어조에 흥분하기도 하고, 감동하기도 했었다. 그러나 그의 비판이 거의 기독교의 본질 자체에 대한 결정적인 비판이 아니라, 역사적인 현상에 대한 비판이었다는 나름대로의 결론을 얻고 그냥 기독교인으로 남기로 했던 적이 있다.

수학자요 철학자인 럿셀은 1950년 노벨 문학상까지 받은 석학이며, 70여권의 빛나는 저술을 남긴 세계적 지도자이다. 그의 글 곳곳에서 우리는 과학의 프리즘을 통해서 종교를 극단적으로 비난하는 어구, 날조된 신이나 교조로서 신자를 매혹하는 종교의 악한 얼굴을 여실히 꼬집어 내고 있음을 쉽게 발견할 수 있다. 본래 그는 기독교 가정에서 태어났으나, 끝내 종교를 거부했다. 럿셀이 끈질기게 서 있었던 무신론의 자리는 일종의 과학주의와 휴머니즘이라고 할 수 있다. 과학주의 문제는 과학과 기독교에서 별도로 다루게 될 것이다. 여기서는 휴머니즘 문제를 다루기로 하자. 럿셀 역시 무신론의 아버지로 꼽히는 독일 철학자 포이엘바하(L. Feuerbach)로부터 발원된 현대 휴머니즘 무신론의 젖줄기에서 자라난 기독교 비평가에 속한다고 할 수 있다.

● 무신론의 아버지

루드비히 포이엘바하는 기독교 배경에서 자라나 하이델베르그(Heidelberg) 대학의 신학생이 되었다. 그러나 신학에 크게 회의한 나머지 포기하고 다시 베르린(Berlin) 대학의 철학부로 옮겨 전공을 철학으로 전환한 무신론자이다. 그의 무신론에로의 학문적 전향은 신학(Theologie)은 인류에게 절대로 구원을 줄 수 없으며, 도리어 인간학(Anthropologie)이야 말로 인간을 구원할 학문이라고 확신했기 때문에 발생했다. 그의 주저이며 현대 무신론의 교과서인 "기독교의 본질"(Das Wesen des Christentums)은 전통적인 기독교의 교리를 전부 다 인간 예찬론으로 환원시킨 희귀한 작품이다. 그의 무신론은 신이 인간을 창조한 것이 아니라, 인간이 신을 창조했다는 극단적 인간 예찬론에 속한다.

포이엘바하는 하나님 의식이란 결국 인간의 자기 의식이고, 신학의 신비는 인간일 뿐이라고 한다. 그는 기독교의 인격신은 인간의 독립화된 유개념(類概念)에 불과하고, 의인화된 인간 본질일 뿐이라고 한다. 하나님이 도덕적으로 완전하다든지 하나님이 사랑이라는 것은 인간적 의지와 마음의 투사(Projektion)에 불과하다. 나아가서 하나님의 성육신(Incarnation)은 단지 하나님이 되어 버린 인간의 나타남일 뿐이며, 수난 당하는 하나님의 신비는 인간적 감각의 신비로 이해한다. 그리하여 그는 전통적인 기독교가 신에게 돌렸던 갖가지 선하고 희생적인 속성들을 모두 인간 속에서 발견할 수 있다고 말한다. 아니 더 나아가서 신이 실제로 존재하는 것이 아니라, 인간의 본래 모습을 투사해 놓은 것에 불과하다는 것이다. 그런데 이것을 사람들이 그만 신이라고 잘못 명명하여 오해했을 뿐이라는 것이다. 그러니 이제 더 이상 신에게 매달리지 말고 인간의 일은 인간의 힘으로 최선을 다해 신 없이 책임적으로 살자는 것이다.

그의 종교 이해는 계몽주의의 영향을 받은 것으로, 어쩌면 계몽주의 그 이상의 것이다. 종교의 시작과 중심과 마지막이 인간 자신이라고 본 그는 철저하게 무신론적 휴머니스트이다.

그런데 한번 생각해 보자. 사실 포이엘바하의 말대로 우리는 인간 속에서 선하고 희생적인 요소를 얼마든지 발견할 수 있다. 만일 그렇지 않다면 짧은 인생이 얼마나 삭막하겠는가? 그런데 문제는 다른데 있다. 즉 포이엘바하의 말대로 과연 인간은 전적으로 선하고 희생적이기만 한가 하는 것이다. 여하한 경우에도 그 대답은 분명히 '아니다!'가 아닌가! 실로 그는 소위 인간학적 오류를 크게 범하고 있는 것이다.

사실에 있어서 인간을 완전한 존재로 이해하려는 입장은 도리어 기독교의 역사적인 오류보다 더 큰 오류를 인류사 안에 가져다주었다는 것을 상기할 필요가 있다. 예컨대 인간 완전주의는 왜곡된 배타적인 민족 우월주의나 문화 우월주의 그리고 이름도 무서운 식민주의라는 역사적 기형아를 지구촌 안에 낳아 놓았는가 하면, 하늘 높은 줄 모르고 치솟아 올라갔던 18/19세기 인간 예찬론적 휴머니즘은 그 꽃을 다 피우기도 전에 일·이차 세계대전이라는 쓰라린 비극 앞에서 급기야 무릎을 꿇어야만 했던 것이다. 극단적 휴머니즘이 무참히도 패배한 이유는 완전한 존재요, 교육만 잘 받으면 완전해 질 수 있다고 낙관적으로 믿었던 바로 그 인간이 이렇게도 잔인할 수 있단 말인가 하는 역사적 경이(驚異)와 아이러니를 전쟁 속에서 인류가 공동으로 체험했기 때문이다. 불행하게도 포이엘바하 뿐만 아니라 렛셀도 바로 이 점을 보지 못하고 말았던 것 같다.

인간으로 태어나서 인간 예찬과 휴머니즘을 거절할 사람이 과연 있겠는가? 그러나 이 극단적 인간 예찬론은 반드시 종식되지 않으면 인류는 그만큼의 고통을 더해 갈 뿐임을 모두가 알아야 할 것이다. 거절해야 하는 많은 이유들 중에 특별히 다음 두 가지 문제는 반드시 지적하고 넘어가야 하겠다. 하나는 인간 완전주의이고, 다른 하나는 인간 중심주의이다. 양자는 물론 상호 제약한다. 그러나 반드시 전자처럼 인간 완전주의를 주장하지 않더라도, 얼마든지 인간 중심주의를 추구할 수 있다는 측면에서 양자를 구별할 필요가 있다.

● 인간 완전주의 비판

우리는 인간을 절대적 존재로 예찬하는 인간 완전주의, 아니 더 나아가서 신의 자리에까지 높이 들려 올릴 만큼 완벽한 존재로서의 인간론에는 절대로 동의할 수 없다. 간혹 인간 완전주의를 직접적으로 주장하지 않는다고 하더라도 간접적으로 인간 그 너머에 대해서는 인정하지 않으려고 하거나 애써 침묵하려고 한다면 이 또한 그 배후에 '인간 완전주의'를 전제하고 있는 것이라고 할 수있다.

인간 완전주의가 극명에 달했던 시대는 말할 것도 없이 근대 계몽주의 시대 이후라고 할 수 있다. 바로 이 근대는 인간 완전주의를 추구해

온 시대이며, 근대 정신을 극단적으로 몰고 온 현대는 이제 그 후유증
으로 시달리고 있는 것이다. 왜냐하면 과거 종교적 세계관과 가치관으
로부터 탈피하여 휴머니즘과 산업 메커니즘으로 세계 내적 유토피아를
만들어 보겠다고 부르짖으며 힘차게 출발했던 근대, 그리고 요란한 문
명의 혜택을 인류에게 안겨 준다는 조건으로 어머 어마한 어두운 대가
를 지불해야만 했던 현대가 이제 인류에게 인간성 상실, 살생 무기의
첨예화, 극단적 소비문화, 환경오염 등 온갖 문화적 질병으로 얼룩져 그
막바지까지 왔기 때문이다.

　지금 우리는 근·현대의 시대 정신이 당초 내걸었던 표제어와는 전혀
결과가 다른 하나의 문명 종말의 시대에 살고 있다. 이 말은 인간 완전
주의의 종말이 어떤 것인가를 잘 대변해 주는 말이다. 우리가 인간 완
전주의를 지지할 수 없다는 것은 자명한 일이다. 그것은 바로 자기 자
신을 두고 가장 솔직할 수 있다면 누구나 인간으로서 긍정할 수밖에 없
는 진실 같은 것이다. 포이엘바하로부터 시작된 현대 무신론이 인간의
완전성을 주장하는데서 비롯되었다면, 성서적 유신론은 언제나 인간의
불완전성을 고발하는 데서부터 출발한다. 아무리 살펴보아도 자신이 부
끄럽기 만한 죄인이기에 오늘도 하나님의 도우심을 구할 수밖에 없을
뿐이다.

● 인간 중심주의 비판

　또 하나 인간 중심주의 역시 온 인류가 함께 경계해야 할 대상이다.
최근 들어서 더욱 여러 생각 있는 세계의 지성들이 입을 모아서 '인간
중심주의'가 얼마나 우주의 미래를 위해서 해악한 것인가를 지적하고
나온다. 왜냐하면 이 문제는 근대 이래로 휴머니즘에 기초한 인간 지상
주의가 표방되면서 현대 문화가 극도로 자연을 파괴하고 있기 때문이
다. 인간 지상주의는 언제나 역사 속에서 기술 지상주의와 맞물려 나타

난다. 이 두 가지는 자연을 억압하고 파괴하면서 자연 뿐 아니라, 인간 마저 설자리를 빼앗고 있다. 인간 이기주의는 결국 인간을 죽이는 결과를 낳았던 것이다. 처음에 인간 중심주의가 나타난 것은 소위 인간성을 지나치게 과소 평가하는 그릇된 신 중심주의에 대한 반발로 나타났는데, 그만 신을 제거해 버린 결과 그 신이 포괄하고 있던 우주와 세계 내 사물 전체에 대한 배려를 함께 제거해 버리고 말았다. 그들은 신만 따로 떼어서 버리면 인간이 더 잘 살 것으로 알았으나, 결국 신을 버린 결과 신과 함께 자연과 자신까지도 함께 버린 셈이 되었다.

이 우주는 인간들만의 자리가 아니다. 인간들은 반드시 이 사실을 상기해야만 한다. 우주는 창조자이신 하나님을 포함해서 그 우주를 구성하고 있는 모든 존재자들의 공동의 자리인 것이다. 이 우주에서는 모두가 함께 더불어 살지 않으면 누구도 살 수 없다. 만일 우리가 이 사실을 받아들인다면 우리는 결코 인간 중심주의를 부르짖는 무신론적 휴머니즘에 우리 자신을 맡기고 살아갈 수는 없을 것이다.

2. 무신론의 후예들

● 마르크스, 엥겔스, 니이체

마르크스(K. Marx)는 포이엘바하의 투사이론을 받아들였다. 그에 의하면 신은 다만 형이상학적인 것으로 하나의 연장된 인간이다. 그렇기에 그는 신을 환상이라고 했다. 따라서 그는 종교는 아편이며, 억압이 제거되어야 잠잠해지는 '억눌린 피조물의 탄식'이라고 비난했던 것이다. 엥겔스(F. Engels)도 종교를 인간의 일상적 생존을 지배하는 저 외적인 세력들이 인간의 두뇌 속에서 환상적으로 반사된 것이요, 지상적 세력들이 초지상적 세력들의 형태를 취하는 반사에 불과하다고 했다. 그는 만약 인간이 '생산 수단'이라는 낯선 세력에 의한 '노예상태'로부터 해방된다면, 이러한 낯선 세력의 종교적 반사는 사라질 것이라고 주장했다. 왜냐하면 그렇게 되면 반사되어야 할 것이 더 이상 없기 때문이라고 한다. 또한 니이체(F. Nietzsche)도 유명한 책 「짜라투스트라는 이렇게 말하였다」(Also sprach Zarathustra)에서 "땅에 충실하라. 그리고 너희에게 이 땅 너머의 희망에 관해 말하는 자를 믿지 말라! 그들은 독살자이다"라고 말함으로써 휴머니즘적 무신론자가 되었다. 그는 무신론자라기 보다 사실 살신론자(殺神論者)에 속한다. 니이체에 따르면 "신은 죽었다(Gott ist tot) 이제 우리는 초인(超人)을 기다린다"고 외쳤다. 포이엘바하가 자연 속에서 신을 대치할 절대자(인간)를 찾았다면, 마르크스는 그것을 절대적 미래(계급없는 사회)에서 찾은 반면에, 니이체는 신 대신에 영원회귀와 생의 의지를 찾은 셈이다.

● 하나님은 다르다

이미 앞에서 언급 한대로 휴머니즘적 동기를 강하게 지닌 무신론의 후예들 모두는 의심할 나위 없이 인간성을 외면했던 그릇된 초월적 유신론에 대한 반발 때문에 대두된 것들이다. 그러나 기독교의 하나님은 초월적인 분만이 아니라, 자기 비하(Kenosis)의 하나님임을 알아야 한다. 하나님은 세계 넘어만 계신 것이 아니라, 세계 안에 계신 분이시다. 사도 바울은 성서에서 이 사실을 이렇게 말하였다:

> "하나님도 하나이시니 곧 만유의 아버지시라 만유 위에 계시고 만유를 통일하시고 만유 가운데 계시도다"   (에베소서 4:6)

실로 기독교의 하나님은 무신론자들이 비난하는 그런 하나님이 아니

다. 성서에서 발견되는 하나님은 초세계와 배후 세계에 앉아 우리와 무
관한 세상 밖의 지엄한 하나님이 아니라, 세계의 심장부이다. 그 분은
매우 높은 곳에 앉아 있는 폭군이 아니라, 사랑의 하나님이시다. 이 하
나님은 자기 혼자 부유하기 위해서 인간을 헐벗게 만드는 형이상학적
수탈자가 아니라, 인간을 부유케 하기 위해서 스스로 가난해지신 분이
시다(고린도후서 8:9). 그 분은 우리를 비참하게 만들지 않기 위해 스스
로 비참해지시는 분이시다. 그 분은 우리를 소외시키지 않기 위해서 자
신을 소외시키신 분이시다. 그 분은 생명을 죽이지 않고, 도리어 자기
자신을 내어놓으심으로써 우리에게 생명을 선사하신 분이시다. 무신론
자들이 거부했던 그런 하나님은 분명히 기독교의 하나님이 아니다.

3. 신 존재 증명

기독교 전통에 있어서 하나님을 아는 지식은 주로 두 가지 다른 길이
존재해 왔다. 하나는 고대 희랍 철학으로부터 시작되어 현대 철학적 신
론에 이르기까지 내려 온 자연적 신인식(神認識)의 길이고, 다른 하나는
아브라함과 이삭과 야곱의 하나님으로 불리는 성서에 나타난 신학적인
길이 그것이다. 여기서는 전자를 중심으로 논해 보기로 한다.

● 존재론적 논증

11세기 칸터베리 주교(主敎)인 성 안셀름(St. Anselmus)은 스콜라 철
학의 아버지로써 하나님의 개념으로부터 하나님의 존재를 증명하고자
시도했다. 그는 「Proslogion」이라는 책 속에서 인간이 가질 수 있는 최
고의 존재라는 사실로부터 이 최고의 존재는 필연적으로 존재할 수밖에

없다는 귀결을 짓는다. 하나님은 '그보다 더 큰 것을 생각할 수 없는 가장 위대한 존재'(id quo maius cogitari non potest)이다. '그 보다 더 큰 것은 생각할 수 없는 가장 위대한 존재'는 우리의 생각(understand) 속에만 존재하는 것이 아니라, 실재(reality)로써 존재한다고 한다. 만일, '그보다 더 큰 것을 생각할 수 없는 가장 위대한 존재'가 실재로 존재하지 않고 단지 우리의 생각 속에서만 존재한다면, 그는 분명히 '그 보다 더 큰 것을 생각할 수 없는 가장 위대한 존재'가 될 수 없는 것이다. 따라서 생각되어지고 또 실제로도 존립하는 가장 위대한 존재는 생각되기는 해도 실제로 존립하지 않는 존재보다 더 위대한 존재라는 것이다. 따라서 그는 더 큰 것을 생각할 수 없는 가장 위대한 존재는 실제로도 존재할 수밖에 없다고 하였다. 안셀름의 이러한 존재 증명을 '존재론적 논증'(der ontologische Beweis)이라고 부른다. 안셀름의 이 증명은 논증을 통해서 비로소 믿기 위한 행위로 진행한 것이 아니라, 자기가 믿고 있는 바를 인식하려고 하는 신앙 고백적인 입장에서 진행된 것이 특징이다.

그의 논증에 대해서 당시의 학자 가울니노(Gaulino)가 반박하고 나섰다. 즉 개념으로부터 존재를 추론하는 것은 잘못이라고 한 것이다. 왜냐하면 사각원(四角圓)을 생각했다고 해서 실제로 '사각으로 된 원'이 존재할 수 있느냐는 것이었다. 그러나 안셀름은 다시 이렇게 논박했다. 있어도 되고 없어도 되는 그러한 가변적 존재는 개념에서 존재를 추론할 수 없지만, 필연적 존재는 할 수 있다고 논박함으로써 논쟁에 승리했다. 즉 하나님은 있어도 되고 없어도 되는 그러한 가변적 존재가 아니기 때문이다.

● 우주론적 논증

그러나 신 존재 증명은 13세기 토마스 아퀴나스(Thomas von Aquin)

에게서 '우주론적 논증'(der kosmologische Beweis)으로 집대성되었다. 그의 논증 중에서 2가지만 소개해 보겠다. 그의 논증은 멀리 희랍의 철학자 아리스토텔레스의 영향으로 만들어진 것이다. 첫째로, 제일 기동자(起動者)에 대한 논증이 있다. 즉 모든 운동은 잠재태(潛在態)에서 현실태(現實態)로 가는 이동인데, 현실태에서 만나는 모든 것은 하나의 잠재태로 소급되고, 이 잠재태는 다시 그 나름대로 다른 잠재태로부터 현실태로서 작용되어진다. 이러한 진행은 결국 제일 기동자에까지 소급된다. 이 제일 기동자는 또 다시 어떤 잠재태로 환원되지 않고 단지 현실태로서만 존재한다. 이 제일 기동자를 토마스는 하나님이라고 부른 것이다. 둘째로 작용인(作用因)에 관한 논증이 있다. 즉 모든 현실적인 것은 어떤 원인의 결과로서 존립하는데, 그 원인도 다른 원인의 결과가 되어 인과관계가 계속 진행된다. 이러한 인과 관계의 길고 긴 계열은 무한한 것일 수 없고 그 종국에는 하나의 작용인이 있을 뿐이다. 이 작용인은 다른 작용인의 결과가 될 수 없는 것이다. 따라서 그는 이 작용인을 제1원인(causa prima)이라고 규정한 후 결국 이 제1원인을 하나님이라고 불렀다.

● 목적론적 논증

또 하나 토마스의 '목적론적 논증'(der teleologische Beweis)이 있다. 이 논증은 이 우주는 하나의 목적의 포괄적인 지배를 통하여 규정되어 있다는 사상이다. 이 증명은 세계의 질서로부터 세계를 초월하는 질서 부여자를 추론한다. 즉 이 세계는 조화와 질서를 가지고 있다는 것이다. 하늘의 무수한 별들이 서로 부딪치지 않고 움직이는 것은 하나님의 예정된 조화와 질서가 그 속에 있기 때문이라고 한다. 그런데 이 조화와 질서는 결코 우연히 있을 수는 없는 것이다. 한 이성적인 존재가 그들을 있게 하였을 것이며, 그를 최고의 목적으로 지향하고 있다고 보았다.

바로 이 최고의 목적을 곧 하나님이라고 한 것이다. 목적론적 논증은 앞의 필연적인 '인과 추론'과 달리 '유비 추론'에 근거해 있어서 철저하지 못한 약점을 지닌다. 물론 이러한 토마스의 논증은 성서에 나오는 인격적인 하나님, 즉 사랑하고 용서하시며 말씀하시는 하나님과는 다소 거리가 있다.

● 도덕론적 논증

그러나 철학자인 칸트(I. Kant)는 존재론적 논증, 우주론적 논증, 그리고 목적론적 논증 모두를 논박하면서 신존재 증명을 위한 하나의 '도덕론적 논증' (der moralische Beweis)을 주장하였다. 그는 순수 이성을 통해서는 결코 신을 증명할 수 없다는 불가지론을 먼저 정립한다. 신은 단순한 이성을 뛰어 넘는 '순수이성' 이상의 존재인데 인간의 이성으로는 물자체(物自體/Ding an sich)를 인식할 수 없기 때문에 '실천이성'을 통해서 칸트는 신을 요청하고 있다. 즉 그는 도덕적 책임성의 조건으로서 자유가 없다면, 선·악을 행한 것에 대한 책임이 없어지기 때문에 첫째로 자유(自由)를 요청한다. 그는 살아서 바르게만 살다가 고난 당하고 죽는다면 억울하고 불합리하므로 보상받을 수 있는 사후 세계가 있어야만 한다고 생각한다. 따라서 칸트는 둘째로 영혼불멸(靈魂不滅)을 요청하게 된다. 그런데 누가 선하고 누가 악하게 살았는가를 판단해 줄 존재가 있어야 하므로 칸트는 마지막으로 신(神)을 요청하기에 이른다.

칸트는 신 관념을 실제로 도덕률로부터 이끌어 낼 수 있기 위해서 최고 선(das höchste Gut)의 개념을 도출해 낸다. 말하자면 칸트는 덕과 행복의 완전한 일치를 최고선으로 이해하는데, 바로 자유, 영혼불멸, 그리고 신은 이 최고선의 가능적 조건들로 본 것이다. 소위 최고선에의 노력은 의무이기 때문에 의무는 하나의 주관적 도덕적 필연성이며 신 존재의 전제이기까지 하다.

● 철학자의 하나님

이번에는 보다 종합적인 철학적 논증을 한번 살펴보기로 하자. 모든 의심을 배제하는 수학의 확실성은 근대 철학자들의 열망이었다. 무제약적 수리 철학적 확실성이라는 근대적 이상을 가장 잘 구체화한 철학자는 분석 기하학과 현대 철학의 창시자인 데카르트(R. Descates)이다. 그는 명석 판명한 것이 아니면 모든 것을 방법론적으로 의심하기로 했다. 그러나 의심할 수 없는 것 두 가지를 찾아냈는데, 하나는 수학이고 다른 하나는 곧 의심하고 있다는 사실이다. 즉 그의 회의의 극점은 회의하는 자신만은 회의할 수 없다는 것이었다. 따라서 그의 유명한 명제 "나는 생각한다 고로 나는 존재한다"(cogito ergo sum)를 수립한다. 그는 자기가 생각하고 있는 관념들의 출처를 의심하기 시작했다. 그런데 모든 유한한 관념들은 그 출처가 확인되지만, 자기 속에 내재하는 무한자에 대한 생각의 출처는 도대체 어디에 연원 하는가를 고심한다. 즉 유한한 인간의 생각 속에 어떻게 하여 무한자에 대한 관념이 존재하는가 하는 것이다. 데카르트는 그것을 자기 밖에서 온 것으로 이해한다. 아니 무한자에 대한 관념은 하나님에 의해서 내 속에 주어진 것이라고 밖에 달리 이해할 길이 없다고 하였다. 즉 나는 내가 가지고 있지 않은 어떤 완전한 것을 인식하고 있으므로, 나만이 현존하는 것 아니라 내가 거기 의존하고 내가 가지고 있는 그것으로부터 얻는 어떤 필연적 존재가 있을 것이라고 했다. 따라서 데카르트는 바로 그 필연적 존재를 곧 하나님이라고 불렀다.

● 증명이냐? 고백이냐?

이상에서 우리는 하나님의 존재 증명을 논하였다. 그러나 이러한 증명으로써 정말 하나님의 존재가 증명되었다고 볼 수는 없을 것이다. 그러나 동시에 하나님의 존재가 인간의 이성에 의해서 증명되지 않는다고 하여 간단히 하나님의 존재가 부인될 수 있는가도 문제이다. 원칙적으로 인간의 이성은 하나님의 살아 계심을 증명할 수도 부인할 수도 없다. 하나님은 인간의 인식 능력밖에 계시기 때문이다. 본시 하나님은 증명될 수 있는 분이 아니라, 신앙의 대상이다. 신앙의 대상인 하나님을 증명한다는 것은 그 분의 존재를 객관적으로 입증하거나 확인하는 것이 아니라, 도리어 하나님을 믿는 사람에게 그 믿는 바를 철학적 방법으로 설명하는데 불과하다. 이렇게 보면 하나님의 존재 증명은 순수하게 자연적 신인식만으로는 할 수 없는 일이다. 즉 어떤 모양으로든지 이미 하나님을 믿고 있는 사람에게는 설득력이 있겠으나, 믿지 않으려는 사람들에게는 다소 그 설득력이 약하다. 그러나 적어도 기독교 신앙을 처음 접하는 사람들에게는 좋은 사유(思惟)의 길잡이가 될 수는 있다. 그들 모두 기독교 철학자로서 하나님에 대하여 진지하게 사유하였다는 것은 매우 값진 정신적 유산인 것이다. 이렇게 앞서 살면서 먼저 생각한 지성들의 사유의 발자취를 따라 하나님의 존재에 대하여 생각해 보는 일은 더 없이 값진 일이 아닐 수 없다.

그러나 어쩌면 파스칼(B. Pascal)이나 키엘케골(S. Kierkegaard)의 경우처럼 증명하기 보다 신앙적 고백이 더 설득력을 발휘할 수 있음을 부인할 수 없다. 합리적 이성이 아니라 감성적 마음을 더 중요시했던 파스칼은 오직 우리는 예수 그리스도를 통해서만 하나님을 알뿐이라고 했다. 파스칼이 찾던 하나님은 철학자의 하나님이 아니었다. 그는 하나님을 안다고 하고 예수 그리스도 없이 하나님을 증명할 수 있다고 자처하는 모든 사람은 오직 힘없는 증명을 가질 뿐이라고까지 말하였다. 키엘케골 역시 하나님을 증명하기를 멈추도록 권고하였다. 도리어 증명하기를 그치는 순간 그 하나님은 네 곁에 다가와 계실 것이라고 하였다. 이렇듯 하나님은 오직 신앙의 사실을 통해서만 확신될 뿐이다.

4. 성서의 하나님

● 구약성서의 하나님

기독교의 신론은 유대교에 그 뿌리를 두고 있다. 구약의 하나님은 유일신으로 드러난다. 즉 구약에서는 이 분 한 분밖에 다른 신은 없다는 하나님에 대한 증언으로 가득하다. 그러나 유일신만으로는 성서의 하나님의 자기 동일성을 찾기는 힘들다. 이는 희랍의 철학적 제일자(第一者)나 유대교 혹은 이슬람교도 유일신을 주장하고 있기 때문이다. 따라서 구약의 하나님은 합리적 성찰로 이해된 신이라기 보다 역사를 만들어내신 살아 계신 하나님으로 말해야 할 것이다. 즉 성서가 증언하는 아브라함과 이삭과 야곱의 하나님은 유일하신 살아 계신 하나님이다. 유일신 사상은 모세 시대에 이르러 크게 강화되어 나타나는데 이것은 실천적 종교성 때문에 나타난 것으로, 이스라엘의 하나님만이 참 하나님이라는 뜻으로 강하게 주장된 것이다. 외관상으로는 배타적으로 보이지만 이는 하나님에 대한 경외심과 그의 뜻을 따르려는 백성을 향한 래디칼리즘의 발동으로 이해해야 한다.

이 살아 계신 하나님은 전능하고 거룩한 하나님으로 표상된다. 동시에 이 하나님은 창조주 하나님이시다. 하나님께서 살아 계시다는 것은 그냥 존재한다는 것이 아니라, 역사 속에 활동하시면서 언제나 현재적이라는 뜻이다. 구약의 살아 계신 하나님은 또한 영원한 하나님, 인격적인 하나님이다. 즉 영원하다는 것은 하나님께서는 생명의 충만으로 결코 소멸되지 않는 다는 뜻이다. 동시에 인격적이라는 것은 하나님은 단지 무인격적인 어떤 사물이 아니라, 인격적 인간을 당신의 형상을 따라서 지으셨고, 역사 속에서 만나시며, 또 구원해 주시는 하나님이라는 뜻이다. 따라서 살아 계신 하나님은 우리 가까이 계시는 하나님이기도 하다. 인간을 향해 다가오시는 하나님은 사랑으로 충만하여 우리 가까이 계시다는 주제는 구약 성서 안에 시종일관되게 나타난다.

🌑 신약성서의 하나님

사랑으로 충만한 하나님은 동시에 신약에 이르러 아버지 하나님으로 이해되었다. 이미 구약에서도 부자관계의 관념을 계약 사상이나, 선택 사상에 사용되기도 하였다. 이 하나님은 진노하시기도 하고, 심판하시기도 하는 그런 사랑이 풍성한 하나님으로 나타난다. 이렇게 본다면 구약의 하나님이 곧 신약의 하나님이시다. 신약성서에서는 구약의 선지자들을 통해서 그리고 하나님의 아들을 통해서 우리에게 말씀하시고 계시하시는 하나님을 증거하고 있다. 예수께서도 이미 구약을 전제하시고 말씀하셨다. 예수의 하나님에 대한 메시지는 측량할 수 없는 하나님의 사랑에 대한 소식이 핵심이다. 즉 그리스도 안에서 완전하게 나타난 이 하나님의 사랑이 신약성서의 대 주제인 것이다. 그 사랑 안에서 우리는 하나님의 자녀가 되고, 우리는 하나님을 아버지로 경험하게 되는 것이다. 그래서 예수께서는 언제나 하나님을 '아버지'라고 불렀다. 바로 여기에 복음의 핵심이 들어 있다. 신약성서에서는 아버지와 하나님을 항상 동일시한다. 우리는 아버지 하나님 속에서 삼위일체 하나님을 발견하게 된다. 성부 하나님, 성자 하나님 그리고 성령 하나님은 바로 아버지 하나님으로부터 비롯된 관념들이다. 하나님께서 인간에게로 그리고 세상 속으로 아버지로써 다가오시는 것은 결국 우리를 사랑하여 구원하시고자 하시기 때문이다.

생각해 볼 문제

1. 휴머니즘적 무신론의 문제점을 지적해 보시오.

2. 신 존재 증명에 대한 자신의 견해를 써 보시오.

3. 하나님의 살아 계심을 체험한 적이 있다면 서술해 보시오.

4. 하나님을 가장 가까이 아니면 반대로 가장 멀리 있다고 느껴본 적이 있다면 한번 서술해 보시오.

제 3 장

삶의 전환점, 예수 그리스도

예수 그리스도, 그는 누구인가? 당신이 예수 그리스도에 대해 알고있는 것은 과연 정확한 것일까? 예수 그리스도에 대한 상식을 총동원하여 아래의 빈칸을 채워보자.

▷예수께서 탄생한 곳은 어디인가?	
▷'십자가'와 '부활'이란 무엇인가?	
▷예수의 말씀 중 기억나는 것을 두가지 정도 쓰라고 한다면?	1) 2)
▷기독교와 예수와의 관계는?	아주 밀접한 관계(?)…… 과연 기독교는 예수 그리스도를 어떻게 고백하고 있는가? 기독교의 '사도신경'(Creed)을 알고 있다면 그중에서 그리스도에 대한 고백을 기록해보라.

예수 그리스도에 대한 내용은 단순한 지식의 차원에 머무는 것일 수 없다. 진정으로 중요한 것은 고백이다. 당신은 예수 그리스도를 누구라고 고백할 수 있는가? 제3장에서는 바로 이점을 중점적으로 다루게 될 것이다.

1. 역사의 전환점, 예수 그리스도

● B.C 와 A.D, 예수 그리스도

기독교 신앙은 예수 그리스도에 대한 고백을 토대로 한다. 예수 그리스도를 인류 4대성인의 한 사람으로 추앙하거나 혹은 이스라엘의 청년 독립투사 가운데 한 사람 쯤으로 간주하려 한다면 그것은 기독교의 문턱을 넘기위해 반드시 해결되어야 할 중요한 장애요소가 아닐 수 없다. 예수 그리스도가 식민상태의 유태인 고장의 작은 마을 베들레헴에 태어난 역사상의 한 인물인 것은 분명하지만, 기독교는 이 예수를 평범한 자연인에 지나지 않는다고 생각하기 보다는 육신을 입고 이땅에 나타나신 하나님이라고 믿는 데에서 출발하고 있기 때문이다.

이것을 보다 구체적으로 이해하기 위하여 우리는 예수를 추종하건 혹은 객관적인 관점에서 바라보건 간에 부정할 수 없는 상식 중에 서양력의 기원 1년이 예수 그리스도의 탄생을 기점으로 삼고 있다는 사실을 생각해볼 필요가 있다. 기원전(B. C=Before Christ)과 기원후(A. D=Anno Domini, in the year of our Lord *최근에는 이러한 구분 대신에 또다른 기준을 사용하는 예도 있다)의 구분에 비추어 본다면 다소 논리적 비약이 될 지 모르지만, 예수 그리스도를 역사의 전환점이라고 부르는 것도 지나친 말은 아닐 듯 싶다.

예수 그리스도를 역사의 전환점으로 삼는다는 것은 단순히 연대기적 의미에 국한되지 않는다. 그것은 오히려 카이로스적 의미에 해당한다. 일찌기 그리스인들이 사용했던 시간관념에는 순서적 흐름을 의미하는 크로노스(kronos)적 시간과 여건의 성숙이나 분위기가 무르익어 시기상의 적절성에 이르렀다는 뜻의 카이로스(kairos)적 시간이 구분된다고 한다. 특히 카이로스적 의미에서 볼 때, 예수 그리스도의 탄생은 서양력의 기점이 된다는 뜻 보다는 인류를 향한 하나님의 구원계획이 절정에 이르러 구체적으로 드러났다는 뜻에서 더욱 의미있는 사건으로 받아들여진다고 하겠다.

🌑 베들레헴에서 갈보리까지

예수 그리스도의 생애는 일반상식처럼 알려져 있다. 하지만 우리가 일반적으로 알고 있는 바와는 달리 예수 그리스도의 생애는 자연인으로서의 삶을 넘어서는 하나님의 아들로서 고난받는 종의 모습으로 나타났으며 우리를 위한 십자가의 고난과 부활의 영광을 보여준 구주이심을 볼 수 있어야 할 것이다. 베들레헴에서 갈보리 언덕에 이르기까지의 그의 33년의 짧은 삶은 지상에서의 삶에 그치지 않고 영원하신 하나님의 극진한 사랑을 인간에게 보여주는 성육신(成肉身, Incarnation)의 사건이었다.

예수 그리스도의 생애중 30년은 사생애(私生涯, private life)라고 불리우며 이 기간동안의 예수는 탄생과 성장의 과정을 겪으면서 하나님의 아들로서의 자아인식을 바탕으로 사명을 감당할 준비에 몰두하였던 시기라고 하겠다. 이러한 맥락에서 예수 그리스도는 나사렛 사람이라고도 불리운다. 그의 고향은 베들레헴이지만 그가 줄곳 자라난 곳이 나사렛이었기 때문이다.

예수 그리스도의 탄생과 성장기의 이스라엘은 로마제국의 식민통치 하에 있었다. 주전 63년 폼페이(Pompey)가 예루살렘을 함락시킨 이후 유대인들에 의한 여러 차례의 반란이 일어났지만, 실패에 그치고 말았다. 로마제국은 로마에 충성하는 분봉왕(分封王)들을 세워 정치를 대행케 하였으며 거액의 납세와 군무를 서약하고 로마제국의 호의를 얻어 왕위에 오른 자들이 동족에 대한 학정을 자행하고 있었다. 분봉왕과는 별도로 임명된 로마 총독들은 군대를 거느리고 유대에 주둔하여, 치안을 유지하며 세금을 징수하는 외에 법률상의 최고 권리를 갖고 있었다. 주후 26~36년간은 빌라도(Pilate)가 유대총독으로 통치하고 있었다.

이러한 정치적 상황 외에도 종교적 형편은 더욱 실망스러운 것이었다. 유대교는 예루살렘의 성전을 중심으로 하여 제사장들이 종교적인 주도권을 행사하였고, 지방에서는 회당을 중심으로한 랍비들이 주도하는 등 사분오열 상태에 빠져있었다.

그 중에서 정치성을 강하게 표방하고 나선, 이른바 사두개파 (Sadducee)라고 하는 사람들은 로마 식민치하의 상황에 지나치게 잘 적응하고 있었다. 그들은 정치적 결탁과 타협을 통해 종교적 명맥을 이어가면서 온갖 이권을 챙기기에 급급했다. 그들은 적어도 자신들의 관점에서 볼때, 이제껏 누려온 특혜와 이권으로부터 떨려 나가는 것은 바람직하지 않은 상황이었을 것이다. 그들은 세속화된 욕망을 정치적 타협을 통해 적절히 누리고 있었으며 종교적으로는 일종의 보수주의를 표방하면서 모세오경 이후에 등장한 천사에 관한 이론이나 부활의 신앙과 내세론을 거부하고 메시야에 대한 소망은 까맣게 망각하고 있었다.

사두개파의 종교적 타락상을 비난하면서 일반대중의 종교를 이끌고 가던 당시 가장 세력있는 종파로 평가받는 바리새파(Pharisees)는 셀류시드 왕조에 의해 강요된 헬라화 정책에 반기를 들고 나선 것으로 추정된다. 이들은 세속적인 것으로부터의 분리를 표방한다는 뜻에서 바리새주의자들이라고 불리웠다. 그들은 율법의 엄격한 준수와 유대적 전승과 유전의 철저한 계승을 통하여 종교적 순수성을 지키려했던 것처럼 보인다. 그들은 사두개파와는 달리 모세오경 이후의 전승들을 수용하였고, 영혼의 불멸과 몸의 부활을 믿었으며 더우기 하나님 나라의 도래와 메시야에 대한 희망을 버리지 않았다.

민족성과 전통의 관점에서 본다면 바리새파의 정신은 당시 일반대중에게 어필할 수 있는 유일한 대안인 것처럼 보였고 실제로 복음서에서도 가장 큰 세력으로 비추어 지고 있다. 다만 그들에게 문제가 되는 것은 이른바 형식주의라고 불리우는 진실없는 의식의 종교로 전락할 수 있다는 위험성이었다. 즉 율법의 근본정신은 망각하고 율법의 준수 그 자체를 신성시하는 내용없는 신앙과 자기과시적인 신앙이 문제였던 것이다.

바리새파와 사두개파와 더불어 유대인의 종교적 성향을 이끌었던 또 하나의 분파인 엣세네파(The Essenes)는 은둔주의적 종교관을 표방했다. 그들은 당시의 식민지생활이 보여주는 꼭두각시 지배자와 세속화된 제사장들의 종교에 반발하여 현실을 떠나 공동체 생활을 통해 메시아를 기다리던 자들이다. 그들은 사해 근처의 동굴에 은거하여 성서를 연구하면서 새로운 세상에 대한 희망을 꿈꾸던 종교적 공동체였으며 재산의 공유 및 금욕적인 생활을 특징으로 하면서 세상일에 대한 소극성을 표방하였다.

이들 분파 이외에 이른바 열심당이라고 불리우는 젤롯파(The Zealots)는 극단적이고 열광적인 민족주의자들로서 로마에 무력으로 대항하면서 율법을 준수하는 데 열심이었다. 이들 네 분파의 행태는 예수 그리스도 탄생 당시의 종교적 상황을 단적으로 묘사해 주고 있다.

정치적, 종교적 난맥상을 바라보며 역사의 지리한 터널을 지나온 유대인들은 오랫동안 메시아(Messiah)의 날이 오기를 학수고대하여 왔다. 메시야의 날을 단순히 물질적 정치적 황금시대로 생각하는 사람들도 많이 있었지만, 예언자들의 가르침에 의하면, 메시야의 왕국은 정의와 평화의 세계적 왕국이라 할 수 있다. 예수 당시에도 이같은 메시야 대망 사상이 유대인들 사이에 팽배하였을 뿐만 아니라, 메시야가 올 날이 임박했다는 희망이 민간에 널리 퍼지고 있었다. 어찌보면 이러한 시기에 예수께서 탄생하셨다는 것은 메시아에 대한 대망으로 가득찬 사람들에게 한줄기 희망의 빛이요, 그의 탄생은 언약을 성취하기 위해 예비되었던 것임을 반증해 준다고도 하겠다.

예수는 본래 이스라엘의 정통 왕가인 다윗의 혈통을 이어받은 요셉의 가문에 태어났으나 호화스러운 예루살렘 궁궐이 아니라 보잘 것 없는 베들레헴의 말구유에 탄생했다. 그의 탄생은 구약성서를 통하여 지속적으로 예언되었으며 그 예언은 일점일획도 틀리지 않고 이루어졌다.

예수의 부친 요셉은 가난한 목수이었고 아마도 일찍 작고한 듯 싶다. 예수는 부친의 가업을 이어 어린시절을 목수일을 배우면서 뒤틀리고 휘어진 목재를 대패로 다듬고 톱으로 잘라내는 것처럼 죄로 인해 뒤틀리고 왜곡된 인간을 하나님의 뜻에 맞는 새로운 존재(The New Being)로 거듭나게 하기 위한 준비를 묵묵히 받아들였다. 그는 자신의 가정형편에 따라 짊어진 목수로서의 노동의 가치를 무시하거나 현실과 적절히 타협하지도 않았으며 하나님의 나라를 위한 자신의 사명을 위해 최선을 다하여 준비하였다

그의 나이 30세에 예수는 드디어 공생애(公生涯, public life)를 시작하였다. 예수의 공생애 3년은 인류를 위한 위대한 스승으로서의 예수 그리스도의 모습을 보여주는 기간이었다. 예수는 요단강에서 세례자 요한에게 세례를 받고 성령에 이끌리어 사탄의 시험을 극복한다. 마가의 기록에는 사탄의 3가지 시험 내용이 생생하게 묘사되고 있다. 예수는 돌로 떡이 되게 하라는 유혹에 대하여 "사람이 떡으로만 살 것이 아니요 하나님의 입에서 나오는 모든 말씀으로 살 것이라"(마태 4:4, 신명기 8:3)는 말씀으로 사탄을 물리쳤다. 성전 꼭대기에서 뛰어내리라는 유혹에 대하여 "주 너의 하나님을 시험하지 말라"(마태 4:7, 신명기 6:16)는 말씀으로 사탄을 격퇴하였다. 그리고 천하 만국의 영광을 주겠다는 유혹에 대하여 예수는 "주 너의 하나님께 경배하고 다만 그를 섬기라"(마태 4:10, 신명기 6:13)는 말씀으로 사탄에 대항하여 싸웠다. 여기서 예수가 구약성서의 말씀을 적절하게 인용한 것은 의미심장한 일이다. 그

것은 그가 구약의 교훈은 얼마나 깊이 이해하고 있었으며 또 그 영적 의미를 권위 있는 말씀으로 받아들이고 있었는지를 보여준다. 예수의 승리는 결정적인 것이었다.

이후 예수 그리스도는 하나님의 나라를 위한 메시지를 선포하기 시작하였다. 그의 첫 마디 외침은 "회개하라! 천국이 가까이 왔느니라" 하는 것이었다. 고향 갈릴리로부터 수난의 장소 골고다에 이르는 고난의 길은 단순한 구도자의 역경을 넘어서 인류구원을 향한 위대한 행진이었다.

가장 먼저 갈릴리(Galilee)에서 예수는 호숫가를 지나가다가 호수에서 어로작업 중에 있는 베드로(Peter)와 안드레(Andrew)를 보고 그들을 불렀다. "나를 따라 오라 내가 너희를 사람을 낚는 어부가 되게 하리라"(마가 1:17)하는 말씀은 갈릴리의 무명 어부들을 세계적인 선교사로 바꾸어 놓는 위대한 초청이었다. 갈릴리 전도를 시작한지 오래지 아니하여 예수는 12제자를 선택하였고 하나님의 나라를 선포하는 위대한 퍼레이드는 화려하지 않아도 다이나믹한 생명력으로 더욱 강력히 이어지고 있었다. 예수는 군중들 앞에서 온 종일 가르쳤다. 해가 저물 때에 그들과 친교의 만찬을 나누기도 하였다. 광야의 초원에 오십명씩 백명씩 떼를 지어 앉게 하고 축사한 떡 다섯 덩어리와 물고기 두 마리를 나누어 먹은 수가 남자만도 5천명이 넘었고 남은 부스러기가 열 두 바구니나 되었다고 한다(마가 6:30-44).

광야의 만찬이후 예수는 두로(Tyre)와 시돈(Sidon)지방으로 하나님의 말씀을 확산시키기 시작했고 다시 북쪽 지방인 가이사랴 빌립보(Caesarea Philippi)까지 나아갔다. 특히 이 여정에서 예수는 자신에 대한 세인들의 의견에 대하여 제자들에게 "사람들이 나를 누구라고 하느냐"(마가 8:27)고 질문하였다. 이에 제자들은 사람들이 그를 세례 요한 또는 엘리야 또는 선지자 중의 하나라 생각한다고 대답하였다. 예수는 그들에게 "너희는 나를 누구라고 하느냐"(마가 8:29)고 물었다. 이에 "주는 그리스도시니이다"(마가 8:29)라고 베드로가 대답하였다. 베드로 의 신앙고백은 칭찬받을 만한 일이었고 교회의 반석(petra)같은 기초가 되었다.

얼마지나지 않아 예수는 드디어 예루살렘을 향하여 최후의 길을 떠난 다. 그 어간에 예수는 헤르몬산으로 기도하러 올라간 길에 환상 중에 모세와 엘리야 곧 이스라엘 역사상 가장 위대한 인물들인 대 율법가와 대 예언자과 함께 영광의 형체로 변화되어 스스로를 보여 주었다. 함께 갔던 제자들은 구름 속에서 들려오는 큰 음성, "이는 내 사랑하는 아들 이니 너희는 저의 말을 들으라"(마가 9:7)하는 음성을 듣게 되었고, 이 변화산상의 체험을 통하여 예수는 자신의 메시야 사명을 재확인할 수 있었다.

베드로의 메시야 고백과 변화산의 체험이 있은지 얼마 안되어서 예수 는 제자들을 데리고 예루살렘을 향해 마지막 길을 떠났다. 예수의 예루 살렘 선교는 주로 메시야 문제와 하나님 나라의 문제를 중심으로 진행 되었다. 하지만 종교지도자들은 예수의 가르침을 그들의 교권에 대한 도전으로 간주했고 예수를 박해하려는 음모가 진행되기 시작했다. 때는 유월절을 향하고 있었다. 이 축제기간 중에 예수를 죽이는 것은 민란을 야기시킬 위험이 크므로 그 전에 처치하려는 대제사장들과 서기관들의 계략은 가룟 유다를 은 30냥에 매수하는 일과 맞아 떨어졌다.

예수는 이미 때가 온 것으로 알고, 유월절 전날 밤에 최후의 만찬을 열두 제자들과 함께 하였다. 예수는 이 만찬을 "내 피로 세운 세 언약" 이라 하고, "너희가 이를 행하여 나를 기념하라"(누가 22:19)고 명령하 였다. 이것이 교회의 성만찬이 되었다. 만찬후 예수는 제자들과 함께 시 편을 노래하며 기드론 시내를 거쳐 감람산에 올라 겟세마네 동산으로 들어갔다. "이 잔을 내게서 옮기시옵소서. 그러나 나의 원대로 마옵시고 아버지의 원대로 하옵소서"(마가 14:36)라고 세 번이나 같은 기도를 하신 후 예수는 자기의 뜻이 아니고 하나님의 뜻에 복종하기를 결단하였다. 그곳에 가룟 유다(Judas Iscariot)를 앞잡이로 삼은 군인들이 달려들었고 예수는 대제사장의 궁전에 끌려가게 되었다.

예수에게 내려진 형벌은 십자가에 달려 처형되는 것이었다. 당시에 십자가형(十字架刑)은 가장 처참한 극형이었다. 십자가형을 받은 사람의 고통과 치욕은 말할 수 없으며, 그보다 더 심한 죽음은 상상할 수도 없는 것이다. 십자가형을 받은 사람들은 흔히 그 집행자를 저주하고 침을 뱉었다고 한다. 하지만 예수는 재판 과정에서나 십자가 위에서 침묵을 지키었다. 그는 침묵 속에서 온갖 능욕과 곤고를 당하였다. 예수는 십자가 위에서 "나의 하나님 나의 하나님 어찌하여 나를 버리시나이까" 하고 절규하였다. 예수는 이 시편을 읊으며(시편 22:1-31) 그의 최후의 고난이 하나님의 뜻을 이루는 일로 확신하고 기원하였던 것이다.

최고회의의 의원인 아리마대의 요셉은 자기를 위하여 준비하여 두었던 새 무덤에 예수의 유해를 안치하고 돌로 그 입구를 막아 놓았다(마가 15:42). 예수의 사후 그를 따르던 제자들은 모두 절망과 허탈 상태에서 흩어져 숨어서 나타나지 못했지만 막달라 마리아를 비롯하여 몇 여성들이 예수의 유해에 기름이라도 부어서 영결하는 애도의 뜻을 표하려고 안식일 다음 날인 일요일 새벽에 예수의 무덤을 찾아갔다. 무덤에 이르렀을 때에 그들이 걱정하던 무거운 돌이 벌써 굴러지고 무덤 안이 비어 있는 놀라운 광경을 목격하게 된다. 이것이 바로 부활의 사건이다. 나사렛 예수는 십자가 위에서 죽었으나 이와같이 예수 그리스도 곧 교회의 주님으로서 부활하신 것이었다. 이 사건에 대한 진실한 신앙의 고백을 가리켜 우리는 부활신앙이라고 부른다.

2. 예수 그리스도와 하나님의 나라

● 하나님의 나라가 가까이 왔다

예수 그리스도의 선포는 하나님의 나라(Kingdom of God. 물론, 이러한 영어표기방식에 대해 이견이 있는 사람들도 있을 수 있다)에 초점이 맞추어져 있다. 하나님의 나라는 예수의 모든 설교와 비유적 교훈의 주제였으며, 그의 선교활동의 궁극 목표가 되었다. 예수에게 있어서 하나님 나라는 하나님이 주시는 승리, 사탄의 극복, 그리고 세계의 전환을 의미한다.

예수는 하나님의 나라가 이미 "가까이 왔으며", 이미 "임박하고 있다"고 선언하였다. 하나님의 통치는 이미 현재 속으로 들어와서 현재에 작용하고 있다는 것이다. 그것은 마치 동트기 전에 비록 태양은 아직 떠오르지 않았으나 여명 가운데 그 출현을 예감하게 하는 것과도 같다. 예수는 하나님의 통치가 실현되고 있음을 증거하여 "소경이 보며 앉은 뱅이가 걸으며 문둥이가 깨끗함을 받으며 귀머거리가 들으며 죽은 자가 살아나며 가난한 자에게 복음이 전파된다"(마태 11:5)고 말씀하였다. 말하자면, 예수는 그의 말씀과 활동으로 현재를 이해하였고, 자신의 인격에 있어서 하나님 나라의 현재를 보았던 것이라 하겠다.

● "회개하라"

예수 그리스도의 선포 가운데 가장 앞에 오는 단어인 '회개'는 실로 의미심장한 뜻을 지니고 있었다. 예수는 회개하는 일이 하나님 나라에 들어가는 데 가장 근본적인 일이라고 확신했다.

예수의 교훈에 의하면 사람은 모두 죄에 매여서 자유가 없고, 하나님께 죄없다고 인정받을 사람은 한 사람도 없으며, 하나님 한 분 외에는 선한 이가 없으므로, 모든 사람은 회개하고 복음을 믿어 새 생활을 영위해야 할 과제를 지니고 있다.

더욱이 하나님 나라에 들어가기 위해서는 진정한 회개가 요구된다. 회개란 단순한 후회나 참회가 아니고 죄에서 돌아서는 일이요, 하나님에게로 돌아가는 일종의 삶의 방향전환을 뜻한다. 그것은 전적으로 새로운 사람이 되기위한 옛 모습의 탈피인 동시에 잃어버린 신앙을 회복하기 위한 유턴(U-Tern)이라 할 수 있을 것이다. 그리고 이러한 방향전환의 기점(Turning Point)은 바로 예수 그리스도를 향한 진정한 신앙의 고백에 있다.

● "율법의 참뜻을 실현하라"

예수 당시 유대종교의 근본문제는 이른바 '율법'이었다. 특히 바리새파를 중심으로 스며든 율법주의에 대한 예수의 반박은 실로 혹독했다. 하지만 예수의 공격은 율법 그 자체를 훼손하려는 것이 아니었다. 예수는 바리새적 율법주의가 간과하고 있는 율법의 근본정신을 회복시키기 위해 강력히 대항하였고 단순한 '종교'로 전락하고 있는 유대교를 통박하였다. 그는 율법의 참뜻을 재발견함으로써 율법을 완전케하고자 하였다. 예를들어 안식일의 근본정신은 노동의 금지라는 율법조항에 있다기보다는 하나님께 경배하는 것에서 찾아야 하며, 살인의 금지는 현행법을 위반하지 않는데에서 그치는 것이 아니라 마음으로부터의 살인과 증오를 극복하는데에 더 큰 뜻이 있다는 가르침이 그것이다. 말하자면 예수에 있어서는 율법은 단순히 과거의 법전이 아니라 그것은 현재적인 계시로서 양심에 들리는 "하나님의 말씀"이 되고 있는 것이다. 예수는 하나님이 모세와 예언자에게 말씀하였던 과거의 실재만이 아니라, 지금도 살아계셔서 그에게 친히 말씀하시는 실재로서 체험하고 있었으며 진정한 동기로부터 시행되는 율법의 회복이 예수의 율법문제에 있어서 핵심이었다고 하겠다.

● 하나님 사랑, 이웃사랑

율법의 근본정신에 관한 예수의 가르침은 하나님 사랑, 이웃 사랑의 정신에 수렴된다. 예수는 모든 계명 중에서 첫째가 무엇이냐고 묻는 한 서기관에게 대답하여 "첫째는 이것이니 이스라엘아 들으라 주 곧 우리 하나님은 유일한 주시라. 네 마음을 다하고 목숨을 다하고 뜻을 다하고 힘을 다하여 주 너의 하나님을 사랑하라"고 말씀하였고, "둘째는 이것 이니 네 이웃을 네 몸과 같이 사랑하라 하신 것이니 이에서 더 큰 계명 이 없느니라"(마가 12:31)고 하였다. 하나님 사랑과 이웃 사랑의 두 계 명은 온 율법과 선지자의 강령(마태 22:40)이며 모든 율법의 완성이요 핵심이라 할 수 있다.

오늘 우리는 삶의 언저리에서 들리는 사랑이라는 말의 홍수를 체험하 고 있다.

하지만 진정한 사랑에 관한 질문은 중단되지 않았다. 무엇이 참된 사 랑인가? 신학자 니그렌(A. Nygren)은 사랑의 의미를 분석하여 아가페 와 에로스의 특징적 대비점을 찾아 아가페적 사랑의 의미를 부각시키고 자 하였다. 그의 문제의식은 실로 적절하였다. 사랑의 남용과 홍수는 사 랑의 혼탁을 낳았고 그 결과 진정한 사랑의 의미를 왜곡시킬 가능성이 있기 때문이다.

예수가 선언한 사랑이란 남녀의 애정을 뜻하는 에로스(Eros)나 친구 의 우정, 혹은 벗사랑을 의미하는 필리아(Philia)도 아니며 부모의 자녀 사랑에서 볼 수 있는 핏줄기 사랑(Stolge)도 아닌 무조건의 사랑(Agape) 로 특징지워진다. 니그렌은 아가페의 특징을 에로스와 비교하여 설명하 면서 에로스를 '— 때문에'(because of —) 사랑이라고 규정했다. 이것은 매력에 이끌리는 사랑, 자격과 조건을 따지는 사랑이라는 뜻이다. 반대로 하나님의 사랑을 표현하는 단어인 아가페는 '—에도 불구하고'(in spite of —)의 사랑이라 할 수 있다. 무자격자를 불러 새로운 존재를 만드는 창조적 사랑이 바로 진정한 사랑이요, 하나님의 구원계획이라 할 것이다.

마치 탕자의 비유에서 볼 수 있는 것처럼, 아가페는 하나님을 배반하여 죄에 전락한 인간을 향한 하나님의 사랑을 표현하는 것이며 또한 '사랑의 원자탄'의 주인공 손양원 목사의 일대기에서 볼 수 있는 것처럼 무한한 용서의 사랑을 뜻하는 것이며 이는 회개하는 자에게 주어지는 새로운 가능성과 기회라고 해야 할 것이다.

3. 예수 그리스도에 대한 신앙의 고백

조금 오래된 기독교 영화 중에 쿼바디스라는 작품을 보면, 그리스도인들이 서로 자신들의 신앙을 나타내는 의미로 물고기 그림을 그리는 장면을 볼 수 있다. 로마시대의 어느 시기에 해당하는 이 당시 기독교는 박해의 대상이었기 때문에 그리스도인들은 자신의 신앙을 여기저기 드러내어 말하다가 뜻없이 죽음을 당하기 보다는 신앙을 더욱 돈독히하려는 의도에서 물고기 그림의 암호를 사용했던 듯 싶다. 다행히 물고기 암호 그림은 기독교 신앙을 보여주는 다섯가지 단어의 머리글자를 모아 놓은 것과도 같았다.

그리스어(Greek, 헬라어, 희랍어)의 물고기를 뜻하는 단어 "ιχθυς"는 예수의 표기법인 ιησους의 첫글자 "ι"를 가져왔고 "χ"는 그리스도를 뜻하는 χριστως에서, "θ"는 하나님을 뜻하는 θεος에서 왔다. "υ"는 아들이라는 뜻을 지닌 그리스어 υιος의 첫글자이며 "ς"는 구원자라는 뜻의 그리스어 σωτερια의 첫글자(그리스어의 시그마는 보통 단어 가운데 사용되는 경우 σ로, 가장 뒷글자인 경우는 ς로 표기됨)이다. 따라서 물고기를 그린다는 것은 일종의 암호로서 "예수 그리스도는 하나님의 아들이시며 우리들의 구주이십니다"하는 뜻을 지니고 있었으며 결국 이것은 "나는 그리스도인입니다"하는 신앙고백적 의미를 지니고 있었다.

🌑 너희는 나를 누구라 하느냐?

예수 당시에도 그러했고 더구나 오늘에 있어서도 역시 마찬가지로 예수 그리스도를 어떤 존재로 인식하고 있느냐의 문제는 기독교의 골간이 되는 근본적인 질문이라 할 수 있다. 예수 그리스도에 대한 가장 올바른 이해는 아마도 사도신경(The Apostles' Creed)에서 찾아볼 수 있을 것이다. 사도신경은 기독교 신앙의 요체라 할 수 있는 근본적인 신앙고백이요 오늘날의 기독교에서 여전히 이어받고 있는 신앙의 유산이자 전통이다. 그것은 성서에 기록된 예수 그리스도에 대한 고백을 가장 분명하고 핵심적인 형태로 요약했을 뿐만아니라 기독교신앙의 요점을 간추린 것이라 할 수 있다. 사도신경에 나타난 예수에 관한 이해는 다음과 같다.

(전능하사 천지를 만드신 하나님 아버지를 내가 믿사오며) 그 외아들 우리 주 예수 그리스도를 믿사오니 이는 성령으로 잉태하사 동정녀 마리아에게서 나시고 본디오 빌라도에게 고난을 받으사 십자가에 못박혀 죽으시고 장사한지 사흘만에 죽은자 가운데서 살아나시며 하늘에 오르사 전능하신 하나님 우편에 앉아 계시다가 저리로서 산 자와 죽은 자를 심판하러 오시리라(성령을 믿사오며 거룩한 공회와 성도가 서로 교통하는 것과 몸이 다시 사는 것과 영원히 사는 것을 믿사옵나이다. 아멘)

(I believe in God the Father Almighty, Maker of heaven and earth, and in Jesus Christ, His Only Son our Lord, who was conceived by the Holy Spirit, born of the Virgin Mary, suffered under Pontius Pilate, was crucified, dead, and buried. He descended into heil; The third day he rose again from the dead; He ascended into heaven, and sitteth on the right hand of God the Father Almighty; from thence He shall quick judge the live and the dead. I believe in The Holy Spirit, The Holy Universal Church, The Communion of Saints, The forgiveness of sins, The resurrection of the body. And the life everlasting Amen.)

가장 먼저, "그 외아들 우리 주 예수 그리스도를 믿사오니" 라고 하는 것은 삼위일체론적 신학을 배경으로 하는 것으로서, 특히 하나님의 외아들(獨生子)라는 표현이 들어간 것은 나사렛 예수가 단순한 자연인이 아니라 우리를 위해 이땅에 내려오신 주님이시며 그리스도이심을 고백하는 것이라 할 수 있다. 여기에서 예수라는 단어는 히브리적 고유명사로서 "여호와의 구원"이라는 뜻을 지니고 있으며, 그리스도라는 말은 일종의 직책명에 해당한다. 그리스도란 구약에서 히브리어로 표기한 메시야를 그리스어로 옮긴 것으로서 이스라엘의 관습에 따르면 왕, 제사장, 선지자가 취임할 때, 그들에게 각각 종교적 상징의 의미를 지닌 이른바 머리에 기름을 부어주는 행위를 통하여 취임을 표시했다. 이러한 의미에서 그리스도라는 말은 진정한 평화의 왕으로 오시는 예수, 이 세상의 모든 죄를 대속하시는 대제사장으로서의 예수, 그리고 우리를 향한 하나님의 뜻을 선포하시는 예언자로서의 예수에 대한 고백을 뜻한다.

"이는 성령으로 잉태하사 동정녀 마리아에게서 나시고"의 고백은 과학적 시각을 가진 현대인에게 많은 논란 거리가 될 수도 있겠지만 그것은 그야말로 신앙의 고백으로 수용되어야 한다. 동정녀에게서 탄생하셨다는 것은 구약 예언의 성취요, 또한 죄없으신 분이심을 보여준다. 특히 동정녀 마리아에게서 나셨다는 것과 관련하여 지나치게 마리아를 숭배한다거나 혹은 마리아를 단지 사생아를 낳은 미혼모로 취급하는 등의 설명은 극히 위험함 발상이다. 예수 그리스도의 동정녀를 통한 탄생은 위대한 하나님의 구원사역이라는 지평에서만 이해될 수 있으며 인류를 향한 하나님의 초자연적인 관심과 사랑의 표현으로 받아들여져야 할 것이다.

"본디오 빌라도에게 고난을 받으사 십자가에 못박혀 죽으시고"는 그리스도의 구원사역의 핵심을 담고 있다. 그리스도는 인간의 죄에 대한 대가를 치르시기 위해 십자가를 지셨고 고난을 받으셨으며 이것이야말로 기독교 복음의 핵심이다. 그리스도의 고난은 일부의 주장처럼 실패한 청년 독립운동가의 말로도 아니며 유대인들의 지금까지의 주장처럼 예수를 메시아라고 볼 수 없는 증거도 아니다. 예수 그리스도의 십자가 사건은 이른바 죄의 문제와 연관되어 설명할 때 그 본령을 발견할 수 있을 것이다. 그리스도의 십자가는 최초의 인간 아담과 이브가 저지르고 인간에게 세습되는 원죄(original sin)의 문제에 대한 최선의 대책이자 최종대책이며 그리스도에 대한 신앙고백의 핵심은 우리의 죄를 대신 지고 십자가를 감수하셨다는 진솔한 신앙의 고백에서 발견되어야 할 것이다.

"장사한지 사흘만에 죽은 자 가운데 다시 살아나시고"는 그리스도의 죽으심과 부활하심에 대한 고백이다. 이 부분은 그리스도인에게 위대한 희망을 안겨준다. 그리스도의 고난이 십자가로 끝나는 것이 아니라 부활이 있다는 것은 소망 중의 소망이다. 그리스도는 죽음의 권세를 극복하시고 부활하셨으며 그리스도를 따르는 자들에게도 영원한 생명과 부활에 관한 소망을 심어주었다. 이것은 고난 뒤에 부활의 영광이 자리잡고 있다는 기독교 신앙의 의의를 상징적으로 보여주는 대목이기도 하다.

"하늘에 오르사 전능하신 하나님 보좌 우편에 앉아 계시다가"는 부활하시고 승천하신 그리스도에 대한 고백이다. 그리스도는 십자가의 고난을 이기고 부활하셨으며 또한 하늘에 오르셔서 이 세상을 은혜로 통치하신다는 고백은 기독교인들이 그리스도의 은혜를 힘입어 힘겨운 세상에서 능력있는 신앙생활을 영위할 수 있다는 점을 보여준다. 그리스도는 인간을 위한 중보자이시며 동시에 인간의 연약함을 아시고 필요한 부분을 은혜로 도와주시는 능력의 자리에 오르신 분이라는 고백이다.

"저리로서 산 자와 죽은 자를 심판하러 오시리라"는 고백은 역사의 종말에 있을 그리스도의 심판에 관한 고백이다. 기독교는 역사의 시작과 종말을 강조하는 직선적 역사관을 지니고 있다. 역사의 마지막에 모든 사람은 하나님 앞에서 심판을 받게 될 것이며, 이 심판의 주인공은 다름아닌 예수 그리스도이시다. 그리스도는 하늘로 올리우신 그대로 재림하여 세상을 심판하시며 영원한 승리를 누리며 새 하늘과 새 땅에서 영원한 평화의 자리에로 우리를 인도하여 주실 것이라는 고백이다.

그리스도에 대한 신앙고백은 우리로 하여금 예수 그리스도에 대한 일반의 왜곡된 혹은 미흡한 인식을 넘어 신앙의 핵심을 간추려 주는 요소로 평가된다. 이러한 신앙고백은 일찍이 제자들에게 질문하신 예수의 근본적이고도 심각한 물음, 곧 "너희는 나를 누구라 하느냐?"의 문제에 대한 가장 분명하고 정확한 대답을 주는 것이라 여겨진다. 베드로는 대답하기를 "주는 그리스도시요 살아계신 하나님의 아들이시니이다" 하였다. 그리스도는 이러한 신앙고백 위에 교회를 세울 것임을 약속하셨다. 오늘의 기독교 역시 마찬가지이다. 진정한 신앙고백의 터전위에 세워진 기독교의 근본질문은 바로 이것이다. "너희는 나를 누구라 하느냐?"

● 삶의 전환점, 예수 그리스도

　　이제 우리 스스로에게 엄숙하게 질문할 차례가 되었다. 우리는 그동안 예수 그리스도를 얼마나 정확하게 알고 있었는가? 예수 그리스도는 역사의 어느 경점에 출현하고 스러져간 위인에 그칠수 없다. 그리스도는 우리의 근본적인 문제 해결자이시다. 오늘의 우리사회와 가정과 개인이 당면한 문제들은 과연 무엇인가? 그리고 그것들은 진정한 의미에서 해결될 수 있는 것인가? 비록 경제적인 문제나 삶의 여러 실수들은 시간이 지나가면 해결될 수 있을지 모르지만 우리 마음 속 깊은 곳에 남아있는 불안과 허무, 그리고 알 수 없는 절망감은 쉽게 치유될 수 있는 것이 아니다. 실존주의자 키에르케고르의 주장처럼 우리는 모두 죽음에 이르는 병, 곧 절망과 허무에 사로잡힌 삶을 영위하고 있을 뿐이다.

　　더구나 우리들 삶의 허무와 불안을 치유하는 근본적인 대책은 우리들 스스로에게서 나오는 것일 수 없다. 우리는 완전한 존재로 스스로를 자랑할 수 없기 때문이다. 최초의 인간 아담과 이브는 하나님이 우리에게 부여하신 하나님의 형상을 따라 행복한 삶을 살 수 있었음에도 불구하고 마음의 교만과 탐욕으로 인해 하나님과의 관계를 단절하였고 그결과 인간은 영원한 추방의 존재, 혹은 나그네일 수밖에 없다는 것이 성서의 정신이다. 이러한 끊어진 관계를 다시 이어놓기 전에는 그 누구도 자유로울 수 없으며 불안과 허무를 극복할 수 없다. 향락과 권력, 그리고 재산이 당분간의 위안은 될 수 있을지 모르나 참된 인간의 회복은 보장할 수 없다.

　　예수 그리스도. 그분만이 우리의 유일한 비상구이며 대안이다. 단절된 하나님과 인간의 관계를 근본적으로 해결하는 십자가를 지신 분이시기 때문이다. 그분을 만나는 순간 진정한 해방과 성취를 누릴 수 있을 것이며 삶의 근본적인 변화를 체험할 수 있게 될 것이다. 말하자면 예

수 그리스도는 우리들에게 있어서 가장 중요한 전환점(Turning Point)
인 셈이다. 그리스도와의 만남을 선택하는 것은 이제 우리들의 몫이며
우리들의 책임이기도 하다.

생각해 볼 문제

1. 예수 그리스도의 생애에서 가장 인상깊은 부분이 있다면 아마도 십자가와 부활의 사건일 듯 싶다. 종교인만의 것으로 단정짓지말고 진솔한 자신의 목소리로 그리스도의 십자가의 정신에 관하여, 부활의 의미에 관하여 이야기 해보자. 한걸음 더 나아가 오늘의 우리사회에 있어서 예수의 십자가 정신이 필요한 곳이 있다면 어디이며 또한 그 십자가는 누가 져야 하는가?

2. 하나님의 나라에 대한 평소의 생각은 어떤 것이었는가? 하나님의 나라를 여기에 지금(here and now)실현시킬 수 있는 가장 근본적이고 효과적인 대책은 무엇일까? 우리들의 삶의 언저리에서 하나님의 나라를 실현한다는 것은 어떤 의미로 해석되어야 할 것인지에 대해서도 논해보자.

3. 사랑의 홍수 시대에 있어서 진정한 사랑이란 무엇을 말하는 것인가?

제 4 장
신앙의 기초, 성서

眞理가 너희를
自由게 하리라

생각 모으기

성서는 어떤 책인가? 단순히 베스트 셀러인가? 도대체 성서란 어떤 책인가? 수많은 예측불허의 난제들과 씨름해야 하는 현대인에게 있어서 성서가 과연 어떤 도움을 줄 수 있을까?

도리어 삼국지나 손자 병법이 삶에 더 실제적이고 함축적인 도움이 되지 않을까? 아니면 논어(論語)나 노스트라다무스의 글들이 살아가는데 더 매력이 있지 않을까? 평소 성서에 대해 지니고 있던 생각을 정리해보자.

▷성서는 어떤책이라고 생각되는가? 자신의 기본적인 생각을 정리해보자	
▷성서의 중심주제는 무엇일까? 평소에 지니고 있던 인상을 기초로 설명해보자	
▷신약과 구약을 굳이 나누는 이유에 대해 생각해 보았는가? 설득력있게 이야기해보자	

1. 성서에 관한 기본적인 질문들

🌑 성서에 나타난 하나님의 '구원의 역사'

성서는 하나님께서 인류를 구원하시려는 계획과 그 구원의 역사를 보여주고 있다. 성서는 하나님께서 먼저 역사에 찾아오셨고, 인류를 구원하시는 일에 솔선하셨다는 특별한 역사관을 전개하고 있다. 성서는 하나님을 '활동하시는 하나님'으로, 그리고 사랑의 격정을 가지신 '질투하시는 하나님', '분노하시는 하나님' 또는 '심판하시는 하나님'으로 나타내고 잇다. 성서에 의하면 역사란 하나님의 활동의 무대이다. 그리고 믿음을 가지고 사는 신자들은 성서를 통해서 역사 속에서 활동하시는 하나님을 만나게 된다.

흔히 종교는 인간이 하나님을 찾아가는 길을 강조하지만, 성서는 하나님께서 먼저 인간을 사랑하시어 찾아 오셨음을 강조하고 있다. 즉 인간이 하나님을 찾기 전에 이미 하나님은 인간을 먼저 찾으셨다는 것이다. 따라서 신앙이란 인간의 자유로운 결단에 기초하는 것이기는 하지만, 사실은 하나님의 '선행적인 은총'과 '사랑의 행위'에 대한 '피조물의 응답'이라고 해야 옳다.

이러한 의미에서 성서는 인간을 찾아 행동하시는 하나님의 활동의 드라마라고 할 수 잇다. 바로 이 드라마는 신약과 구약이라는 성서 전체를 통하여 관철되어 있다. 그 드라마는 메시아의 출현, 즉 예수의 인격에서 절정에 이르게 된다. 성서적 역사관은 순환적인 반복의 역사가 아니라, 처음이 있고 마지막이 있다는 돌이킬 수 없는 역사관이다. 따라서 '창조에서 종말에로, 그리고 타락에서 새창조에로'라고 하는 하나의 뚜렷한 직선적인 역사관이다. 메시아의 나타나심은 이전 역사의 종지부를 찍고 구원의 역사의 장을 여는 새로운 시작, 즉 '역사의 전환점'을 의미한다. 따라서 이 역사의 드라마의 한 중심점에 바로 메시아인 예수 그리스도가 존재하는 것이다. 즉 예수는 세계사의 횡적 평면을 이분하는 수직의 선이시다. 하나님은 이 예수 그리스도를 통해서 과거 역사의 베일을 벗기고 사람들로 하여금 역사 안에서의 하나님의 구원을 위한 성취를 볼 수 있도록 하신 것이다. 이것을 가리켜 우리는 소위 '구원의 역사'(die Heilsgeschichte)라고 부른다.

하나님께서 전체 역사에서 활동하시고, 모든 사람 또한 하나님의 형상을 따라서 창조되었으므로 우리는 어디서든지 하나님의 역사의 증거를 발견할 수 있다. 하나님의 사랑은 보편적이어서 누구에게나 열려져 있는 것이다. 단지 그것을 깨닫고 응답하는 자에게 영원한 생명과 구원이 주어지는 것이다.

● 성서는 어떻게 기록, 전래되었는가?

성서는 어떻게 기록되었고, 또 어떤 과정을 거쳐서 오늘 우리의 손에까지 들어오게 되었을까? 성서도 고대 문헌과 마찬가지로 기록과 전래라는 역사를 가지고 있을까? 신적인 감동으로 된 하나님의 거룩한 말씀인 성서가 시대와 문화의 제약을 받은 사람들의 손에 의해서 기록되고, 전래되었다는 말은 도대체 무엇을 의미할까? 만일 그렇다면 과연 그 과정이란 어떤 것들이며, 왜 성서도 이런 과정을 거치지 않으면 안되었을까?

이런 경우를 한번 가정을 해보자! 만일 어떤 사람이 언젠가 말하고 행동한 것을 타인이 기억했다가 구두로만 전달되다가, 후에 다시금 적어야 할 필요가 있을 때 기록했다면, 우리는 여기에서 분명히 문서 이전의 어떤 단계를 전제할 수밖에 없을 것이다. 그리고 기록된 것을 복사해서 남기거나 전달했을 때 원본과 사본의 문제가 개입될 수밖에 없다. 더군다나 사본이 여럿 발견될 때는 어떤 것이 참이고 어떤 것이 거짓인가 하는 문제까지도 생길 수 있다. 이 때 우리는 원저자는 누구이고 전제 가능한 어떤 편집가가 있었지 않았을까 하는 등의 문제를 숙고할 수밖에 없다. 게다가 다른 언어권에 이 문서가 전달되었을 때는 번역의 문제가 뒤따르고, 어떤 다른 사회로 유입될 경우에는 그 사회가 가지고 있는 독특한 메커니즘을 통해서 민중 속에 전달될 수밖에 없는 것이다. 하나님의 말씀인 성서도 위에 언급한 유사한 문제점들을 보유하면서 일정한 과정을 거쳐서 오늘 우리의 손에까지 다다르게 되었다는 것이다. 성서는 처음부터 하늘에서 떨어지거나, 땅에서 파내듯이 어떤 고정불변의 모습으로 우리 앞에 나타난 것은 결코 아니다. 만일 성서가 그런 모습의 것이라면 도리어 그 문헌의 역사성과 내적인 가치가 더 의심스럽지 않았을까?

성서를 영어로 바이블(Bible)이라고 하는데, 이 말의 기원은 '책들'이라는 뜻의 희랍어에서 나온 것이다. 엄밀하게 말해서 성서는 한 개의 책이 아니라, 여러 권의 책이 합쳐져있는 일종의 전집과 같은 형태를 띄고 있다. 그리고 오랜 기간 생성된 고대의 문서들이다. 처음에는 기록보다는 구전(口傳)으로 전달되었다. 성서의 가장 오랜 부분은 주전 10-11세기에 생겨난 것이고, 가장 늦게 된 것이 주후 2세기초로 본다면 성서의 문서가 기록된 전체의 기간은 거의 1천년에 이른다. 성서는 크게 두 부분으로 나누인다. 하나는 구약(舊約,The Old Testament)으로서 27권으로 되어 있다. 따라서 전체 66권의 책이 하나로 묶여 있는 셈이다. 그 가운데 어떤 책은 100쪽이 넘는가 하면, 어떤 책은 책이라고까지 하기 어려울 만큼 1쪽이 못되는 것도 있다. 또한 성서를 기록한 사람도 수십 명이나 된다. 그 저자의 이름이 알려진 것도 있고, 저자의 이름을 알 수 없는 책도 있다. 동시에 그 저자들은 서로 다른시대, 직업, 삶의 배경 가운데서 이 성서를 기록했다. 따라서 여러 사람에 의해서 여러 시대를 거쳐 기록된 성서는 그 내용과 형식 또한 매우 다양하다고 하겠다.

● 성서를 어떻게 읽을 것인가?

작은 문화 작품 하나를 읽으려고 해도 우리는 독서의 어떤 원칙을 생각하지 않는가? 예컨대 저자의 의도, 역사적 배경 등등이 그것이다. 물론 독서를 하는데 무슨 원칙이 필요하겠느냐 할 수도 있을 것이다. 그냥 마구잡이 식으로 눈이 가는 대로, 손에 잡히는 대로, 그리고 생각이 미치는 대로 읽는다고 해도 상관이 없지 않을까? 그러나 적어도 정말 '값진 정보를 얻는다'는 생각으로 책을 집어든다면 이런 생각은 바로 정리가 될 수 있지 않을까? 그런데 성서는 어떠한가? 즉 성서를 읽는데도 반드시 무슨 원칙이 필요할까? 그렇다면 왜?

이미 앞서 밝힌 대로 성서는 여러 사람에 의해서 여러 세기를 통하여 쓰여진 시대의 산물이다. 따라서 성서를 읽는 현재와 성서가 쓰여지던 당시의 환경과 문화가 당연히 다를 수밖에 없다. 소위 '그 때와 지금'이라는 시간적인 차이뿐만 아니라, '거기와 여기'라는 공간적인 차이가 불가피하게 발생한다는 말이다. 이러한 시·공간의 문제를 극복하기 위해서 제기된 학문이 소위 '성서 해석학'(Biblical Hemeneutics/ Theologcal Hemeneutics)이다. 따라서 우리는 성서 해석에 있어서 다음의 두가지 사실에 주의를 기울이지 않을 수 없다. 하나는, 성서는 곧 하나님 말씀이기에 이 속에서 하나님께서 지금 우리에게 말씀하시고자 하는 메시지를 반드시 파악할 수 있어야 할 것이다. 다른 하나는, 성서가 오랜 도대 근동의 문헌이라는 점에서 적어도 당시의 역사적, 문화적, 언어적 배경을 고려해야만 한다는 것이다. 이렇게 본다면 우리는 성서를 해석하는 작업은 성서만큼이나 오래된 일이며, 또 그 역사만큼이나 많은 변화와 발전을 거듭해 왔다는 사실을 깨닫게 될 것이다.

2. 성서의 메세지에 관한 아홉가지 질문

● 첫 번째 질문 : "왜 성서의 첫위치에 창세기가 와야 했는가?"

성경의 첫 부분에 창세기가 위치한다는 것은 다소간 생각해 볼만한 꺼리임에 틀림없다. 으례 "성서개론" 하면 창세기 이야기로부터 시작하는 것이라는 인상이 각인되어 있어서 그런지는 몰라도 진화론이냐 창조론이냐 하는 새로운 논쟁을 끄집어 들여야만 하는 부담을 안고 출발하게 마련이다. 강의를 진행하는 쪽에서는 창조론에 대한 주장을 맞불놓듯이 해대고, 그래서 진화냐 창조냐 레포트를 써와라, 혹은 성서는 정말 비과학적이다 하는 등등… 아마도 보통은 이렇게 진행되는 듯 싶다. 하지만 방향을 조금 바꾸어 생각해보면 문제가 달라진다. 모세오경의 첫머리에 나왔다고 무조건 창세기의 창조론을 들이댈 것이 아니라 창조와 인간의 타락에 관한 이야기가 처음에 나와야만 하는 "구원의 드라마"라는 관점에서 생각해보자는 것이다.

창세기는 이 세상과 문화의 기원에 대한 기록이라 할 수 있다. 창세기는 진화론과의 마찰을 불러일으키려는 목적에서 기술되지 않았다. 진화론과의 아카데믹한 이론상의 대결은 수준높고 전문적인 해답을 줄 수 있는 창조과학자들의 몫으로 남겨두어도 창세기의 가치가 손상되는 일은 없을 것이다. 이른바 창조신앙이라 불리우는 내용은 진화론이 강력히 대두되기 훨씬 전부터 이미 성서를 바탕으로 하는 기독교인들의 신앙이요 세계관을 형성해 왔기 때문이다.

창세기는 과학적 기술이나 역사적 기사거리가 될만한 정치한 이론의 산물이라기 보다는 이른바 창조의 신앙고백이라고 하는 관점에서 그 진가를 인정받아야만 한다. 진화론의 도전에도 불구하고 오늘의 시대에까지 창세기가 전해주는 '창조신앙'은 세계의 주인으로서의 하나님을 향한 신앙과 아담으로부터 비롯되는 인간의 죄에 대한 철저한 고발과 구원의 계획에 관한 서론에 해당한다는 점에 그 의의가 있다. 이러한 의미에서 우리는 창세기의 중심사상에 주목할 필요가 있다. 창세기에는 천지만물의 기원을 포함하여 축복과 저주, 죄와 구원, 사회와 문명, 기술과 산업 등 우리가 생각할 수 있는 모든 주제들이 총망라되어 있다.

창조론을 비롯한 그 이후 인류의 범죄와 가인의 살인이야기, 노아의 홍수, 그리고 바벨탑이야기에 이르는 모든 노정은 하나의 이론적 지배를 받고 있다. 다름아닌 성서를 구원의 책으로 간주한다는 점이다. 우리는 특별히 창세기를 하나님의 위대한 구원사역에 있어서 그 서막에 해당하는 귀중한 본보기로 간주하고자 한다.

이것은 일종의 신앙고백이며 성서의 권위에 대한 인정이라고 해야 할 것이다. 하나님은 창세기의 원역사를 통하여 성서에 대한 주변지식을 얻게 하기보다는 분명한 신앙의 진보를 희망하고 계시기 때문이다. 이러한 의미에서 창세기의 원역사는 구원의 관점에서 재조명될 필요가 있다.

● 두 번째 질문 : "이스라엘 민족을 선민(選民)이라고 부르는 이유는 무엇인가?"

고대 근동의 보잘 것 없는 소수민족 이스라엘이 구약종교의 중심이 되는 이유는 무엇이며 하나님은 왜 하필 이스라엘 민족을 선택하셨을까? 아직까지도 이스라엘 사람들은 종교적인 문제에 있어서 극히 배타적인 입장을 취하면서 자신들의 유대교 전통만을 목숨처럼 고수한다. 특히 예수 그리스도에 대한 신앙마저도 수용되지 않고 있다. 이것은 단지 민족성 보존이나 민족정신의 표현이라고 보기에는 지나치지 않은가. 하나님은 왜 역사의 포커스를 다른 위대한 민족들의 행렬에 맞추지 않고 보잘 것 없는 이스라엘에 대한 집착을 보이실까?

오래된 영화중에 십계(十戒)라는 것이 있다. 지금이야 교회에서나 겨

우, 그것도 필름이 손상되어 화면전체에 줄곧 비가 내리는 상태로 상영
될법한 이 영화가 처음 나왔을 때, 그 반응은 대단했다. 영화의 장면들
이 너무도 장관이었기 때문이었다. 모세의 영도를 받는 이스라엘 민족
이 이집트의 노예생활로부터 탈출하여 홍해를 갈라 육지처럼 건너가고
추격해 오는 이집트 군대를 홍해의 물속에 수장시켰다는 이야기, 십계
명을 받은 이야기 등등. 이 영화의 배경은 구약성서 출애굽기였다.

  이스라엘 민족을 선민으로 부르게 된 이유를 이해하려는 사람은 그
단초를 Exodus(출애굽) 사건에서부터 찾아야만 할 것이다. 이스라엘은
이제 단순한 고대 근동의 한 부족으로서가 아니라 세계를 주관하시며
역사를 섭리하시는 하나님의 백성으로 당당히 등장하게 된 셈이다. 출
애굽 - 광야생활 - 언약의 성립 - 약속의 땅에 이르는 역사적 계기들은
이스라엘의 역사에 있어서 가장 골간이 되는 요소이며 그이상의 신앙적
전승과 추억은 없으리라 보인다. 히브리 민족에게 있어서 출애굽의 사
건은 인간을 찾아 오시고 그에게 진정한 자유와 생명을 주시며 사명자
로 불러 세우시는 하나님의 구속사적 관점을 설명하는 가장 분명한 공
동의 기억이라 할 수 있다.

  이러한 의미에서 이스라엘의 역사는 역사적 체험을 토대로하는 언약
공동체의 역사요 신앙 공동체의 역사라는 점에서 히브리민족의 전유물
이 아니라 세계와 우주의 주권자이신 하나님의 모든 백성을 향한 언약
으로 갱신되고 수용되어야만 할 것이다. 이 언약의 역사는 다름아닌 인
류구원의 도도한 흐름에 편입된 근본적 계기이며 복음과 직결된 은혜사
상을 바탕으로 삼고 있기 때문이다.

● **세 번째 질문 : "왜 우리는 성서를 읽으면서 히브리 역사를 배워야만 하는 것일까?"**

  이것은 독자 여러분의 질문인 동시에 필자의 질문이기도 하다. 국사
시간에 암기해야했던 신라의 삼국통일 연대나 조선왕조의 역대왕들의

이름도 제대로 외우지 못하면서 유독 성서를 공부하는 사람들이 히브리인들의 역사를 꿰고있다는 점은 기분뺄 일이 아닐 수 없다. 이스라엘 민족의 역사를 더듬지 않으면 안되는 것일까? 그들의 민족우월주의의 표본이라 할 수 있는 선민의식(選民意識)을 하나님이 공공연하게 인정하고 있는 것일까? 만약 그렇다면 이스라엘 민족은 왜 세계의 초강대국의 모습으로 등장하지 못하고 줄곧 주변국에 대한 침략과 외침에 대한 방어에 시간을 허비해야 했을까?

히브리인들의 역사와 그들의 활동무대는 정말 보잘 것 없다. 우리나라 강원도 보다 조금 큰 규모의, 작은 영토에 수많은 전쟁의 회오리 속에서 찬란한 문명을 꽃피우지도 못했던 그들의 역사를 되새기는 것은 국사(國史)를 무시해서 나온 처사는 아니다. 하나님께서 이스라엘 민족의 역사를 관심있게 다루신 것은 그들을 인류 전체에게 하나의 샘플로 보여주시기 위한 위대한 계획에서 이해되어야 할 것이다. 하나님의 계획은 이스라엘 민족을 표본으로 하여 모든 인류에게 미칠 큰 기쁨의 좋은 소식, 즉 예수 그리스도를 통한 복음의 선포와 연결되고 있다는 점을 놓쳐서는 안된다. 말하자면 히브리인들의 역사, 곧 이스라엘 민족의 종교와 역사를 다루는 이유는 그들이잘난 민족이기 때문이 아니라 '구원의 복음'을 위한 문학적 복선과도 같다고 하겠다.

● 네 번째 질문 : "왜 예언가가 등장했을까?"

"예언이란 무엇인가?", 그리고 "구약성서의 마지막 부분을 예언서가 차지하는 이유는 무엇인가?"

꼬리를 물고 제기되는 질문들은 예언서에 관한 궁금중을 더해준다. 예언이라고 하면 무속인들이 운명을 감정하거나 사주팔자 운운하면서 앞날의 일들을 점치는 것인양 생각하기 쉽다. 공교롭게도 구약성서의 마지막부분에 상당한 지면을 할애하여 예언이 필요했던 이유는 무엇인가? 그들도 민간신앙이나 무속의 샤먼처럼 길흉화복을 점치는 자들인가? 게다가 얼핏보아 왕조시대는 이미 마감된 것 같은 데 갑자기 예언서는 왜 등장했을까? 실제로 예언자들이 활동했다고 해서 이스라엘 역사가 조금이라도 바뀐 것은있는가? 다시한번, 예언자들이 왜 필요했을까?

이스라엘의 역사와 나란히 그들을 향한 에언자들이 있었다. 순진하게 성경을 읽던 시절에는 열왕기서와 역대기가 끝난 다음에 활동했겠거니 생각하기 쉽지만, 그들은 하나님의 보내심을 받은 자들로서 이스라엘 역사의 한 복판에서 하나님의 말씀을 외쳐댔다는 사실을 유의해야 한다. 말하자면 이스라엘의 예언자들은 우리가 생각하는 식으로 샤먼같은 존재는 아니라는 점이 구분되어야 할 것이다. 더구나 그들의 수효도 많았고 활동한 기간도 달랐지만 그들의 한결같은 메시지는 하나님에 대한 신앙의 회복을 강조하는 데 초점을 두었다. 언약의 공동체인 이스라엘 민족을 향한 하나님의 뜻을 전하는 대리자로서 예언자들의 활동은 민간신앙의 수준으로 전락시킬 수 없는 중요하고도 깊은 뜻을 지니고 있었다. 그들의 외치는 소리는 이스라엘만을 향한 것이 아니라 인류전체를 향하고 있다.

이스라엘은 하나님의 언약의 백성이지만 그들은 그 언약에 신실하지 못했고 하나님은 그때마다 이스라엘이 회개하고 돌아오기를 기다리셨다. 즉 하나님과 이스라엘의 언약관계에서 언약의 한쪽 파트너인 이스라엘이 범죄하고 배신하여 언약에 신실하지 못하였지만, 언약의 다른 한쪽 파트너이신 하나님은 언약의 신실함으로 기다리시고 참아 주셨다는 설명이 가능해진다.

이제 우리는 이스라엘의 역사를 다시한번 회고해 볼 필요가 있다. 이스라엘 역사 그 자체만을 대상으로 하는 상세한 논의와 고대사에 대한 장황한 설명은 무의미하다. 중요한 것은 이스라엘의 역사가 구원의 역사와 접목되어 읽혀져야 한다는 점이다. 특히 신명기적 계열의 열왕기 서는 '이스라엘의 죄악 - 하나님의 심판 - 이스라엘의 회개 - 하나님의 구원'이라는 도식을 따라 역사를 해석한다. 이 기록은 하나님의 백성이 국가의 멸망과 포로생활이라는 고난을 당하고 있지만 자신들의 죄를 회개하고 하나님을 향한 신앙의 불길을 다시 지필수만 있다면 하나님께서 그들을 구원시키고 회복시킬 것이라는 희망의 메세지를 충실히 전달하고 있었다.

이제까지 우리가 보아온 것처럼 이스라엘의 역사적 시발점은 그들의 출애굽으로부터 찾아야 한다. 그리고 가나안 정착과 왕정시대, 왕국의 분열 및 포로시기, 더 나아가서는 신구약 중간사에 이르기까지 그들의 역사는 시점으로 부터 오늘에 이르기까지 하나님의 인도하심이 없이는 존속할 수 없는 민족이었다. 말하자면 이스라엘의 역사는 세계구원을 향한 하나님의 경륜의 장(場)이다. 왕정시대에도 그러했고 그들의 멸망 이후에도 역시 마찬가지로 그들은 하나님에 대한 신앙을 저버리지 말았어야 했다.

그러나 시내산에서의 언약은 이스라엘에 의해 신실하게 지켜지지 못했다. 그들은 하나님을 잊고 종교적 혼합과 적당주의를 표방하며 절대적 신뢰와 신앙을 보여주지 못했다. 그럼에도 불구하고 하나님은 예언자들을 통하여 이스라엘이 영영 멸망할 민족이 아니라 구원받은 것임을 약속하셨다. 언약의 백성을 향한 하나님의 은혜와 사랑은 식을 줄 모른다. 비록 그것이 짝사랑이라 할지라도 하나님의 언약은 메시야가 오시리라 하던 예언자들의 메세지에서 찾아 볼 수 있을 것이다.

● 다섯 번째 질문 : "왜 성서에 문학이 등장하는가?"

"하나님의 말씀"이면 족하지 왜 시편이 등장하고 잠언이나 전도서 같은 문학작품들이 기록되어 있을까? 하나님의 말씀이라면 대개 직설화법

을 쓴다거나 역사를 통해 상징적으로 보여 준다거나 예언자들의 선언을
통한 것만으로도 충분할 것 같은데, 굳이 문학적 요소를 가미해야만 했
을까? 더구나 크게 의심스러운 것은 "아가"서의 경우, 낯뜨거운 외설같
은 이야기들만 즐비한데 도데체 이것도 하나님의 말씀이라는 범주에 넣
을 수 있을까? 공연히 성서의 품위만 손상시키는 이런 작품들은 정경에
서 제외해야 할 것 같은데 왜 성서에 버젓이 들어가 있는 것일까?

케투빔(Ketubim)이라고 불리우는 성문서(聖文書)는 구약정경속에 원
래는 가장 뒷부분에 배열되어 있었다. 구전되어 암송으로 전해져 내려
오던 모세오경과 마찬가지로 성문서들은 나름대로 이스라엘의 역사와
맥을 같이 하고 있으며 충분한 의의를 지니고 있다. 더구나 시편에서
통회의 시라고 불리우는 시들은 종교개혁가 루터가 사랑하던 성경이기
도 했다. 시편이외에도 잠언이나 전도서같은 문학성 전승들 역시 기독
교의 세계관을 표명해주는 귀중한 작품이며 하나님의 말씀임에 틀림없
다. 놀라운 것은 "아가"서 마저도 지극히 보수적인 유대인들에 의해 정
경으로 채택되었다는 점이다. 그것은 단순한 사랑의 외설이 아니라 하
나님의 이스라엘에 대한 사랑, 그리고 그리스도의 교회에 대한 사랑을
다루고 있는 거룩한 사랑의 이야기요 고백이기 때문이다. 분명한 것은
구약의 정경 39권중에 성문서가 요즘 방송용어에 사용되는 것처럼 잘
못된 부분을 가위질하는 "편집"의 대상이 되지 않고 그대로 살아있다는
점이다.

성서에 접근하는 다양한 관점 중에는 성서전체를 단일한 문학작품으
로 간주하려는 입장도 있을 수 있다. 혹은 그것을 종교적 경전이라기
보다는 삶에 유익이 되는 "좋은 말씀"(good lessons)들로 간주하려는 사
람도 있을 수 있다. 이런 경우에 가장 접근하기에 용이한 것이 바로 성
문서일 것이다.

특히 잠언이나 전도서의 경우 히브리인들의 전통적인 삶의 지혜의 단

편을 엿볼 수 있는 부분도 나타나고 도덕적인 교훈을 찾아낼 수도 있다. 그런가하면 전도서의 허무주의(nihilism)를 보면서 문학을 이야기할 수도 있을 것이다. 욥기에서는 의인의 고난을 주제로하는 전통적인 히브리식 신정론(Theodology)을 찾아낼 수도 있다. 그런가하면 아가서에서 남녀간의 열정적인 사랑을 찾으려고 하는 사람도 있을지 모르겠다.

그러나 이러한 관점들을 매거하여 우리가 대답할 수 있는 것은 성문서 역시 분명히 정경적 맥락(Cannonial context)에서 읽혀져야 한다는 점이다. 즉 성문서가 문학적인 성격을 지니고 있는 것은 사실이지만 분명히 하나님의 말씀의 범주에 속한다는 점이 망각되어서는 안될 것이다.

성문서는 토라와 느비임(원래 역사서라는 구분은 없었다), 그리고 테헬림으로 구성된 구약정경의 당당한 몫을 차지한다. 이처럼 성문서가 삭제 내지는 생략되지 않는 이유는 성문서에 담겨진 무궁한 하나님의 말씀과 이스라엘의 삶에서 배어나오는 하나님에 대한 찬양이 메아리쳐 울리고 있기 때문일 것이다.

● 여섯 번째 질문 : "왜 복음서는 네 권인가?"

신약성경을 처음 들추어 보는 사람들은 비슷한 인상을 지니게 될 것이다. 기독교의 근본이라 할 수 있는 예수 그리스도에 관한 기록이 종합적인 소개로 한 권이면 족한 것 같은데, 네권씩이나 굳이 필요한 이유는 무엇인가? 실제로 마태, 마가,누가복음은 중첩이 되는 부분도 상당히 많고 얼핏보기에는 그 이야기나 저 이야기나 마찬가지인 것으로 느껴질 정도로 유사성을 지니고 있다. 요한복음은 다소 분위기가 다른 것 같기는 해도 그 주제는 동일한 것처럼 보인다. 왜 네권의 복음서가 필요했을까? 많을수록 증거가 확실하다는 입장이라면 차라리 5복음 10복음 100복음이라도 가능했을 것 같은데 왜 네권인가? 꼭 넷이라는 숫자가 들어가야만 하는 피치못할 이유라도 있는 것일까?

"복된 소식"(euangelion)이라는 뜻을 지닌 복음서는 상당수 유포되어 있었던 것으로 전해진다. 하지만 유독 마태, 마가, 누가, 그리고 요한 복음만이 정경으로 채택된 점에 관해서는 하나님의 뜻이라고 할 수밖에 없다. 실제로 초대교회에는 예수의 생애와 어록을 담은 유사품들이 널리 유포되었다는 이야기가 있으나 오늘 우리에게 전해지는 것은 네권의 복음서 뿐이다. 한편에서는 네권 복음서들의 유사성을 기준으로하여 중복된 것은 하나로 모으고 각각의 복음서는 나름대로 특성과 의미를 지닌채 유일한 주제, 곧 구약에서 예언되었던 "메시야"가 오셨다는 점에 총력을 기울이고 있다. 예수 그리스도가 바로 그분이시다.

우리들의 기준점은 180도 방향이 전환된다. 이제까지 구약의 역사를 이해하면서 우리는 약속의 '메시야가 오시리라' 하는 예언자들의 선포대로 장차 오실 메시야에 대한 희망을 설명해 왔다. 그러나 이제 우리의 기점은 거꾸로 '메시야가 오셨다'에서 출발한다. 마치 예수 그리스도를 정점으로 역사의 B.C와 A.D를 구분하는 것처럼 예수 그리스도의 탄생과 그의 사역을 중심으로 설명하는 이른바 '관점의 전환'이 필요하게 된 것이다.

말하자면 본체를 향하던 그림자의 관점에서 이제는 그림자를 회고하는 본체의 관점, 혹은 흘러 내려가는 관점에서 거슬러 올라가는 관점으로 전환하게 된다는 것이다. 흘러내려가는 관점에서 보자면 바야흐로 신약의 세계가 눈앞에 펼쳐지고 있는 셈이요, 거슬러 올라가는 관점에서 보자면 지나간 날의 회상인 셈이다.

우리가 말하려는 이 시기를 가리켜 일반적으로 신구약 중간시대라는 명칭이 붙어있다. 이 시기는 구약의 마지막 예언서, 정확하게 말하자면 구약의 묵시문학이자 마지막으로 기록된 정경인 다니엘서 이후 약 400

여년에 걸친 실종된 시간들, 혹은 기록이 없는 시간들에 해당한다.

신약의 기록순서상 가장 먼저 완성된 바울서신의 기록연대가 50-60년 어간이라고 본다면 팔레스타인의 비옥한 초승달 지역의 역사는 결코 간단한 묘사로는 지나칠 수 없는 부분이겠지만 애석하게도 우리에게는 서양사의 자료들을 추론하여 그 시기를 설명하는 길 밖에는 주어져 있지 않다. 물론 이 시기에도 예언서와 묵시문학의 형태로 등장했던 많은 문서들이 있었던 것은 사실이다. 그러나 그것들의 대부분은 위경, 혹은 외경의 형태로 수용되었다는 점이 기억되어야 할 것이다.

우리는 이 시기를 가리켜 여명의 시기, 혹은 복음의 배경이 되는 시기라고 여길 수 있을 것이다. 문자 그대로 그리스도 이전(B.C)의 상황과 역사인 셈이다. 우리가 이 시대를 배우는 이유는 단 한가지, 즉 예수 그리스도의 오심을 준비하는 시기요, 실제로 복음서의 당시상황이 되기 때문이다. 이 시기는 인류를 향한 메시야의 약속으로 구원의 드라마를 이끌어 오신 하나님의 경륜에 있어서 새로운 장을 위한 준비기간이요 찬란한 아침을 여는 어두움의 마지막 시기라 하겠다.

여기서 우리가 회고해야만 하는 것은 구약정경의 기록연대상 마지막 작품으로 알려진 다니엘서가 B.C 400년 어간에 진행되었다는 점이다. 물론 신구약 중간사에 해당하는 기간에도 수많은 외경(外經)과 위경(僞經)이 등장했던 것은 사실이지만 정경의 관점에서만 본다면 무려 500여년가까운 시간적 간격을 뛰어넘어 또다른 정경이 기록되고 있다는 점이다.

● 일곱 번째 질문 : "예수는 왜 오른편 빰을 치거든 왼편 빰까지 돌려대라고 했을까?"

억지로 오리를 가자고 하는 자에게 십리까지 가라고 했던 이유는 무엇인가?" "마음에 음욕을 품는 자마다 이미 간음하였다는 것은 무슨 뜻인가?"

예수는 도대체 왜 일반적인 가치관과는 전혀 다른 방향으로 가르침을 베푸셨을까? 더구나 자기 스스로 제자들의 발을 씻어주고 모든 사람을 위하여 십자가의 형벌을 묵묵히 감수한 이유는 도대체 무엇인가? 신비스러운 동양적 선문답을 하려는 것도 아닐텐데… 약속을 따라 오신 메시야는 왜 실천 불가능해 보이는 가르침을 강조하시는 것일까?

예수 그리스도의 가르침에는 우리가 쉽게 이해할 수 없는 특이한 내용들이 자주 발견된다. 예수 그리스도의 삶이 그러했고 그의 입으로 나오는 말씀들은 당시의 유대인들의 관념으로 보아 대단히 파격적인 것이었고 납득하기 어려운 것들이었다. 그러나 이것은 예수 그리스도께서 자신의 독창적인 교훈을 드러내어 보이기 위해 사용하신 언어의 기교나 수사가 아니었다. 예수 그리스도의 가르침은 오히려 오늘날 우리들이 즐겨듣는 '고정관념의 탈피'에 가까운 특이한 말씀들이 아니라 율법이라는 너울만 걸치고 그 안에 있어야할 알맹이를 망각하고 있는 당시 유대인들을 위한 가르침인 동시에 오늘의 우리를 위한 가르침이기도 하다. 인간이 진정으로 귀하게 여겨야 할 것은 무엇이며 삶의 궁극적 원천은 어디에서 찾아야 하는 것인가? 우리는 이 심각하면서도 너무 쉽게 지나쳐버리는 문제들에 관한 예수 그리스도의 가르침에 귀 기울일 필요가 있다.

그렇다면 복된소식이란 무엇인가? 잊어버리고 있던 복권에 당첨되는 행운을 잡았다든지, 강의듣기 싫증나는 학생들이 휴강소식을 듣는다든지…. 어쨌든 좋은 소식일 수 있다. 하지만 가장 기쁜 소식, 큰 기쁨의 소식은 개인적이거나 기복적이거나 우연적인 것일 수 없다. 모두를 위한 소식, 근본적인 해결이 되는 소식, 살아있는 소식이어야만 할 것이다. 신약성서의 첫장을 열 때 발견되는 "복음"이라는 말뜻은 바로 이런 것이다.

마치 42.195km를 단숨에 달려와 승리의 소식을 전하였던 마라톤의 전령처럼, 복음서 기자들은 암흑속에 허망하게 넋놓아 앉아있는 사람들에게 한줄기 빛을 전하고 여명을 몰고오는 사람들처럼 혼신을 다해 구원의 기쁜소식을 전했다. 그것은 다름아닌 구약의 성취, 곧 메시야가 오시리라 하던 예언의 열매인 예수 그리스도가 인류를 구원하신다는 큰 기쁨의 좋은 소식이었다. 동터오는 새벽에 새로운 역사가 시작되듯, 성서는 어느덧 그림자였던 구약의 본체를 드러내어 밝히 보여주게 되었다.

이러한 의미에서 예수 그리스도의 교훈은 인류를 위한 4대 성인 한사람의 목소리로 잦아들어서는 안된다. 그리스도의 말씀은 삶을 향한 지표로서의 역할을 수행하고 있는 것도 사실이지만 그의 말씀이 육박해가는 핵심은 다름아닌 구원의 소식이라는 점을 망각해서는 안된다. 이것을 가리켜 케리그마라고 부른다. '선포'라는 뜻으로 옮겨질 수 있는 이 단어는 예수 그리스도의 말씀이 지니는 독특성을 분명하게 보여준다. 그리스도의 말씀은 도덕적 교훈을 통해 윤리적 수준을 향상시키려는 도덕사상에 머물지 않는다. 그리스도의 말씀은 도덕을 포함하면서도 도덕 이상의 문제, 즉 근본적으로 인간이란 무엇이며 인간의 진정한 가치는 무엇인지를 깊이 생각하도록 이끌어준다.

구약성서에서 시작된 구원의 드라마는 이제 본격적인 제 2 막을 맞이하여 예수 그리스도의 말씀 속에서 진정으로 가치있는 것은 무엇인지, 인간이 인간다워지는 진정한 길은 무엇인지를 보여준다. 성서에 따르면 인간은 구원이 필요한 존재이다. 스스로의 선택에 의해 죄의 길을 걷게 된 인간은 그 길을 헤어나올 수 있는 능력을 지니지 못한다. 인간의 모든 한계상황들로부터 인간을 진정한 해방의 길로 이끌어 줄 수 있는 희망은 오로지 하나님으로부터 온다는 것은 구약을 관통하는 중심사상이었다는 것을 기억해 보자. 예수 그리스도는 바로 이 일을 위해 오신 분이요 십자가의 희생을 통하여 이 위대한 구원의 목표를 '다 이루신' 하나님 자신이시다.

● **여덟번째 질문 : "왜 히브리 종교가 세계종교가 되어야 하는가?"**

  기독교를 처음 대하는 사람들에게 이 질문은 많은 것을 생각하게 해준다. 물론 세계의 여타종교도 유사한 경우이겠지만 유독 기독교는 그것이 히브리 민족만의 전유물이 아니라 모든 사람들에게 해당하는 복음이라고 강변하는 것일까? 특히 혈통주의적 요소를 다분히 지니고 있는 히브리 민족의 종교가 아시아의 예루살렘을 방불케하는 한국교회로 확대재생산 될 수 있었을까? 이스라엘의 역사와 종교가 보여주는 혈통주의적인 종교의 장벽을 넘어 예수 그리스도가 모든 인류의 죄를 대속하는 구세주롤 인정하게 되는 과정은 어떤 것이었는가? 왜 기독교를 히브리인의 종교가 아니라 모든 인류, 모든 죄인을 향한 복음의 종교라고 부르게 되었는가?

  기독교의 세계화라고 할 수 있는 이 일은 예수 그리스도를 인류의 구세주로 소개했던 한 사도의 노고를 통해 이루어 졌다. 사도바울(St Paul)은 이 일에 든든한 초석을 놓았다. 그는 히브리인 중의 히브리인이었고 한 때 예수를 따르는 무리들을 박해하는 주동자였다. 하지만 다마스커스로 가던 길에 만난 예수가 유대인만을 위한 메시야가 아니라 모든 인류를 위한 그리스도임을 확신하게 되었고 이 소식을 전하는 데에 자신을 온전히 헌신한 사람이었다. 그는 사람이 구원을 얻는 것은 양친이 모두 히브리인이라고해서 혈통적인 맥락에서 결정되는 것이 아니라 믿음을 통해서만 가능하다는 복음의 진수를 발견하였던 것이다. 신약성서 27권 중 절반에 해당하는 13권이 그의 서신이며 그의 신학의 핵심 원리는 "그리스도 안에서"(en Christo)라는 구절로 집약된다.

  초대교회에 있어서 바울을 최초의 신학자라 부르는 것에 대한 이견은 없다. 실제로 베드로를 비롯한 사도들은 생업의 현장에서 부르심을 받은 사람들이었다. 즉 체계적인 신학교육에 익숙하지 못했던 그들 사이에 하나님은 사도 바울을 예비하셔서 기독교 신학의 토대를 놓게 하셨던 것이다. 그렇다고해서 바울이 전문적인 강단 신학자라는 말은 아니다. 그는 오히려 전도의 현장에서 자신을 바쳐 헌신한 사도였다. 말하자면 실천의 신학자이요 전도를 위한 신학자였다고 하겠다.

그는 자신의 고향 타르수스에서 익힌 스토아 철학과 견유학파의 철학 및 논리를 자유롭게 구사할 수 있었다. 더구나 율법의 대가를 통해 연마한 유대 종교에 대한 해박하고도 철저한 지식을 동원하여 하나님의 인간구원에 대한 일관성있는 신학의 전개에 어려움이 없었다. 그의 신학을 관통하는 주제는 십자가의 신학 혹은 그리스도의 신학이라고 할 수 있는 구원론이었다.

● **아홉번째 질문 : "왜 성서는 알 수 없는 신비한 이야기로 마감되는가?"**

"종말은 있는 것일까?" 성서는 종말에 관한 계시로 마감되고 있다. 미래에 대한 희망찬 이야기, 혹은 인간이 멋진 신세계에 살 수 있으리라는 문학적인 회구를 담은 이야기로 끝나는 것이 아니라 심판에 대해서, 예수 그리스도의 재림에 관하여 신비한 묵시들을 늘어놓는 것일까? 666은 정말 있는 것일까? 아마겟돈 전쟁이란 무엇인가? 죽은 사람들도 다시 부활하는 걸까? 천년왕국은 언제 오는 것이며, "휴거" 라는 것이 과연 가능한 일일까? 예수의 재림이 있다면 그 시기는 언제인가? 아무도 알지 못한다는 말은 어딘가 자신없는 묵시라는 말은 아닐까? 이제까지의 모든 종말론이 그러했듯이 묵시록은 단지 계속해서 빗나가는 종말예언과 어떤 관계가 있는것일까? 종말의 때에 살아 남는 사람은 누구이며 그 종말은 해피엔딩인가 아니면 재앙인가? 왜 묵시록이 등장했을까?

종말에 관한 이야기들은 수없이 많았다. 하지만 그 대부분은 "빗나가고 말았다" 하지만 성서는 분명히 요한의 묵시록으로 끝나고 있다. 단지 성서편집자들의 의도에 따른 것일 뿐일까? 그렇지 않다. 기독교는 직선의 역사관을 지니고 있다. 역사의 알파와 오메가 되시는 하나님의 역사임을 항상 잊지 않는다. 요한 계시록이 등장한 것은 기독교의 신비를 한가지 더하기 위해 의도적으로 계산된 행위가 아니다. 종말과 내세에 관한 이야기들은 일그러진 사회의 혼탁상을 반영하는 세기말적 현상으로 치부될 수 있는 것이 아니다. 더구나 지식인들에게는 우스꽝스럽기 짝이 없는 픽션도 아니다. 그것은 그리스도 안에서 구속받은 사람들, 새로운 피조물을 향한 위대한 희망의 메시지이며 동시에 분명한 심판의 메시지이기도 하다. 무엇보다 중요한 것은 종말에 관한 이야기들은 이야기로 그치는 것이 아니라 하나님의 구원계획에 포함되어 있다는 점이다.

성서의 선언대로 종말이 있다는 것은 분명하지만 그것은 반드시 역사의 종말이라는 사건에 한정될 필요는 없다고 본다. 일반적으로 종말에 관한 사고는 역사의 종말에 치중되어 있는듯하다. 그러나 우리는 종말의 개념을 개인의 종말, 즉 죽음이라는 사건과 역사의 종말, 곧 하나님의 심판과 새로운 삶에 대한 소망으로 구분지어 볼 수 있어야 한다.

삶은 1회성에 지나지 않으며 인간의 육체는 들의 풀과도 같다. 성서의 선언대로 풀이 맺은 꽃은 이내 시들게 마련이고 풀은 마른다. 여호와의 말씀만이 영영히 설 것이다. 이러한 의미에서 우리는 언제나 하나님과의 관계에서 자신을 돌이켜 볼 수 있어야 한다. 특히 죽음에 대비한 신실한 삶의 필요성에 대한 심각한 반성을 요구받고 있다.

인간의 삶의 진실성과 죽음에의 존재성에 대한 논의는 실존주의적 세대를 풍미한 싸르트르(J. P. Sartre)나 야스퍼스(K. Jaspers), 그리고 하이데거(M. Heidegger)류의 실존주의자들의 전유물일 수 없다. 오히려 보다 큰 견지에서 본다면 개인의 종말에 관한 엄숙하고도 책임성있는 삶의 태도는 성서적 관점에서 도출된다. 성서는 인간과 세계와 역사의 의미를 하나님 앞에서(coram Deo) 평가하고 있기 때문이다.

개인의 종말은 물론이고 역사의 종말은 성서가 분명하게 보여주는 앞날의 사건으로 받아들여져야 한다. 역사의 마지막날 모든 어그러지고 불완전하며 부패하고 잘못되었던 일들이 백일하에 드러나게 될 것이며 하나님의 심판을 받게 될 것이다. 그것은 개인의 종말인 동시에 역사의 종말이다. 역사의 진정한 주관자이신 하나님은 역사의 시작과 끝에서 개인과 역사를 다시 만나실 것이다.

주 하나님이 가라사대 나는 알파와 오메가라 이제도 있고 전에도 있었고 장차 올 자요 전능한 자라 하시더라   (계 1:8)

요한은 역사의 알파와 오메가이신 하나님으로부터 종말의 묵시를 받는다. 그는 '이제 있는 일과 장차 될 일'(계1:19)에 대해 그가 본 환상을 기록하여 교회들에게 보내도록 명을 받았다. 그가 기록한 계시록은 이 땅에 아기의 모습으로 오시고 고난의 종으로 십자가를 지신 그리스도의 초림(初臨)이후에 다시 심판주로 오실 예수 그리스도의 나타나심(Parusia; 再臨)을 그 핵심 내용으로 전개한다.

볼찌어다 구름을 타고 오시리라 각인이 눈이 그를 보겠고 그를 찌른 자들도 볼 터이요 땅에 있는 모든 족속이 그를 인하여 애곡하리니 그러하리라 아멘   (계 1:7)

그리스도의 재림은 그리스도인들에게만 해당하는 것이 아니다. 재림하신 그리스도는 모든 인류를 향하여 심판하실 것이며 반드시 그 행위대로 갚으실 뿐만 아니라 악의 세력, 곧 사탄을 완전히 멸하시고 영원한 승리를 쟁취하는 영광의 주로 나타나실 것이다. 요한 계시록의 중반

부는 주로 심판과 승리의 주이신 그리스도에 관한 묵시로 가득차 있으며, 그리스도의 재림으로 이루어질 역사의 완성을 다루고 있다.

일반적으로 성서의 종말론은 문학쟝르상 묵시문학으로 구분되기도 한다. 구약의 묵시문학을 다니엘서라고 한다면 요한계시록은 신약의 묵시문학이라고 볼 수 있다. 이들 묵시문학은 한결같이 현재의 삶이 하나님의 심판앞에 놓여 있다는 점을 주장한다. 현재의 부조리하고 불완전성은 물론 죄로인한 것이며 특히 인간이 불신앙이 초래한 것임을 성서는 누차에 걸쳐 강조해 왔다.

묵시문학은 이러한 현재의 삶이 지나가고 새로운 시대가 도래 할 것임을 강조한다는 공통점을 지니고 있다. 요한이 받은 묵시는 특히 역사의 종말에 있을 심판에 관한 묵시를 이어 그리스도인들이 누리게 될 새로운 소망의 성취를 분명하게 보여준다. 요한 계시록은 구약의 다엘서와는 달리 기존의 모든 것이 완전히 새롭게 되는 비젼을 담고 있다. 이것을 요한은 '새로움'의 표현으로 강조하고 있다.

> 또 내가 새 하늘과 새 땅을 보니 처음 하늘과 처음 땅이 없어졌고 바다도 다시 있지 않더라
> (계21:1)

"처음 하늘과 처음 땅"이 없어지고 전혀 새롭게 된 "새 하늘과 새 땅"이 나타난다는 것은 최초의 사람들에게 주어진 낙원의 환경, 즉 에덴에서의 삶에 대한 이야기와 연관되어야 한다. 그들은 낙원에 살았지만 그들의 마음의 경영은 악이었다. 이처럼 인류의 범죄와 함께 저주를 받게 되었고 만물이 탄식하며 하나님의 아들이 나타남을 기다리는 상태에 있던 처음 하늘과 처음 땅은 없어지고 새 하늘과 새 땅이 출현하게 된다는 것이 성서의 결론인 셈이다.

3. 현대인과 성서

● 정보중의 정보, 성서

역사적으로 성서만큼 많은 사람들의 삶을 의미 있게 변화시켜 준 책은 없다. 물론 이 지구상에는 셀 수 없을 만큼 수많은 책들로 가득하다. 또한 지금도 무수한 책들이 쏟아져 나오고 있다. 그러나 유일하게 「책 중의 책」(The Book of Books)으로 꼽히고 있는 책은 오직 성서(The Bible) 뿐이다. 인간은 살아가면서 의식하든 안하든 우리가 보고 듣는 것을 통해서 나름대로 삶의 시각을 배우게 마련이다. '정보화 시대' 답게 책 외에도 TV, 천리안, 인터넷 등을 통해서 얼마나 많은 정보들이 지금 우리 앞에 흘러 들어오고 있는가? 그러나 정작 쓸 만한 정보는 얼마나 될는지 자못 궁금하다. 그럼에도 불구하고 자신도 모르는 사이에 온갖 정보가 마구잡이 식으로 지시하는 뒤틀린 의식 속으로 너나 할 것 없이 모두 빠져들고 있는 것이 아닌가? 한번 생각해 보라! 진짜 우리를 강요하고 있는 것은 바로 피할 수없이 시시각각으로 들이닥치는 정보의 물결 그 자체인 것이다. 결국 이것들에 의해서 우리의 운명이 결정 받게 될지도 모른다. 이런 와중에 정말 '들을 만한 소리' 아니 '값있는 정보'를 얻는 일이야말로 더 없이 소중하기만 하다.

성서는 역사상 가장 많이 팔린 베스트 셀러이고, 가장 많은 언어로 번역되었으며, 전 인류에게 가장 많은 감동을 주는 책으로 알려져 있다. 성서는 조물주 하나님과 그의 사랑하는 백성 사이에 발생한 놀라운 이야기들로 가득하다. 이안에서 살아 잇는 메시지를 발견한 사람은 성서를 퀘퀘묵은 시대에 뒤떨어진 책이 아니라, 매우 현대적인 삶의 길을 책임적으로 살아가도록 인도할 지침으로 삼게 될 것이다. 왜냐하면 성서는 우리의 삶을 기쁨과 온전함으로 이끌어 줄 신선한 시각으로 세계를 이해할 방법을 제공해 주기 때문이다. 실로 성서는 삶의 바른 모습을 제공해서 우리로 하여금 자신을 돌아보아 지금까지와는 다른 삶에 대해서 생각하고 이해하고 살도록 이끌어 준다.

🌑 신앙의 눈으로 본 성서

어떤 책이든지 그 책이 기록된 목적을 바르게 알고 읽어야만 할 것이다. 각기 다른 사람에 의해서 그리고 다른 시기와 상황 속에서 기록되었지만 성서를 기록한 공통적인 목적이 있다. 성서가 기록된 목적은 성경에 잘 나타나 있다. 이것은 요한복음서에만 국한된 것이 아니라, 신약성서 전체가 하나님의 아들예수가 그리스도이시고 그 분을 통해서만 죄를 범한 인간이 구원을 얻을 수 있다는 사실을 증거 하기 위해서 기록된 것이다. 구약도 기록된 목적이 신약과 마찬가지이다. 구약성서는 자신들이 하나님의 선택된 백성이라고 자각하게 된 유대인들이 자신들의 역사를 통해서 나타난 하나님의 놀라운 행위를 전하고 하나님에대한 신앙을 보전하도록 하기 위해서 기록한 것이다.

성서는 어떤 사람이 명상하는 가운데 떠오른 신비한 사상을 적어 놓은 것도 아니고, 학문을 깊이 연구하여 적어 놓은 것도 아니다. 도리어 성서는 살아 계신 하나님과의 접촉을 통해서 하나님의 존재를 인식하게 되고, 그의 위대한 행위와 뜻을 깨닫게 된 사람들이 그 사실을 다른 사람에게 증거하기 위하여 기록한 것이다. 또한 그 책에서 하나님의 뜻을 발견하고 그 책이야말로 하나님의 말씀이라고 믿게 된 사람들에 의해서 수집되고 보존되었다. 지금도 모든 크리스천들은 성서를 하나님의 말씀으로 믿고, 그 말씀 안에서 삶의 의미와 목적을 발견하고 그 말씀을 토대로 확신 있는 삶을 영위하고 있다.

한가지 분명히 알고 넘어가야 할 사실이 있다. 성서는 근본적으로 하나님이 인간에게 자기 자신을 스스로 나타내 보여준 사실을 기록해 놓은 책이라는 사실이다. 성서는 인간을 향한 하나님의 뜻을 기록한 책이다. 이런 의미에서 크리스찬들은 성서를 하나님의 말씀 혹은 하나님의 계시가 기록되어 있는 책이라고 말한다. 인간의 지식만으로는 하나님의 뜻을 알 수가 없다. 현대과학이 아무리 발달하였다고 하더라도 그리고 인간의 지식의 축적이 위대하다고 하더라도 하나님의 거대한 창조의 신비를 한 조각 정도밖에는 벗겨 내지 못한 정도에 불과할 뿐이다.

성서는 인간에 의해서 기록된 책이다. 그러나 단순히 인간의 생각과 지식으로 기록된 것은 아니다. 도리어 하나님의 영감(靈感)을 받고 하나님의 뜻을 따라서 기록된 것이다. 성서 자체로 이 사실을 증언하고 있다. 그리고 이 사실은 직접 성경을 읽고 그 안에서 하나님의 사랑과 삶의 가치와 목적을 발견한 사람만 확신할 수 있다. 실로 성경은 사람을 바르게 교육하기에 유익한 책이다.

생각해 볼 문제

1. 우리시대에 있어서 성서의 의의는 무엇인가? 신자들만을 위한 것인가? 혹은 교양서적인가? 성서에 관한 평소의 인상을 토대로 자신의 의견을 진술해보자

2. 성서가 우리에게 해 줄 수 있는 것은 무엇인가? 성서는 과연 실용적인 지혜를 전혀 제공하지 못하는 것일까? 성서의 중심주제와 연관지어 생각해 보자

3. 현대사회에 있어서 성서의 정신을 실천하는 것은 어찌보면 바보스럽기까지 하다. 현대자본주의사회, 혹은 정보화사회에 있어서 성서의 가치는 무엇인가?

제 5 장
기독교의 역사적 흐름

기독교의 역사에 대한 개괄적인 설명은 이미 중, 고등학교의 세계사 혹은 종교과목을 통하여 충분히 소개 받았을 것으로 여겨진다. 알고있는 지식을 토대로 기독교가 예루살렘의 종교에서 세계종교에로 확장되기 까지의 과정에 관한 질문의 빈칸을 채워보자.

▷기독교가 이스라엘의 부족종교를 넘어서 세계적인 종교로 확장된 원인과 힘은 과연 무엇이었을까?	

▷세계문화사를 통해 알고 있는 기독교의 역사들을 기억해보자	1) 중세의 기독교문화는 어떤 특징을 지니고 있었는가?(교황과 황제와의 관계를 중심으로)
	2) 기독교사상가들의 이름을 기억해보자
	 *중세의 기독교 사상가들
	  (예 : 아우구스티누스, 토마스 아퀴나스)
	 *종교개혁의 사상가들
	  (예 : 루터, 칼뱅,....)

▷종교개혁이란 무엇인가? 종교개혁의 근본정신은 무엇인가?	1) '프로테스탄트'란 무엇을 뜻하는가? 2) 기독교의 역사에서 종교개혁은 어떤 중요성을 지니고 있는가?

1. 기독교의 세계화, 세계 기독교 운동

● 기독교의 뿌리를 찾아서

늦은 밤, 창문을 열고 도시를 보면 우리 눈에 가장 먼저 들어오는 것은 아마도 교회를 알리는 십자가 네온싸인일 듯 싶다. 기분전환을 위해 잠시 열어놓은 창넘어로 짧은 시간동안 여기저기 많은 수의 십자가 종탑이 발견된다. 기독교는 과연 무엇이기에 한국의 종교문화를 이토록 바꾸어 놓았을까? 기독교의 뿌리는 무엇이며 그것이 어떻게해서 우리마을에까지 즐비한 개척교회 러쉬를 이루는 종교세력으로 등장하게 되었을까? 기독교가 처음부터 오늘날과 같은 체계적이고 광범위한 교단조직을 수반하는 종교단체로 출발한 것은 결코 아니었을 것이다. 성서를 통해 볼 수 있는 단서는 예수 그리스도가 베드로의 신앙고백 위에 교회를 세우겠다고 하신 말씀과 사도행전에 등장하는 성령강림의 사건이후 정기적인 기도모임에서 비롯한 초대교회의 모습이 전부일 뿐, 그것이 어떻게 오늘의 위용을 구비하게 되었는지를 설명하는 바는 없다.

다소 어리석어 보이고 불필요해보이는 이러한 이야기를 늘어놓는 이유는 기독교의 진정한 모습과 그 과제를 올바로 음미해 보아야 한다는 생각이 들었기 때문이다. 말하자면 기독교의 뿌리를 찾아 그 근본정신을 새롭게 발견하고 오늘의 교회가 구비해야할 활력소를 재충전하고자 하는 바램이 작용하였던 듯 싶다. 그리고 이러한 작업은 일종의 역사적 회고의 경로를 거치지 않을 수 없을 것이다.

예수 그리스도에 대한 신앙을 뿌리로 하는 기독교는 이스라엘의 지역적 우물에 갇혀 있을 수 없었다. 죄로부터의 인간해방은 근본적으로 모두를 위한 하나님의 메세지였고 인종과 국경을 넘어서는 가장 보편적이고 가장 근본적인 소식이었기 때문이다. 하나님의 구원은 팔레스타인

지역에만 국한될 수 없는 위대한 생명운동을 일으켰다. 이 과정에서 우리가 주목하여 보아야 할 사항은 기독교의 세계전파가 쉽고 원활하게 이루어진 것 이라기 보다는 온갖 박해와 수난을 통하여 전세계로 번져 나아갔다는 사실이다. 마치 그리스도께서 고난의 십자가를 지신 이후에 영광의 부활을 얻으신 것처럼 기독교는 생명력있는 종교로 살아 움직이고 있다는 점을 반증해 준다고 하겠다.

● 예루살렘으로부터 땅끝까지

예루살렘의 이야기로 그칠 뻔한 예수 그리스도의 구원소식은 예수의 부활과 그 제자들의 성령충만이라는 계기를 통하여 폭발적으로 퍼져 나아갔다. 초대교회의 시기라고 할 수 있는 이 기간에 무엇보다도 부활신앙은 예수의 죽음의 구속적 의미를 깨닫고, 그 승리에 참여하며, 그 소식을 전하는 위대한 행진으로 나아가게하는 원동력이었다. 부활한 예수는 "예루살렘을 떠나지말고 내게서 들은 바 아버지의 약속하신 것을 기다리라.... 몇 날이 못되어 성령의 세례를 받으리라"(행전 1:4)고 하였고 "오직 성령이 너희에게 임하시면 너희가 권능을 받고 온 유대와 사마리아와 땅끝까지 이르러 내 증인이 되리라" 하였다.

예수의 승천이후 이 약속은 성령강림으로 성취되었다. 성령이 강림한 오순절(Pentecost)은 본래 유월절로부터 50일이 되는 날에 해당하는 유대의 축제일이었다. 사도행전 2:1-13에 의하면 제자들이 모여서 뜨겁게 기도할 때에 성령이 강림하였고 제자들은 성령충만을 체험하였다고 기록되어 있다. 하늘에서 "급하고 강한 바람 같은 소리"(행전 2:2)와 함께 불의 혀같이 갈라지는 현상을 보았으며 이내 그들은 성령충만하여 집단적인 방언의 은사를 체험하게 되었다.

실로 새로운 시대를 열어갈 기폭제가 터진 것이었다. 이 일이 있은 후 예수의 제자들의 부활신앙을 기반으로 성령의 능력을 힘입어 최초의 교회를 탄생시켰다. 교회의 가장 원본적인 형태는 바로 여기에 있다. 기독교는 근본적으로 교권을 탐하는 인간적인 욕망에 의해 이루어진 결사도 아니며 단순한 호기심을 따라 모인 친목단체나 예수의 제자되었던 자들이 기념하여 만든 기념사업회가 아니었다. 교회는 근본적으로 성령의 역사를 통해 활성화되고 조직되며 성령의 인도하심을 따라 모인 고백과 헌신의 집단이었다는 점을 놓쳐서는 안될 것이다.

성령의 강림으로 모든 문제가 단숨에 평정된 것은 아니었다. 하나님의 나라를 확장하려는 기독교적 생명운동이 손쉬운 것만은 아니었다. 다시말해 새로운 열정과 선교에의 꿈을 지닌 제자들을 더욱 확신있는 사람으로 변화시키기 위한 모진 시련과 박해가 그들을 기다리고 있었다. 무엇보다도 종교적 기득권을 지키려는 유대교 지도층에 의해 조직적이고 잔학한 박해가 감행되었다. 종교적 이단시는 물론이고 심지어는 목숨을 내놓기까지 해야하는 잔인한 시련이 유대교 지도자들에 의해서 뿐만아니라 이후 당시의 서양사를 이끌고 가던 로마시대 까지도 이어졌고 그 강도는 더욱 극심해졌다.

그러나 예수의 제자들은 움추리지 않았다. 그들은 더욱 담대하게 하나님의 말씀을 전파하며, 유대인들이 십자가에 처형한 예수가 바로 그토록 기다리던 메시아임을 강조하는 데 비겁하지 않았다. 최초의 순교자 스데반은 예수가 곧 유대인들이 기다리던 메시야이며 생명의 구주이심을 강변하였고 이를 제재하려는 유대교 보수주의자들에 의해 돌에 맞아 죽는 희생까지도 감수하면서 예수의 증인이 되는 일에 자청하는 증인이 되어 있었다.

● 다마스커스로 가던 바울의 거듭남

"예수, 그분이 그리스도이시다" 하는 복된 소식은 율법을 추종해 온 유대인들에게 있어서 그다지 신빙성이 없어 보였고 자칫 이단사설을 몰고올 가능성이 높아 보였다. 이 일에 제동을 걸고 정통 율법주의를 고수하겠다고 나선 한 사람이 있었다. 후에 스스로를 바울이라 칭하기 원했던 사울(Saul)이라는 청년이 자원하고 나선 것이다.

그의 등장은 기독교 역사에 있어서 중대한 변화의 물결을 몰고 온다. 그의 등장은 참으로 기이한 예비였다고 해야 할 것 같다. 그를 앞장세운 박해는 오히려 어려움에도 굴하지 않고 성장하는 기독교의 모습을 더욱 분명하게 보여주는 계기로 작용했을 뿐만아니라 신비하게도 그의 기독교에로의 개종은 물론 그토록 박해하던 기독교를 위해 자신을 헌신하는 위대한 삶의 전환을 몰고왔다.

예수 그리스도를 영접하기 이전의 사울은 율법의 열성분자였다. 그는 일찍기 자신의 고향인 타르수스(Tarsus; 성서에는 '다소'로 표기)에서 스토아 철학을 비롯한 그리스의 교양을 접하였고, 무엇보다도 디아스포라 유대인의 가정에서 태어난 사람답게 엄격한 유대식 교육을 받으며 성장했다. 더구나 그가 성장하여 예루살렘에 유학하였던 기간을 생각해 본다면 전형적인 랍비교육에 충실했던 인물임을 엿볼 수 있다. 그는 유대인의 전설적인 랍비라 할수 있는 힐렐(Hillel)의 손자인 가말라엘(Gamaliel)의 문하에서 엄격한 랍비교육을 받았다.

이 시기에 바울은 유대교에 대한 열심이 더욱 극심하여 동료들보다도 더 강력한 보수주의의 수호자가 되어 있었다. 성서의 기록대로 하자면 그는 살기가 등등하여 이단 박멸의 선봉을 자임하고 이단의 박멸을 호언장담하며 그것이 곧 하나님에 대한 올바른 길이요 도리라고 생각했다.

하지만 그의 앞길에 준비된 것은 놀라우리만치 신비한 체험이 준비되어 있었다. 곧 다마스커스(성서에는 "다메섹"으로 표기됨)로 가는 길에 그는 환상중에 예수를 만나 180도 삶의 방향을 전회하게 된다. "사울아 사울아 네가 어찌하여 나를 핍박하느냐? …나는 네가 핍박하는 예수라"

이 음성 앞에 그는 엎드러졌다. 아마도 그는 예수를 만난 이후 심각한 신학적 갈등을 겪지 않을 수 없었을 것이다. 이제껏 자신은 율법만이 구원에 이르는 유일의 통로라고 가르침을 받아 왔는데 그의 앞에 생생하게 나타난 예수는 율법이 아니라 신앙을 통해 구원에 이르게 된다는 복음을 그에게 가르쳐 주었기 때문이다.

그는 혈통주의적 유대교가 고수하는 율법의 한계가 무엇인지를 성찰하게 되었고 마침내 그리스도를 향한 신앙만이 구원에 이르게 한다는 신념을 위해 자신을 바치게 되었다. 흔히 전해지는 이야기처럼 그에게는 당시 유대인들의 관습을 따라 지니고 있던 두가지 이름 중에서 더이상 사울이 아니라 바울(Paul; 사울이라는 말은 "큰 자"라는 뜻이었지만 이제 "작은 자"라는 의미로 자신을 재정립한다)의 모습으로 이방인을 위한 사도가 되어 나타난다.

그후 우여곡절 끝에 바울은 복음의 전도자로 교회의 파송을 받게 되었고 안디옥 교회를 중심으로 불붙은 세계선교운동을 위하여 3차에 걸친 이방 선교여행을 통해 하나님의 복음을 전하는 사도로 사역하게 되었다. 이 기간 동안에 여러지역의 교회들을 설립하고 각각의 교회에 서신을 보낸 것이 바로 신약성서의 바울서신들이다. 특히 그의 3차 선교여행이후 예루살렘에 상경하였던 바울은 음모에 의해 체포되어 억울한 옥살이를 치르게 되지만 자신의 로마 시민권을 이용하여 황제에게 상소하기 위하여 로마로 향하게 되었다.

그러나 이것은 오히려 복음전파의 기회로 이용되었다. 로마에 도착한 후 그는 연금상태 속에서 비교적 자유로운 선교활동을 펼칠 수 있었다. 말하자면 오히려 이 기회를 통해 바울은 당시 세계의 중심으로 여겨지던 로마에도 하나님의 복음을 전할 수 있게 되었던 것이다. 전해오는 이야기에 따르면 그는 네로(Nero)의 박해시 로마 교외에서 장렬하게 순교함으로써 복음전도자로서의 일생을 마감하였다고 한다. 교회의 역사를 돌이켜 볼 때, 하나님은 복음의 전파를 위해 바울을 택하셨고 그를 통해 소아시아 지역을 위시한 유럽에 전파하시고 구원의 영역을 확장시키는 위대한 계획을 묵묵히 수행하고 계셨던 것이라 하겠다.

● 세계를 향하여 열려진 기독교

사도 바울은 헬라적 기독교의 초석을 놓은 위대한 전도자였을 뿐만 아니라, 그는 또한 초대교회의 신학사상을 정립한 최초의 신학자였다. 바울의 신학은 하나님의 구원을 의(義) 사상에 맞추어 설명한 것이었다. 죄로 인해 죽을 수밖에 없는 인간을 구원하여 새로운 생명을 주기 위하여 하나님은 독생자 예수 그리스도를 세상에 보내어 그의 십자가와 부활로써 인류의 구원을 완성하였다. 바울은 구원이 하나님의 은총이요 그리스도의 십자가와 부활 외에는 구원이 없는 복음을 역설하였다.

그의 관점은 우선 "모든 사람이 죄를 범하였다"(로마서 3:23)는 것이다. 바울은 로마서의 첫부분에서 인간의 죄에 관해 적고 있다. 유대인이나 이방인이나 가릴 것 없이 모든 인간이 죄인이며 하나님은 이 모든 죄인을 구원의 대상으로 초청을 받았다고 믿었다.

이러한 토대에서 바울은 신앙에 의하여 의롭게 된다"(로마서 3:28)는 교리를 확립한다. 바울은 가장 훌륭한 도덕적 규범도 다만 사람으로 하여금 그 자신의 과오를 상기시킴으로써 사람을 실패케 할 뿐이라고 확신했다. 바울은 도덕적 선행이 아니라 신앙에 의하여 인간은 의롭게 된다고 확신하고 있었다.

바울의 신학사상은 유대적 보수주의의 장벽과 혈통적 경계선을 넘어서 그리스도를 믿는 모든 사람이 하나님의 선민이며 구원의 대상이 된다는 발상의 전환을 가져왔다. 그는 자신이 몸소 이방인을 위한 전도여행에 목숨을 걸고 헌신함으로써 유대인에게만 한정되었던 하나님의 구원이 모든 인류를 위한 것임을 실천적으로 보여주는 위대한 전도자의 삶을 살았다. 이러한 의미에서 바울이야말로 기독교의 세계화를 위한 선구자였으며 그의 노력을 통해 기독교는 세계를 향해 열리게 되었던 것이라 하겠다.

2. 서양사에 있어서 기독교와 종교개혁

● 기독교와 서양사회의 만남

복음은 예루살렘으로로터 땅끝을 향하여 움직이고 있었다. 혹자의 관점대로 서양의 문화사는 곧 기독교와의 교섭사라고 할 수 있을 정도로 기독교는 왕성하고 급속하게 성장하고 있었다. 물론 그 과정이 항상 순탄하고 통일된 음조를 지닌 획일성을 지니고 있다하기는 어렵다. 기독교와 문화와의 교섭에는 충돌과 타협 혹은 변형의 숱한 노력과 관점들이 노정된다는 사실을 염두에 둘 필요가 있다.

무엇보다도 헬레니즘(Hellenism)과 헤브라이즘(Hebrism)의 만남은 상당한 충돌과 여과의 과정을 겪어야만 했고 안정된 기독교 문화에 안착하기 이전의 삼위일체 논쟁을 비롯한 수많은 격론들은 기독교가 서양 문화에 접목되는 여정이 결코 순탄한 것만은 아니었음을 보여준다.

이 시기에 등장한 여러명의 기독교 사상가들 중에서 특히 아우구스티누스(St. Augustine)는 주목할만한 해법을 제시해준 것처럼 보인다. 최초의 역사철학이라 불리울만한 그의 유명한 저작 "신의 도성"(De civitate Dei)은 창조로부터 종말에 이르는 기독교의 직선적 역사관을 통해 기독교와 서양문화의 만남을 거시적인 차원에서 효과적으로 설명해내고 있다. 아우구스티누스에 따르면 하나님은 무로부터 이 세상을 창조하였으며 창조로부터 시간이 시작되었으며 역사가 시작되었다. 하나님은 이 세계를 선하게 창조하였으나 무(無)로부터 창조된(creatio ex nihilo) 피조물은 무로 전락될 가능성을 지니고 있다. 인간은 하나님과 같이 되려는 교만 때문에 타락하고 말았으며 그 죄는 자손들에게 유전되어 원죄로 남아 있게 되었다. 이후의 역사에 대한 아우구스티누스의 설명은 두 도성의 긴장관계로 나타난다. 하나님에 대한 사랑(caritas)을 갖고 사는 사람들은 신의 도성(civitas Dei)에 속한다고 볼 수 있다. 반면에 아우구스티누스는 교만하고 탐욕스러운 자아사랑과 왜곡된 사랑(cuppiditas)에 의해 지상의 도성(civitas terrena)을 이루고 있다. 이 두 도성은 마치 밀과 가라지의 관계처럼 현재에는 공존하지만 추수때에 밀과 가리지를 구분하게 되는 것처럼 역사의 끝에 가서는 신의 도성이 승리할 것이라는 관점이 아우구스티누스의 입장이다. 아우구스티누스의 이러한 역사철학은 이후 중세를 통하여 지상에 신의 도성을 실현할 것처럼 달아오르는 기독교 제국의 열정으로 나타나기도 했다.

● 중세 서양문화의 뿌리로서의 기독교

서양사에 있어서 중세는 흔히 암흑의 시기로 매도되는 경향이 있지만 실제로 그 기간은 한정된 시간들이었다. 로마는 게르만 족에 의해 410년에 함락되었고 476년 서로마 황제인 로물루스가 폐위됨으로써 서로마 제국은 멸망되었다. 흔히 이 시기를 빗대어 서로마 제국의 멸망과 함께 희랍 로마 문화도 쇠락하여 서방 세계는 야만의 시대로 들어가기 시작했다고 설명하기도 한다. 그러나 야만의 암흑시기를 지나 중세사회의 문화가 꽃피우기 시작할 무렵 기독교는 이미 중요한 문화요소로 등장하고 있었다. 특히 중세 천년의 기독교는 수도원 운동과 교황권의 극대화 등 다양한 측면에서 문화의 중심에 서 있었다.

무엇보다도 카롤링거 르네상스라 불리우는 문화 운동은 기독교를 그 핵심으로 간직하고 있었다고 전해진다. 가령 중세의 르네상스를 주도한

찰스 대제는 아우구스티누스의 「신의 도성」에 깊은 감명을 받아 자기의 왕국을 하나님의 뜻이 이루어진 사회로 만들려고 노력했다고 알려지고 있다. 이후 서양문화의 중심축으로 등장한 기독교는 교황과 왕권간의 갈등을 비롯하여 교황전성기와 십자군 운동의 발발 등에서 엿볼 수 있는 바와 같이 서양의 핵심으로 자리 잡아가고 있었다.

중세 천년의 역사 중에서도 12,3세기의 중세문화는 기독교의 전성을 구가하는 시기였다고 하겠다. 이 시기의 철학 및 신학을 스콜라사상이라고 부르며 누구보다도 토마스 아퀴나스(St. Thomas Aquinas)의 학문적 종합의 능력은 중세 기독교 사상의 총화를 보여준다고 하겠다. 그의 역작 "신학대전"(Summa Theologiae)은 중세사상의 저수지라 부를만한 탁월성을 보여준다. 그는 아리스토텔레스의 철학을 인용하여 새로운 접근법을 제시하였다. 신의 존재에 관한 다섯가지 증명을 위시한 토마스 아퀴나스의 노력들은 중세사상의 집대성과 종합이라는 이름에 어울리는 거대한 사상적 체계화의 위업을 달성한 것으로 평가된다.

그러나 중세 기독교 1,000년의 와해는 급속히 다가왔다. 특별히 타락한 교권과 인간중심적이고 공로주의적인 중세 기독교는 석양이라고 하기에는 너무도 급속히 다가온 몰락에 가까운 내리막길에 위치하고 있었다.

● 종교개혁과 기독교의 새로운 탄생

역사를 개괄하고 요약하여 본다면, 오늘의 기독교는 중세적인 것이라기 보다는 종교개혁적인 것이라 해야할 듯 싶다. 특히 루터(M. Luther)의 종교개혁은 하나님으로 하나님이 되게 하는(Let God be God) 운동이요 중세 1,000년의 안일에서 새롭게 탄생되어야 할 기독교의 시대적 과제와 근본을 되찾는 운동이었다고 하겠다. 종교개혁이란 이른바 진정한 기독교 회복의 운동이요 성서적인 기독교를 재발견하려는 신앙운동이었다고 하겠다.

　루터가 종교개혁의 횃불을 쳐들게 되었을 무렵 중세의 교회는 극심한 타락의 중병을 앓고 있었다. 특히 성 베드로 성당을 건축한다는 명분으로 자행된 면죄부 사건은 그 일단을 보여준다. 루터는 하나님이 회개하는 죄인을 사랑으로 용서해 주는 것이지 교황의 면죄부가 죄를 용서해 줄 수는 결코 없다고 확신했다. 특히 면죄부는 죄를 용서하는 하나님의 고유한 권한을 침해하는 것으로 여겼다. 1517년 10월 31일 면죄부를 비판하는 95개 조문을 비텐베르크 성곽 교회문 앞에 붙임으로써 개혁운동은 시작되었다.

　루터의 종교개혁은 면죄부나 인간의 공로에 의한 구원을 가르치는 중세교회의 가르침을 오직 믿음에 의해 구원을 얻는다는 교리(以信得義)로 대체하는 신앙양심의 회복을 향한 외침이었으며 동시에 성서로 돌아가자는 운동이었다. 루터는 만인제사장설(The universal priesthood of all believers)을 토대로하여 오직 믿음으로(sola fide), 오직 성서로(sola scriptura), 오직 은혜로(sola gracia)의 3대 원칙을 따라 종교개혁을 단행하여 올바른 기독교의 모습을 회복하고자 했다.

　종교개혁의 또 다른 지도자 칼빈(J. Calvin)은 인간의 전적타락과 하나님의 전적인 선택및 은총에 의한 구원을 골자로 하는 예정교리를 통해 보다 분명하고 확고한 종교개혁의 길을 열어갔다. 그의 신학적 슬로건은 '오직 하나님의 영광을 위하여'(Soli Deo Gloria)이었으며 하나님의 절대주권에 대한 신앙을 골간으로 하고 있었다. 그의 종교개혁 운동은 성서의 근본정신을 회복하는 것이요 성서가 말하는 참된 교회의 모습과 신앙을 회복하는데 주안점을 두고 있었으며 제네바시를 성시화하려던 그의 노력에 이러한 정신이 깃들어 있었다.

　종교개혁은 신앙의 참된 모습을 회복하는 운동이며 교회의 뿌리를 찾아 올라가 진정한 신앙의 모습을 회복하려는 운동이었다고 볼 수 있겠다. 종교개혁이후 현대에 이르기까지 많은 신학적 발전과 논의가 거듭되어 온 것이 사실이지만 그것은 어떤 의미에서 종교개혁의 각주(foot-note)라 해도 지나치지 않을 것이며, 이러한 의미에서 종교개혁이란 올바른 기독교를 향한 몸부림이라 할 수 있을 것이다.

3. 동방에 전해진 복음의 빛, 한국의 기독교

● 민족과 함께해온 한국 기독교

오늘 우리들의 강좌를 이끌고 있는 기독교는 종교개혁의 정신을 기치로 하는 개신교에 속한다. 대개 기독교가 한국에 처음 도래된 것은 천주교의 전래로부터 설명된다.

우리 나라에 처음 개신교 선교사가 들어온 것은 1884년 9월 알렌(H.N. Allen,)이 미국 공사관 공의(公醫)의 자격으로 우선 입국한 이후 1885년 4월 장로교의 언더우드(H.G.Underwood)와 감리교의 아펜젤러(H.G. Appenzeller)와 그리고 스크랜톤(W.B. Scranton)이 동시에 제물포항에 도착한 일련의 과정에서 그 연원을 찾아볼 수 있겠다. 이들은 교육과 문화의료 사업을 중심으로 개화기의 한국에 기독교를 소개하기 시작했으며 특히 한국의 근대화 과정에서 기독교의 영향력은 지대한 것이었고 민중 개화에 커다란 공헌을 남겼다고 평가된다.

한국교회의 특징은 민족의 아픔과 수난을 외면하지 않았다는 점이다. 1910년 한일합병 이후 일제의 집요한 기독교 해체작업에도 불구하고 한국교회는 민족의 역사와 함께하며 3.1운동을 비롯한 민족운동에 적극적으로 참여하고 주도하였다. 더욱이 일제강점기에 자행된 신사참배 강요에 대한 기독교의 대응은 주목할만한 것이었다. 평양 숭실전문학교

(현재의 숭실대학교)와 장로회신학교가 폐교되고, 주기철(朱基徹)을 비롯한 50여 교역자가 순교당하였으며, 백여의 교회가 문을 닫아야 했고, 2천여 신도가 투옥되었지만 이 과정에서 기독교는 순교의 정신으로 박해를 감수하였으며 민족정신의 강인함을 과시했다.

해방이후 6 · 25(1950)는 교회에 막대한 타격을 안겨 주었지만 한국교회는 피난길에서 참회의 기도회를 대대적으로 가지면서 나라와 민족을 위해 기도하며 민족정신을 잃지 않았으며 조국의 근대화 과정에서도 인권운동과 나라를 위한 기도운동을 통해 민족과 호흡을 함께하는 민족교회로서의 모습을 성숙시켜 왔다.

물론 심각한 종파운동과 교회분열, 그리고 지나친 교세확장 경쟁, 그리고 기복종교화되는 왜곡된 신앙을 비롯하여 여러가지 비윤리적인 여러가지 부작용 또한 있었던 것이 사실이지만 그럼에도 불구하고 한국교회는 민족의 역사와 함께 하면서 나라와 민족을 위한 기독교로서의 모습을 잃지 않고 성숙하는 교회로 성장하여 왔으며 앞으로도 이 거룩한 행진을 거침없이 이어질 것이다.

● 한국 기독교의 과제

오늘의 한국교회는 숱한 어려움의 터널을 뚫고 나온 민족의 종교답게 한국 사회의 종교문화를 주도하는 핵심세력으로 부상하고 있다. 일찍이 한반도에 복음의 씨앗을 뿌리기 위해 목숨을 담보로 하나님의 말씀을 전해온 선교사들과 민족교회의 지도자들이 있었기에 한국의 기독교는 풍성한 열매를 향유하고 있다는 점은 아무리 되풀이하여도 식상해질 수 없는 소중한 자산이다.

교회의 외형적 성작과 양적 팽창의 열매들은 결코 부끄러운 것도 아니며 비판받아야할 대상도 아니다. 이 땅의 복음화를 위해 순교의 피를 뿌린 복음 전파자들이 있었기에 오늘의 한국교회가 당당한 모습으로 설

수 있게 되었기 때문이다.

이제 남은 과제가 있다면, 그것은 무엇보다도 성서로 돌아가는 운동일 것이다. 한국교회는 복음에 빚진 자임을 깊이 자각하고 세계를 향하여 땅끝까지 복음을 전하는 데에 게을러서도 안될 것이며, 부단한 자기 갱신과 영적 성숙에 심혈을 기울여야만 할 것이다. 한국교회의 진정한 과제가 있다면 그것은 세계선교나 사회봉사, 혹은 건전한 기독교 윤리운동과 같은 부수적인 영역에 국한된 것은 아닐 듯 싶다. 오히려 근본적인 반성, 즉 과연 성서적인 교회, 초대교회와 같은 역동적인 모습을 회복할 수 있을 것인가의 문제를 먼저 생각해 보아야 하리라 여겨진다. 이러한 의미에서 한국교회의 과제를 슬로건으로 요약하여 표현하자면 '성장 속에 성숙하는 교회'의 모습을 갖추어 나아가야만 한다고 옮겨볼 수 있을 듯 싶다.

한국교회가 최근에는 마이너스 성장을 염려하며 제집안 단속에 급급해하는 소극적인 모습을 자주 보여주는 것은 자신감을 상실했다는 말로 바꾸어 놓을 수 있을 것이다. 한국교회의 진정한 '내일'을 기대하려면 수동적이며 수혜적이고 소극적인 자세에서 벗어나 능동적이며 생명력 있는 모습을 회복하는 일부터 시작해야 하리라 여겨진다. 그리고 이 일은 종교개혁자들이 교회다운 교회의 회복을 위해 몸부림쳤던 것처럼, 기독교의 뿌리를 찾아 그 근본정신을 회복하며 진정한 자기갱신을 추구할 때 가능해지리라 본다. 교회는 부단히 개혁되어져야만 하기 때문이다.

생각해 볼 문제

1. 기독교의 역사를 통해 느낄 수 있는 하나님의 섭리란 어떤 것일까?

2. 한국교회의 겸허한 자기반성의 과제가 있다면 무엇일까?

3. 기독교의 진정한 자기갱신이란 무엇일까? 평소의 소견을 토대로, 자신을 기독교인이라 상정하고 그 구체적인 목표와 방법을 모색해 보자.

제 6 장
교회의 본질과 사명

생각 모으기

교회는 왜 있는가? 무슨 근거 위에서 교회는 존재하고 있는 것인가? 교회는 무엇을 하는 곳인가? 또한 모든 교회는 다 똑 같은 것인가? 아래 질문들을 답해 봄으로서 교회의 본질과 사명에 대한 기초적인 생각을 모아 보자.

▷ 교회의 주인은 누구라고 생각하는가?	
▷ 교회는 언제 시작된 것일까?	
▷ 교회는 무엇을 하는 곳이라고 생각하는가?	
▷ 모든 교회는 다 동일할까?	

도시마다 높이 들어선 건물 위에 십자가가 즐비하다. 무엇 때문에 저렇게 많은 교회들이 생겨나는 것일까? 본 장은 교회란 어떤 기관이며, 또한 무엇 때문에 존재하는가 하는 문제를 다루어 나갈 것이다.

1. 교회의 기초

교회는 왜 있는가? 그냥 기독교인으로서 예수의 지시대로 살면 그만
이지 구태여 교회라는 기관이 반드시 있어야 할 필요가 있을까? 게다가
예수를 믿으려면 반드시 교회에 출석해야만 하는가? 이런 종류의 질문
은 교회에 출석하지 않는 사람들 뿐 아니라, 교회에 출석하면서도 지극
히 개인적인 삶의 방식에 익숙한 현대 기독교인들 사이에서 흔히 말해
지는 사안이다. 이를 교회에 대한 현대인들의 도전이라고 이해한다면,
이 질문은 어떤 방식으로든지 성실하게 대답되지 않으면 안된다.

이 질문은 결국 교회는 어디서부터 유래하였는가 하는 문제로 귀결된
다. 말하자면 이 질문은 교회의 근거 설정과 목표에 대한 대답을 요구
하는 질문이다. 따라서 우리는 먼저 교회의 기초에 관하여 살펴보자. 교
회의 기초를 논하고자 한다면 우리는 반드시 교회에 관한 성서적 근거
를 밝히지 않으면 안된다.

● 에클레시아

신약성서에서 교회를 나타내는 표현은 매우 다양하다. 그러나 그 중
에서 교회에 관해 중요하고 빈번하게 사용되는 용어는 '에클레시아'(ἐκ
κλησία)이다. 본래 희랍어의 이 말은 단지 정치적인 의미로만 쓰여졌던
말이다. 즉 이 말은 그냥 '백성들의 회집'이라는 뜻 이상이 아니었다.
그러나 신약성서 안에서 이 말이 쓰여질 때는 그 의미가 확장되어 쓰여
졌다. 말하자면, 에클레시아란 '하나님의 백성'이라는 뜻으로 쓰여졌던
것이다. 특히 사도행전(7:38)에 보면 에클레시아란 아브라함의 자손인
옛 이스라엘 대신에 선택된 '하나님의 백성'을 의미한다. 이 때의 에클
레시아는 단수형으로도 쓰이고 복수형으로도 쓰였다. 또한 개체 교회를

의미하기도 했고, 전체 교회를 의미하기도 했다. 바울서신에서도 에클레시아는 예배를 위해서 모인 한 도시의 기독교인들을 의미하기도 하고, 한 곳의 기독교인들 전체를 지칭할 때도 쓰였다. 따라서 에클레시아란 개체든 전체든, 혹은 단수든 복수든 동일하게 신앙적인 의미에서 '하나님의 백성'을 지칭하는데 쓰여졌음을 알 수 있다. 그리고 교회는 사람들이 모여서 이룩된 단체이지만 단지 사람들만의 단체가 아니라, 예수 그리스도를 구주로 믿는 하나님의 백성들의 모임이라는 것을 알 수 있다.

● 그리스도의 몸

또 하나 신약성서에 나타난 교회에 관한 중요한 용어는 '그리스도의 몸'이라는 말이다. 바울 서신에 나타나는 이 말은 교회를 지칭하는 은유(metaphor)에 속한다. 사도 바울이 교회를 '그리스도의 몸'이라고 부른데는 특별한 의미가 있다. 이 개념은 개체 교회보다는 전체 교회에 초점이 맞추어진 말이다. 몸(body)이라는 개념에는 다분히 유기체적인 의미가 담겨 있다. 즉 유기체로서의 교회란 모든 구성원이 예수 그리스도를 중심으로 하나로 묶여진 공동체라는 의미를 지니고 있다. 그리스도의 몸 안에서는 모두가 서로 개방되어 있으며, 그리스도인이나 유대인이나, 자유인이나 노예나, 혹은 남녀노소를 막론하고 같은 성령 안에 거하고, 예수 그리스도 안에서 하나이기 때문에 모두가 평등하다(갈라디아서 3:28 ; 고린도전서 2:13). 그러나 이 그리스도의 몸으로서의 교회는 인간적인 사회적 구조를 넘어선 영적(靈的)인 공동체인 것이다.

소위 교회를 '그리스도의 몸'이라고 했을 때, 로마 카톨릭 교회에서는 이 말을 신비주의적으로 해석하였다. 그리하여 교회와 예수의 몸은 하나로 연결되었다. 따라서 로마 카톨릭 교회에서는 제도로서의 교회를 중요하게 여기는 전통을 가지게 되었다. 반면에 개신교에서는 이 말을 실천적으로 해석하였다. 따라서 교회란 곧 예수께서 생전에 하시던 선교 사역을 계속해서 위임받아 행하는 것으로 이해한 것이다.

그런데 '에클레시아'든 '그리스도의 몸'이든 교회란 근본적으로 예수 그리스도와 연결된 어떤 무엇인 것이 분명하다. 즉 교회란 예수의 인격과 그의 업적과 연결되어 있다는 것이다. 특히 마태복음 16:18에 나타난 사건은 교회의 시작과 연결되어 언급되는 고전적(로마 카톨릭 교회의 입장)인 성경 구절이다. 즉 예수께서 제자 베드로에게 이렇게 말씀하셨다: "또 내게 네게 이르노니 너는 베드로라. 내가 이 반석 위에 내 교회를 세우리니 음부의 권세가 이기지 못하리라." 즉 예수께서 사도의 수장인 베드로에게 직접 교회의 열쇠를 주셨다는 것이다. 후에 베드로직을 로마교회의 감독에게 계승시키고, 사도직을 감독들에게 권위주의적으로 계승시킴으로써 로마 카토릭 교회는 급기야 교회의 기초와 교회 외적 건물을 혼동하고 말았다.

그런데 오늘날에 이르러는 예수께서 부활하신 직후 하나님 자신이 교회를 설립하셨다고 이해하는 것을 정설(개신교의 입장)로 받아들이고 있다. 즉 교회는 십자가에 달리신 예수의 부활과 그 사건으로 인해 발생된 마지막 성령 파송(사도행전 1:8 "오직 성령이 너희에게 임하시면 너희가 권능을 받고 예루살렘과 온 유대와 사마리아와 땅 끝까지 이르러 내 증인되리라")에 나타난 하나님의 역사로 시작되었다는 것이다. 따라서 교회의 역사적 뿌리는 예수의 인격이 아니라, 예수에게 나타난 하나님의 행위에 있다고 이해된다.

● 처음 교회의 모습

그러나 처음 교회의 모습은 오늘의 교회 모습과는 전혀 다른 것이었음을 성서를 통해서 알게 된다. 초기의 교회는 마치도 '가정 교회'의 모습으로 여러 지역에 흩어져 있었다. 일정한 장소와 연결되어 나타나는 가정 교회의 모습으로는 고린도 교회(고린도전서 1:2), 갈라디아 교회(갈라디아서 1:2), 에베소 교회(에베소서 1:1), 골로새서(골로새서 1:2), 갈라디아서(갈라디아서 1:1) 등을 들 수 있으며, 인물과 관계되어 나타난 가정 교회의 모습으로는 빌레몬서 1:2에 나오는 "아킵보의 집에 있는 교회"에서 엿볼 수 있다. 사도행전 2:46-47에 보면 처음교회의 생생한 모습을 이렇게 말하고 있다: "날마다 마음을 같이 하여 성전에 모이기를 힘쓰고 집에서 떡을 떼며 기쁨과 순전한 마음으로 음식을 먹고 하나님을 찬미하며 또 온 백성에게 칭송을 받으니 주께서 구원 받는 사람을 날마다 더하게 하시니라." 이렇게 생생한 '처음 교회'라고 할지라도 제도면에서는 보잘 것이 없었다. 소위 '처음교회'가 오늘과 같은 제도적인 교회의 모습을 발전시키지 않은 데는 많은 요인이 있었겠지만, 그 중에서도 중요한 요인은 당시에 널리 퍼져 있었던 '임박한 종말 사상' 때문이기도 하다. 즉 승천하신 예수께서 곧 재림(再臨)하실 것이라는 임박한 종말 사상은 교회로 하여금 제도적 발전을 억제하게 만들었던 것이다. 그러나 이런 종류의 종말론은 서서히 사라지고, 임박한 종말이 지연되자 사정이 달라졌던 것이다. 사도들은 예수 그리스도를 눈으로 목격하고 귀로들은 증인들로서(사도행전 1:21-22) 역사적으로 일회적이고 반복할 수 없는 교회의 기둥들이었다. 그러나 예수를 직접 만났던 사람들이 거의 죽어 감에 따라 교회 공동체는 하루 속히 자기 정체성의 확립을 위해서 제도적인 정비를 불가피하게 필요로 하게 되었던 것이다. 이로 인해 교회는 '예수가 곧 그리스도'라는 생생한 증언을 보다 조직적이고 체계적인 전도 활동을 통해 전개할 수 있게 된 것이다. 이런 배경을 가지고 교회는 점진적으로 제도적인 발전을 거듭하면서 오늘에 이르른 것이다.

결론적으로 신약성서에 나타난 교회는 예수의 부활 이후 성령이 강림함으로써 생겨난 영적인 교회가 일정한 기간동안 제도화되기 전의 모습

으로 존립해 오다가, 임박한 종말의 기대가 지연되어지자 점차로 제도
화된 교회로 발전하게 된 것이다. 제도적 교회는 이렇게 역사적인 필연
적 요청에 의하여 탄생된 것이다. 따라서 보이지 않는 '영적인 교회'를
'제도적인 교회' 속에서 실현시켜 나가야 하는 사명을 교회는 지니고
있다.

2. 교회론의 역사적 발전

● 고대 교회의 교회관

이제 교회에 관한 이해가 역사적으로 어떻게 발전되어 갔는가를 살펴
보기로 하자. 사도 시대 직후의 교회는 교회를 도래하는 하나님의 나라
를 향하여 서로 밀접하게 결합된 신자의 무리이며 이 목적을 위하여 세
계의 모든 지역으로부터 하나님의 부르심을 받은 자들이라고 가르쳤다.
이레네우스(Irenaeus)는 교회를 영적인 어떤 것으로 이해하면서 "하나님
은 교회 안에 사도와 교사를 세우시고 그 밖에 모든 영의 활동력을 설
치하여 교회에 열심히 오지 않는 사람은 누구나 그러한 영의 활동력에
참여하지 못한다 … 말하자면 교회가 있는 곳에 하나님의 영도 계시고,
하나님의 영이 계신 곳에 교회와 모든 은혜가 있다"고 가르쳤다.

그런데 고대교회는 드디어 교회에 관한 견해를 공적으로 표명하기에
이르른다. 이것이 곧 381년 콘스탄티노플 공의회에서 확정된 고전적인
'니케아 신조'이다. 니케아 신조에 따르면, 교회를 "하나의, 거룩하고,
보편적이며, 사도적인 교회" (una, sancta, catolica et apostolica
ecclesia)라고 한다. 여기서 그 의미를 한번 새겨 보기로 하자.

'하나의 교회'(에베소서 4:5-6 ; 고린도전서 12:4-11)를 고대 교회가

강조한 것은 예나 지금이나 분파주의 늪에 빠져서 교회가 갈라지는 것을 경계한 말이다. 한 분 하나님과 한 분 그리스도를 따르는 교회는 모습도 다르고 전통도 다르지만 예수를 그리스도로 고백하는 한 근본적으로는 하나라는 것이다. 여기서 교회가 하나라는 말은 강제적으로 교회를 하나로 합치라는 말도 아니고, 또 그렇게 될 수도 없는 노릇이다. 도리어 이 말은 종교가 지닌 어두운 얼굴인 집단적 이기심을 극복하고, 자유 속의 일치를 에큐메니칼하게 실현시켜 나갈 것을 말해 주고 있다. 실로 교회일치 운동에 참여하는 일은 중요하다. 물론 이단 사상이나 사이비 기독교는 반드시 경계해야 할 것이다. 그러나 나와 전통이나 습관이 다르다는 것 때문에 무조건적으로 거절하고 배타하는 것이야말로 진리와 거리가 가장 먼 일이 되기 때문이다. 고대 교회가 일찍이 교회의 하나 됨을 공적으로 표명한 것은 위대한 선언이 아닐 수 없다.

'거룩한 교회'(고리도전서 3:16-17)란 하나님 자신이 세우시고, 성령이 거하는 전이며, 그리스도가 머리되신다는 측면에서 교회에 사용할 만한 말이다. 그러나 교회 안에 있는 신자들 자신이 이미 거룩한 존재들이라는 말로 오해해서는 안된다. 교회 안의 신자도 죄인임에 틀림이 없다. 그러나 단지 이들이 용서받은 죄인이라는 측면에서만 거룩한 자들이라고 할 수 있다. 동시에 거룩한 교회란 세계와 분리된 공동체라는 뜻이 아니다. 도리어 영적인 공동체인 이 교회는 세속 속의 거룩함을 실현해야 할 과제를 지니고 있다는 측면에서 거룩한 교회가 되는 것이다.

'보편적 교회'(고리도전서 12:27)란 그리스도의 복음의 보편성에 기초해 있다. 지역과 이념과 민족과 문화를 초월해서 존립하는 교회는 "누구든지 믿으면 구원을 얻는다"는 복음의 보편성을 따라서 분명히 보편적인 교회이다. 카톨릭 교회(catholic church)란 말은 바로 이런 뜻이다. 그런데 로마 카톨릭 교회가 자신에게 이 이름을 부여하는 바람에 그 의미가 혼동되고 말았다. 따라서 '카톨릭 교회'(catolica ecclesia))란 넓은 의미에서 보편적 교회란 뜻이고, 단지 천주교회를 의미하는 말은 로마 카톨릭 교회(roman catholic church)라고 불러야 한다. 특히 교회의 보편성을 주장할 때에 그것으로 인하여 정말 교회가 관심 가져야 할 '소외된 자'에 대한 당파적 관심을 소홀히 해서는 안된다. 도리어 보편성은 본질에 있어서 소외된 자에 대한 관심 때문에 의미가 있는 말이다.

'사도적 교회'(고린도전서 15:9-11 ; 3:22-23)란 고대 교회가 강조한 교회에 관한 마지막 교설 이다. 이 말은 곧 교회의 역사적 맥락을 이어주는 탯줄과 같은 말이지만, 이것을 경직된 교직제도(hierarchy)로 이해해서는 안 된다. 즉 사도직의 계승과 같은 것으로 권위주의인 해석을 해서는 그 의미를 다 이해할 수 없는 말이다. 도리어 사도성은 종교적 기득권이 아니라, 모든 기독교인들이 사도들로부터 계승 받아야 하는 고난과 희생과 순교의 핏줄로 이해되어야 하는 말이다. 그런 의미에서 고대 교회의 교회에 관한 이해는 매우 성서적이고 건전한 것이었다고 판단된다.

● 중세기 교회관

중세기는 교황권이 절정에 달한 때로서, 구원을 받는데 필수적인 요건을 믿음이라기 보다는 교황에게 복종하는 것으로 이해했다. 교회가 국가 권력 위에 서서 권력을 기반으로 기득권을 획득하고 있었기 때문에 국가와 사제들은 모두 교황의 연장된 팔에 불가해졌다. 즉 교황권은 하나님이 직접 설립하신 것으로, 교황은 모든 것을 맬 수도 있고, 풀 수도 있는 권세를 가졌다고 믿었다. 그레고리 VII는 군왕들이 하나님과 교회에 대항하여 공의를 침해할 때는 교황이 군왕을 폐위시킬 수 있는 권세를 자지고 있다고까지 주장되었다. 그 외에도 교회는 그리스도의 신부(新婦)로서 전적인 자유를 가지고 있으며, 또한 인류와 제후에 대한

118

어머니로서 여주권(magistra)의 권한을 주장하기도 했다. 교황직은 교회 안에서 모든 권세와 권위의 머리요, 기초며, 뿌리요, 원천이고, 근원이라고 하였던 것이다. 교황 중심주의는 1870년에 있었던 바티칸 제 1 공의회에서 관철되어 교황은 전 교회에 대한 최고의 법률적 권력을 가지고 있으며, 교황의 공식적인 자리에서의 신앙과 윤리 문제에 관한 표명은 오류가 없다고까지 주장했다. 제도적 교회의 우위성과 교황 중심주의는 오늘날 카토릭 신학에 있어서도 크게 반성적으로 문제로 대두되고 있으며, 보다 열려진 교회 이해를 향해 노력하고 있다.

● 종교개혁자들의 교회관

마틴 루터(M. Luther)의 종교개혁으로 인하여 교회와 국가를 동일시함으로 야기되었던 교회관은 수정되기 시작하여 교회와 국가의 엄격한 구별을 주장하게 된다. 루터는 어거스틴(St. Augustinus)의 사상과 관련지어서 신앙적인 교회의 불가시성(invisibility)을 매우 강하게 강조하였다. 교회는 영적인 실재이고 모든 외적인 겉모양의 피안에 있는 영적인 영원한 하나님의 도성이라고 하였다. 참된 교회는 감추어져 있다는 것이다. 교회는 세상 정부 옆에 있으나 물질적, 법적 기관이 아니라, 인격들의 사귐이다. 루터의 이 두 왕국설은 어거스틴과 연결되어 있다. 루터는 아우구스부르그 산앙고백서에서 영적인 나라와 세상의 나라를 서로 혼합시켜서는 안된다고 선언하였다. 따라서 교회의 참된 표식은 루터에게 있어서 단지 두 가지로 요약된다. 1) 순수한 복음이 선포되고 2)올바른 성례(聖禮)가 집행되는 곳을 교회라고 하면서, 제도적 교회에 반하여 영적 교회를 강조하기에 이르른다. 즉 교회는 본래 영적인 친교로써 오직 신앙하는 자들에게만 보여질 수 있다고 했다. 그러나 참으로 신앙하는 성도들의 모임인 '보이지 않은 교회'(영적 교회)는 하나님의 말씀(설교)과 성례전이 이루어지는 제도적 교회와 분리되어 있지 않고, 그것과 함께 그것에 의해 참조된다고 하였다. 이러한 교회관은 교황과 공의회도 얼마든지 오류를 범할 가능성이 있다고 보게 되었고, 오직 하나님 한 분만이 모든 것의 척도가 된다고 말하게 되었다. 따라서 종교개혁의 대명제인 '오직 은혜로만' 그리고 '오직 믿음으로만'으로 구원을 얻는다고 주장하게 된 것이다. 교직제도 역시 하나님의 법에 의한 것이라기보다 인간적인 법에 의한 것이라고 보았다. 교직은 오로지 봉사를 위한 것이며 지배하기 위한 것이 아니라고 하였다.

그 후 개신교 정통주의에서는 종교개혁자들의 교회관이 체계화되었다. 본래적인 의미에 있어서 '보이지 않는 교회'는 참으로 신성하고 거룩한 자들의 친교 공동체로서 제도적인 교회인 '보이는 교회' 안에 부름 받은 자들의 친교라고 하였다. 이 속에는 위선자들과 악인들도 섞여 있다고 한다. 그러나 양자는 별개의 두개의 실체가 아니라, 하나의 두 측면임을 재 천명하기에 이른다.

3. 교회의 사명

이미 앞에서 말한 것처럼 "예수가 곧 그리스도시다" 혹은 "다시 살아나신 그리스도가 곧 십자가에 죽으신 예수이시다"라는 증언으로 말미암아 추종자들의 신앙이 일깨워지고, 이 신앙은 결국 공동체적 사귐 속에 있는 신앙으로 발전되었다. 이것이 곧 교회의 기초인 것이다. 그런데 우리는 교회의 근거 설정만 대답해야 하는 것이 아니라, 교회의 목표에 대해서도 답해야 한다. 즉 교회의 유래뿐만 아니라, 교회의 존재 이유에 대해서도 말해야 한다는 말이다. 소위 교회의 존재 이유에 대한 질문은 곧 세상에서 감당해야 할 교회의 사명에 대한 질문을 말한다. 그런데 여기서 말하는 세상이란 곧 우리가 살고 있는 사회를 말한다. 말하자면 교회는 곧 사회 안에 존재하고 있으며, 그것의 일부가 되고, 또한 세계사의 구성 요소인 것이다. 그리하여 교회는 세상과 불가불리의 관계 속에 있는 것이다. 이 불가불리의 관계는 이중구조를 가지고 있다. 하나는 하나님께서 교회를 세상으로부터 불러내신 구조를 말하고, 다른 하나는 세상을 향해 파송하는 구조를 말한다. 이 두 가지 교회와 세상과의 관계는 곧 교회의 사명을 말할 수 있는 현실적인 근거를 제시해 주고 있다. 다시말해서 교회의 사명은 '예배'(worship)와 '선교'(mission)로 요약될 수 있다.

● 세상에서 불러 낸 교회

하나님께서 교회를 세상으로부터 불러 내셨다는 것은 예배를 위한 것이다. 예배는 피조물된 우리 인간의 창조주에 대한 신앙적 의무이다. 따라서 예배는 교회의 모든 활동의 중심이 된다. 예배는 인간이 하나님을 만나는 사건을 말한다. 아니 더 엄밀하게 말하면 예배란 하나님께서 우리를 만나 주시는 사건이다. 예배에는 우선 하나님에 대한 인간적 응답으로 기도가 수행된다. 기도는 인간이 가지는 가장 순순하고 진지한 행위에 속한다. 동시에 예배에는 설교가 주어진다. 설교는 우리의 질문 상황에 대한 하나님의 메시지이다. 설교 역시도 사람에 의해서 수행된다. 그러나 이 행위 속에서 우리에게 다가오시는 분은 언제나 하나님 자신이시다. 실제로 예배의 모든 행위는 인간이 실행한다. 그러나 이것은 연극과는 전혀 다르다. 연극은 관객을 위한 행위이지만, 예배는 인간과 만나시는 하나님 앞에서 응답하는 신앙의 행위이며, 하나님께서 우리에게 다가오심인 것이다.

그런데 예배란 인간이 행위를 하므로 비로소 가능한 것이 아니다. 도리어 하나님께서 인간을 부르시고 인간을 만나 주시며, 우리에게 은혜를 베푸시기 때문에 가능한 행위인 것이다. 그래서 하나님의 부르심이 없이는 예배조차도 단지 어릿광대의 놀이와 다를 바 없는 것이다. 바로 예배는 예배드리는 장소로서 그 사명을 다한다고 할 수 있다. 그것은 단지 하나님의 부르심에 대한 인간의 응답일 경우에만 그러하다.

흔히 교회의 사명을 말할 때 예배는 부차적인 것으로 평가절하 되기 쉽다. 마치 교회는 사회 봉사가 주목적인 것으로 오해될 수 있다. 그러나 이것은 앞뒤가 바뀐 행위이다. 하나님과의 만남이라는 초월적 사건이 배제된 종교 활동은 원숭이들의 예배와 다를 바 없다. 신령과 진정으로 예배드리는 사람들은(요한복음 4:23) 바로 하나님 앞에서 하나님의 은혜의 사건에 직면하여 하나님께 감사의 응답을 드리고 그들 자신의 삶을 전적으로 그 하나님에게 위임하고 그분에게 위임하고 사는 신앙의 사람들이다. 반대로 참예배를 드리지 못하는 사람들은 우상숭배의 오류와 죄악에 빠지게 마련이다. 만일 참으로 예배드려야 할 대상이 인간의 선택 여하에 달려 있다면, 인간이 우상숭배를 피할 수 있을 것이다. 그러나 인간이 자유롭게 선택할 수 있는 것은 단지 피조물에 불과하지 참 하나님 일 수 없다. 우리가 하나님을 선택한 것이 아니라, 하나님이 먼저 우리를 선택하신 것이요, 우리가 먼저 하나님을 사랑한 것이 아니라, 그 분이 먼저 우리를 사랑한 것이다(요한 1서 4:10). 따라서 아무리 열심히 있는 경건이라도 그것이 하나님께로부터 온 것이 아니라면, 결국 덧없는 일에 불과할 뿐이다.

특히 하나님께서 우리를 부르신 것은 단지 예배 행위로만 끝나는 사건이 아니다. 하나님의 계획은 끝내 우리를 구원하시고자 함이다. 이 구원의 사건은 지속적으로 하나님과 관계를 맺는 것이다. '구원의 방주'인 교회 안에는 하나님과 인간 사이의 지속적인 관계가 영적인 동시에 제도적인 방식으로 성립되었다. 하나님의 구원이란 영적인 사건인 동시에 육체적인 사건이기 때문이다. 하나님은 인간을 구원하실 때, 인간의 영혼만 아니라, 인간의 전체를 구원하신다는 것이다. 아니 더 크게 말한다면, 하나님의 구원은 인간 뿐 아니라 자연의 전 피조물까지 사랑하여 구원하시고자 하신다는 것을 알아야 한다. 따라서 구원의 방주는 영적인 교회인 동시에 제도적인 교회가 된다. 구원의 사건 속에서 보이지 않는 영적인 교회와 보이는 제도적인 교회가 상호 하나로 만나게 된다.

● 세상을 향해 보냄 받은 교회

구원받은 교회는 곧 다시 보내심을 받는다. 이것은 하나님의 크고 깊은 계획이다. 즉 하나님께 드리는 예배는 동시에 인간에게 하는 봉사이어야 한다. 하나님께 드리는 참된 예배는 인간에게 하는 봉사이고, 인간에게 하는 참된 봉사는 하나님께 드리는 예배인 것이다. 우리는 성육신의 암시 즉 신적인 현실성과 인간의 현실성이 아주 깊이 서로 연결되어 있음을 알 수 있다. 따라서 하나님이 교회를 세상으로 보내신다는 것은 곧 세상 끝 날까지 그리고 땅 끝까지 이르러 '그리스도의 증인'이 되라는 '선교'(mission)를 의미한다.

소위 교회 안에 있는 구원받은 자만이 아니라, 교회 밖의 구원받아야 할 자들에 대한 선교적 과제는 교회의 본질적 사명에 속한다. 왜냐하면 교회는 세상으로부터 부름 받았을 뿐만 아니라, 세상을 위하여 보내심을 받았기 때문이다. 예수께서 하신 말씀 처럼 교회는 '땅의 소금'이요, '세상의 빛'이며, '산 위에 있는 도성'이다. 예수의 이 비유는 인간 역사 속에 있는 교회의 존재가 '사회의 누룩'이라는 뜻이며, 이 누룩은 인간의 더 좋은 사람 됨을 위한 것이다. 그런 의미에서 교회는 소금이다. 교회는 인류를 위한 사명 때문에 있는 것이다. 교회는 '빛' 즉 비추어 줌이라는 방식으로 누룩 노릇을 한다.

여기서 말하는 선교는 또한 교회성장 만을 의미하는 말은 아니다. 본질적으로 선교 속에는 이방선교라는 뜻이 포함되어 있다. 즉 단지 교회의 신자가 불어나는 것 뿐 아니라, 기독교가 아직 소개되지 못한 피선교 지역에 복음을 전하는 것을 급선무로 삼는다. 즉 한 사람이라도 더 구원의 방주로 인도해서 들어오게 하는 것이 선교의 최대 목표이기 때문이다. 그런 의미에서 선교는 가시적 교회의 일원이 되게 하는 것을 더 넘어서 본질적으로 하나님의 자녀가 되게 하는데 목표가 있다. 동시에 선교란 단지 영원 구원이라는 차원을 넘어서 삶 전체의 구원을 목표로 한다. 말하자면, 기독교의 구원은 '사회-정치적 차원'과 '자연-생태학적 차원'까지 목표로 한다는 말이다. 따라서 복음화와 인간화는 동전의 양면과 같은 것이다.

생각해 볼 문제

1. 성서에 나타난 '처음 교회'의 생생한 모습을 설명해 보시오.

2. 니케아 신조에 나오는 교회에 관한 4가지 교설을 설명해 보시오.

3. 종교개혁적 입장에서 본 교회는 어떤 모습인가요?

4. 교회의 사명을 2가지로 요약해 보시오.

제 7 장

성령과 삶

126

생각 모으기

영(靈)이란 무엇인가? 기독교에서는 영을 무엇이라 하는가? 하나님의 영은 우리와 무슨 관계가 있는 것일까? 그리고 하나님의 영을 따라 사는 삶은 어떤 것일까? 이 문제에 대한 관심을 가지고 우선 다음의 빈칸을 채워 보자.

▷ 영(靈)에 대해서 알고 있는 것이 있다면?	
▷ 인간을 영적(靈的) 존재라고 하는 이유는?	
▷ 하나님과 영은 무슨 관계가 있을까?	
▷ '영적인 삶'이란 무엇을 의미하는가?	

영(靈)에 관한 문제는 기독교에서만 논의되고 있는 것은 아니다. 그렇다면 그런 것들은 기독교에서 말하는 성령(聖靈)과 어떤 차이가 있을까? 기독교에서 말하는 성령의 고유한 본성은 무엇이며, 어떤 역할을 하고 있을까? 본 장은 이러한 주제를 다루어 나갈 것이다.

1. 영(靈)에 관한 일반적 이해

영(靈)이라는 말을 한마디로 정의하기란 결코 쉬운 일이 아니다. 영은 주로 정신(精神)의 뜻으로 사용되었는데, 일반적으로는 물질(Materie)이나 육체(Körper)에 반대되는 뜻으로 '정신적 존재'나 혹은 '시공간을 초월한 실재'를 나타날 때 사용되었다. 이미 오래 전 고대 희랍에서는 영이라는 개념을 인간의 영혼과 관련하여 사용했다. 예를 들면 고대 희랍의 파르메니데스(Parmenides)는 이 정신을 언제나 인간 존재와 결합해서 생각하였다. 한편 플라톤(Platon)도 정신을 영혼의 최고의 인식 방식이라고 말하기도 했다. 그런가 하면 크세노크라테스(Xenokrates)에 따르면 인간은 영(νοῦς)과 혼(Ψυχή)과 몸(σῶμα)이라는 3 요소로 나누어 구성되어 있다고 한다. 이 때의 영은 곧 정신을 의미한다. 스토아학파에서는 로고스(λόγος)와 정신(νοῦς)은 영에 속하고, 프뉴마(πνεῦμα)와 혼(Ψυχή)은 영혼에 속한다고 말했는데, 이때도 정신은 곧 영에 해당되었다. 과거 인간을 3분법으로 나누어 생각하는 방법과는 달리, 오늘에 와서는 인간을 말할 때 보편적으로 2분법인 영(靈)과 육(肉)으로 나누어 생각하고 있다. 영육 이원론적 구분 방식은 현대인에게도 익숙한 방식이기도 하다.

그런데 정신이라는 개념이 근대에 이르러서는 점점 내면화되면서 인간의 의식(意識)과 동일시되었다. 칸트(I. Kant)는 이것을 경험 이전의 '선험적 의식'이라고 불렀는가 하면, 피히테(J.G. Fichte)는 그것을 '자아'라고까지 명명했다. 여기서 말하는 정신은 주관성의 주체로 이해된 것이다. 그러나 이러한 정신의 주관화와는 반대로 정신의 객관화라는 개념이 생겨나기도 했다. 예컨대 "이성적인 것은 현실적인 것이고, 현실적인 것은 이성적인 것이다"라고 말한 헤겔(G.W.F. Hegel)에게 있어서 이성의 체계는 우주 자체의 체계를 의미한다. 때문에 그는 정신을 절대적이라고 보았다. 즉 헤겔이 말하는 절대정신은 칸트나 피히테가 말한 내면화된 정신과는 대립된 철저히 외면화된 객관 정신이다. 이렇게 일반적으로 이해된 영은 언제나 인간 정신과 결부되어 나타난다는 것을 알 수 있다.

2. 영(靈)에 관한 성서적 이해

● 구약성서

구약성서에 나타나는 영(靈)의 개념은 '루아하'(רוּח)에서 찾을 수 있다. 이 루아하 역시 매우 광범위한 개념이다. 구약성서에는 이 말이 378회나 나오고 있는데, 이 말의 어원적 뜻은 대체로 '숨', '바람' 혹은 '입김'이라는 의미로 쓰였고, 사람 속에 있는 영혼 혹은 생령을 뜻하기도 했다. 또는 '하나님의 루아하'라는 의미로 쓰일 때는 초월적인 신적 능력을 나타냈고, 특히 창조주 하나님의 능력이나 하나님의 내적 본성 내지 인격 존재를 표시하기도 했다.

구약성서에 나오는 루아하는 희랍어로는 '프뉴마'로, 라틴어로는 '아니마'(anima)로 번역되었다. 히브리어의 루아하는 고대 희랍 철학에서 보는 것과 같은 어떤 정신적 원리나 존재를 의미하지 않는다는 점이 특이하다. 또한 구약성서에는 인간을 3분법으로 나누어 생각했던 흔적도 발견되지 않는다. 구약성서에서 말하는 루아하는 철저히 하나님에게 속한 것으로 나타난다. 흥미롭게도 하나님에게서 나온 루아하는 일종의 카리스마적인 영감(靈感)과 관계가 있다. 즉 전쟁의 영감, 예언의 영감, 시인의 영감 등을 말한다. 고대 이스라엘에서는 영적 지도자는 하나님의 능력인 루아하를 받아 영웅적 행위를 하였다고 이해하였다(이사야 42:1ff).

● 신약성서

신약성서에 나타난 영이란 개념은 곧 프뉴마(πνεῦμα)에 해당된다. 신약성서의 프뉴마는 언제나 하나님의 영인 성령(聖靈)으로 이해된다. 예컨대 세례요한은 성령의 세례에 대해서 말하였는데(요한복음 1:29-31), 세례요한은 물로 세례를 베풀었으나, 성령 세례는 메시아가 베푸실 구원의 징표로 이해되었다. 혹은 예수의 부활(復活)도 성령으로 말미암아 야기된 사건으로 이해되었다(로마서 1:3f). 이러한 견해는 죽은 자를 살리신다는 하나님의 영에 대한 유대적 관념(에스겔 37:5,10)에서 비롯되었다. 그리고 오순절 이후 예수의 제자들에게 나타났던 방언(方言)이나 예언(豫言)과 같은 각종의 은사(恩師)도 성령의 역사로 이해되고 있다(사도행전 2:1-4 ; 고린도전서 14장). 이렇게 초기 기독교에 있어서 영은 인간의 구성 요소가 아니라, 하나님의 은사로 이해되고 있는 것이다. 특히 신약성서에서는 하나님은 성령을 통하여 참으로 현재 하신다고 믿어졌다. 따라서 성령을 통하여 은사를 받은 사람은 하나님과의 직접적인 관계에 들어가는 것으로 이해되었다.

3. 성령(聖靈)에 관한 기독교적 이해

● 성령과 하나님

성서는 "하나님은 영이시다"(요한복음 4:24)라고 말한다. 하나님의 존재와 함께 하나님의 속성을 논할 때 자주 하나님은 영으로 이해된다. 왜냐하면 그렇게 함으로써 하나님을 소위 물화(Verdinglichung)시키는 것을 방지할 수 있기 때문이다. 즉 하나님은 하나의 물질이 아니라, 영이라는 것이다. 하나님이 영이시라는 것은 우선 하나님의 초월성(Transzendenz)과 무한성(Unendlichkeit)을 나타내는 말이다. 이 때 사용된 영이란 말은 역시 물질과 반대되는 개념으로 쓰인 것이다. 그런데 물질에 반대되는 하나님이라는 평범한 이해로는 창조주(Schöpfer)와 피조물(Geschöpf)이라는 보다 기독교적인 양자의 근본적인 차이성을 드러내지 못한 표현으로 보인다.

그러나 "하나님은 영이시다"라고 말한 요한복음의 말씀은 사실에 있어서 기도(祈禱) 혹은 예배와 관계되어서 사용된 말이다. 기도나 예배는 창조주께 드리는 인간의 행위인 것이다. 따라서 요한복음의 말씀은 창조주와 피조물의 근원적 관계성을 깨뜨리는 말로 이해될 수는 없다. 기도야말로 창조주와 피조물을 연결시키는 다리이기 때문이다. 그런 의미에서 하나님을 영이라고 말하는 것은 지극히 기독교적인 고백이 된다. 매우 비슷한 표현이 성서에 나오는데, 그것은 "하나님은 빛이시다" 혹은 "하나님은 사랑이시다"라는 표현(요한1서 1:5; 4:8,16)들이다. 이 말들은 하나님의 편에서 인간에게로 향해진 하나님의 역동적이고 따뜻한 배려를 담고 있는 말들이다. 그런 의미에서 영에 대한 일반적인 뜻과는 전혀 다른 영의 의미를 지니게 된다. 영으로서의 하나님은 세계와 인간을 향해서 등을 돌리는 신(神)이 아니라, 도리어 인간과 세계가 이미 언제나 그를 향해 귀속해 있는 하나님을 의미한다. "하나님은 영이시다"라는 '칭호' 자체가 이미 세계와 인간을 향해서 열려져 있다는 것을 의미한다. 즉 이 하나님은 '무엇을 위한', '무엇을 자기 안에 지니신' 그러한 하나님을 의미한다. 따라서 영이라는 개념은 언제나 개방성(Offenheit), 역동성(Dynamik), 그리고 관계성(Relationaltät)을 전제하고 있는 것이다. 우리가 믿고 체험하는 신앙의 하나님은 '영의 하나님'을 제외하고는 생각할 수 없는 분이시다.

● **성령과 삼위일체**

누가복음 10:21에 보면 예수께서 '성령'이 충만하여 아버지 하나님께 기도한다. 기도는 예수의 삶의 원천이다. 즉 예수는 기도의 사람이었다. 그런데 예수께서는 기도 속에서 언제나 하나님을 '아버지'로 부른다. 이는 예수와 하나님의 특별한 관계를 지시하고 있다. 특히 예수의 기도는 언제나 '기도의 영'과 직결되어 있다. 이 기도의 영은 예수의 기도 속에 살아 있었다. 이 기도의 영은 직접성, 자유, 개방, 신뢰, 청명, 방하, 그리고 기쁨 등을 지시하고 있으며, 이를 통해서 모든 크리스천들의 기도도 조명 받고 있는 것이다. 바로 이 기도 속에서 예수(聖子)와 아버지(聖父)와 성령(聖靈)은 삼위일체적(三位一體的)으로 연결되어 있는 것이다. 예수께서 하나님을 아버지로 부른 것은 예수와 하나님과의 불가 분리의 관계를 보여준다. 또한 예수는 성령에 사로잡혀서 말하고 행동하셨다(마가복음 12:28ff). 예수의 성령과의 관계는 마가복음 1장 9절부터 나오는 세례 사건에 잘 나타나 있다. 예수께서 요단강에서 세례 요한에게 세례를 받고 나오자, 성령이 비둘기 같이 하늘에서 임했다. 이렇게 성령은 예수의 출현과도 언제나 직결되어 나타나 있다.

초기 교회에서는 바로 '예수'와 '하나님'과 '성령'의 관계를 삼위일체적으로 이해하게 되었다. 즉 삼위일체에 대한 신앙은 예수께서 곧 메시야이며, 부활하신 그리스도라는 신앙고백과 연결되어 있었던 것이다. 삼위일체에 대한 신앙은 곧 성령에 대한 신앙으로서 단순한 언어적 사변(思辨)이 아니라, 도리어 예수 그리스도 안에 나타난 하나님의 계시 사건과 깊이에서 만나는 신앙과 관련되어 있는 것이다. 이렇게 예수 그리스도는 성령과 함께 아버지 하나님과 도저히 분리되어서는 이해될 수 없는 분이시다. 바로 이 관계란 하나가 앞서고, 하나가 뒤서는 관계가 아니라, 도리어 동시에 상호 공속되어 있는 신비에 속한다. 즉 예수 그리스도가 계신 곳에는 언제나 동시에 아버지와 성령이 함께 계신다. 예수는 성부와 성령의 초상(Ikone)이다. 이렇게 예수의 비밀은 언제나 삼위일체적이라는데 있다. 즉 예수의 말씀과 행동은 언제나 삼위일체적으로 각인 되어 나타난다.

그러나 위에서 언급한 '아버지'(聖父)와 '아들'(聖子)과 '성령'(聖靈)의 삼위일체적 관계란 본질에 있어서 하나님이 셋이라는 말이 아니라, 도리어 하나님은 한 분이시나 삼위(三位)로 계신다는 것이다. 삼위일체에 관한 교리는 교부 신학자인 터툴리안(Tertulianus, 160-240)이 최초로 이 용어(Trinitatis)를 사용하였고, 그 후 수리아 안디옥의 감독이었던 데오빌로스(Theophilus) 감독에 의해서 헬라어 트리아스(τριάς)라는 용어가 최초로 신학적 의미에서 사용하였다. 이 삼위일체 교리는 이성적인 이해를 통해서 파악되기보다는 신앙의 사실로 다가와져서 파악되어야 할 신비에 속한다. 그러나 확실한 것은 아버지(聖父) 하나님은 우리와 동떨어진 높은 하늘에만 계시지 않고, 아들(聖子)의 몸으로 역사를 뚫고 내려와 우리와 같이 살고 우리를 위해 죽으셨으며, 동시에 성령(聖靈)으로 지금도 우리 안에 계셔서 위로하시고 인도하신다는 사실이다(에베소서 4:6). 바로 여기에 삼위일체의 신비가 있는 것이다. 즉 삼위일체론은 단지 논리와 사변을 통해서 딱딱하게 진술된 '교리의 사실'이 아니라, 도리어 그 안에서 우리를 찾아오신 하나님을 만나고, 그 분을 통해서 영생을 얻는 '구원의 사실'임을 혼돈해서는 안된다.

● 성령과 믿음

고린도후서 4:13에 보면 사도 바울은 '믿음의 영(마음)'에 대해서 언급하고 있는데, 이는 성령과 믿음의 관계를 알려주는 말씀이다. 신앙인은 언제나 성령과 믿음을 겸비하고 있다. 신앙의 자리란 곧 하나님의 영이 거하는 곳이며, 하나님의 현재 하심의 장소이다. 그래서 사도 바울

도 "너희 몸은 … 성령의 전(殿)인줄 알지 못하느냐"(고린도전서 6:19)
고 말씀하셨다. 바울 역시 그리스도의 영을 가지지 않았다면, 그는 그리
스도에게 속하지 않았다고 말한다(로마서 8:9). 따라서 성령은 동시에
아들 예수 그리스도의 영이기도 하다(로마서 8:15). 바로 이 성령은 모
든 신자들을 하나님의 아들이 되도록 인도하는 영이다(로마서 8:14). 이
성령은 단순히 노예의 영이 아니라, 도리어 자유의 영이다. 왜냐하면 주
님의 영이 우리를 자유하게 하기 때문이다(고린도후서 3:17). 이렇게 성
령과 믿음을 함께 생각해야만 한다면, 분명히 헬무트 틸리케(H.
Thielicke)의 말대로 성령이야말로 '믿음의 근거'라고 부를 수 있다.

믿음은 하나의 사건(Ereignis)이다. 즉 믿음이란 "성령 안에서 그리스
도와 함께 하나님 아버지께로 다가가는 움직임"(als eine Bewegung im
Geist mit Christus zum Vater)이라고 할 수 있다. 신자에게 있어서 믿
음의 근본 태도는 성령의 역사에 속한다. 이러한 태도가 표출되는 모든
곳은 언제나 성령의 역사 앞에 개방되어 있다. 소위 기독교적 이해에
따르면, 믿음은 인간의 구원과 멸망을 결정하는 사안이다. 구원을 호소
하는 인간은 믿음 안에서 비로소 진정한 실존을 획득하게 되는 것이다.
믿음은 믿는 주체인 나의 전 인격적 사건이지만, 그러나 결코 '나' 홀로
가 아니라, '우리'라는 믿는 자들의 공동체와 언제나 연결되어 있다. 그
리고 믿음의 대상으로 다가오는 '너'란 다름 아닌 하나님 내지 예수 그
리스도이시다. 바로 이러한 믿음의 전 사건은 곧 성령 안에서 발생하는
것이다.

성서에 보면, 하나님께서는 믿는 자를 향하여 축복해 주셨다(마태복
음 16:17 ; 고린도후서 1:21f). 그리고 이 믿음은 예수 그리스도를 통해
마음이 활짝 열림으로 발생한다(사도행전 16:14). 그러나 이 모든 일은
사실 성령의 도우심을 제하고는 생각할 수 없는 일이다. 믿음이 성령의

능력과 연결되어 있다는 것은 예수 자신의 말씀, 즉 "할 수 있거든이 무슨 말이냐 믿는 자에게는 능치 못할 일이 없느니라(마가복음 9:23)"는 말씀에 기초해 있다. 믿음이 있는 곳이면, 거기에는 반드시 성령의 역사가 있다.

인간이라는 존재는 스스로 믿음을 가지지 못한다. 즉 인간은 믿음에 관한 한 '수동태'로 존립하거나, 혹은 마주 대하여 영접하는 방식만으로 존재한다. 만일 믿음이 우리 속에서 활동하는 행동이라면, 이는 우리 밖에서(extra nos) 발생한 사건 때문인 줄 알아야 한다. 인간은 믿음을 통해서 새로운 눈을 공급받는다. 이 눈은 곧 성령이 선사한 '믿음의 눈'(geistgeschenkte Augen des Glaubens)으로, 우리는 이 눈을 통해서 예수 그리스도의 척도라고 특징지을 수 있는 '사랑으로 보기'(Sehen durch Liebe) 혹은 '사랑의 시각'(Sicht der Liebe)을 얻게 된다. 신앙의 통찰은 결코 인간을 강요하지 않고, 도리어 이성과 자유 의지를 지닌 인간으로 하여금 믿음으로 바라보고 판단하도록 만들어 준다. 다시 말하면, 믿음이란 성령을 대상적으로 마주 대하여 발생하는 것이 아니라, 도리어 성령 안에서 예수 그리스도 내지 아버지 하나님을 만나도록 이끄는 것이다. 믿음은 믿는 자에게 절대자를 향하게 하여, 스스로 계시하시는 하나님의 권위를 직면하여 그 하나님에게 복종하도록 만들어 준다. 이렇게 믿음은 인간으로 하여금 '믿음의 사람'이 되게 만드는 것이다.

4. 성령을 따라 사는 삶

● 성령 - '삶의 원천'

성령의 본질과 속성은 삶의 실재(Wirklichkeit)를 은폐시키지 않고, 도리어 밝혀 내어 자유롭고 능력 있게 만들고 받아들이도록 만드는데 있다. 성령은 피조물의 탄식을 외면하지 않는다. 성령은 삶을 고갈 당하지 않게 하고, 삶을 있는 그대로 받아들이도록 돕는다. 로마서 8:18-30에 보면 성령은 인간과 피조물이 하나님 안에서 해방과 성취를 얻게 하려고 피조물과 함께 '고난을 당하는 동지'(Leidensgenosse)로 나타나 있다. 이러한 성령의 구원 과정은 진화(Evolution)가 아니라, 종말(Eschaton)의 징표로 나타나 있다. 성령은 인간으로 하여금 자기 자신을 인식하고 자기 상황을 받아들이도록 인도한다.

소위 성령과 삶이 연결되어 있다는 뜻은 곧 성령이 역사하는 곳에서는 인간의 전 삶이 죽음에서 생명으로 옮겨가는 움직임에로 인도된다는 것을 의미한다. 그래서 사도 바울은 갈라디아서 2:20에 말하기를 "그런즉 이제는 내가 산 것이 아니오 오직 내 안에 그리스도께서 사신 것이라"고 했다. 이러한 뒤바뀜은 인간 소외나 강제에 의한 것이 아니라, 도리어 자기 현존재를 성취시키는 일련의 해방을 의미한다. 따라서 성령을 받아 들인다는 것은 그리스도가 된다(Christwerden/Christsein)는 뜻이 아니라, 도리어 그리스도에게 속한다(Zu-Christus-Gehören)는 것을 의미한다. 동시에 이 말은 성령으로 거듭남(Aus-dem-Geist-geboren-Sein)을 나타낸다. 성령은 "인간은 궁극적으로 누구에게 속했는가?" 하는 질문과 "인간의 주인은 누구인가?"하는 질문에 대답하게 해준다. 인간의 삶에 나타난 성령의 실재는 결코 부분적인 첨가물과 같은 것이 아니다. 도리어 성령은 인간이 누구에게 속했으며, 어디에 의존해 있는가 하는 것을 알게 하여 그의 삶을 근본적으로 변경시켜 준다. 따라서 모든 믿는 자는 엄밀하게 말해서 '성령의 담지자'(Träger des Geistes)라고 말할 수 있다. 이 성령은 어떤 특별한 초자연적 작용으로가 아니라, 도리어 믿음의 증거와 사랑의 행동 속에서 활동한다. 여기서 말하는 믿음의 증거란 모든 인간의 삶에 자리하고 또 그 위에 단 하나 삶의 필연성을 집중시키는 참으로 비상한 것이다.

● 성령과 말씀 - '삶의 의미'

성령의 삶에 대한 관여는 마찬가지로 성령과 말씀의 관계를 밝혀 준다. 이것은 곧 성령의 발언성(Worthaftigkeit des Geistes)을 말해 준다. 성령과 말씀은 근원적인 관계 속에 있다. 따라서 성령은 가르치고, 증명하며, 확신시키고, 기억나게 하며, 기도하고, 해명하고, 그리고 진리에로 인도한다고 한다. 이렇게 본다면 성령은 언어 속에 자신을 증여하며, 언어 속에 거하기도 한다. 그래서 성령은 말씀의 작용 속에 나타나기도 한다(사도행전 10:44). 마태복음 4:4에 보면 예수께서는 구약성서 신명기 8:3의 말씀을 인용하였는데, 그것은 "사람이 떡으로만 살 것이 아니라, 하나님의 입에서 나오는 말씀으로 살 것이라"는 구절이다. 이 말은 곧 인간의 삶은 성령의 말씀을 요구한다는 것을 의미한다. 성령의 말씀을 통하여 인간은 삶을 창조적으로 살게 된다.

그러면 어떻게 하여야 우리의 삶은 성령의 말씀과 관계할 수 있게 는 것일까? 근본에 있어서 성령은 해석자이다. 성령은 인간의 삶에 있어서 설명하고 해석하는 분명한 기능을 수행한다. 동시에 흥미롭게도 인간의 삶 역시 언어적 특성, 즉 목소리를 가지고 있다. 목소리는 말씀 속에 형성된 그리스도 사신(Botschaft)과는 분명히 다르다. 그러나 목소리는 믿는 자에게 하나님으로부터 혹은 그리스도로부터 자신에게 오고 있는 그것을 알게 해준다. 성령은 이 목소리를 언어로 번역하는데, 스스로 새로운 것을 지시하는 것이 아니라, 단지 해석의 기능을 담당하는 것이다. 따라서 성령은 목소리가 아니다. 그러나 성령과 말씀은 근본적으로 상호 공속하고 있다. 즉 성령의 언어가 곧 말씀인 것이다.

● 성령과 몸 - '삶의 통전'

성령과 삶의 문제는 다시금 성령과 몸(Leib)의 문제로 접어들면서 더 밝히 해명될 것이다. 우선 성령은 육체를 지닌 몸과 대립된 어떤 것으로 보인다. 성서 자체가 영(靈)과 육(肉)을 구별하고 있는 것이다. 그러나 여기서 말하는 몸(Leib)은 육체(Fleisch)를 의미하지 않는다. 그렇다면 영과 몸은 어떤 관계를 갖고 있는가? 이 문제는 성령과 교회의 관계 속에 잘 설명이 되어 있다. 결정적인 표현은 교회가 곧 '그리스도의 몸'(der Leib Christi)이라는 것인데, 바로 이것을 건축하는 원리나 삶의 원리가 곧 성령이라고 한다. 따라서 성령은 활동적이며, 창조적이고, 역동적이다. 성령의 힘은 몸의 성장을 가져온다(고린도전서 12:13). 교회의 몸을 곧 성령이 거하는 장소(고린도전서 6:19)라고 했다. 교회와 성령이 떨어질 수 없듯이, 몸과 성령도 근본적으로 나누일 수 없는 것이다. 성령은 몸을 입기를 원하고(인카네이션), 또한 몸은 성령을 부른다. 여기서 성령과 몸, 양자는 진정한 콘서시엄(consortium)을 이룬다.

바로 여기에서 우리는 중요한 사실 하나를 말해야 한다. 즉 성령과 몸의 관계에서 확인되는 바는 곧 우리는 몸이 없이는 성령을 체험할 수 없다는 것이다. 몸은 성령의 담지자이며, 성령이 없이는 몸은 수립되지 않는다. 그래서 몸은 불가피한 성령의 손이 된다. 성령이 없는 몸은 무의미하고 무기력할 뿐이다. 성령을 통하여 비로소 우리 삶은 통전을 얻게 된다. 이것이 곧 성령을 따라 사는 사람의 참 모습인 것이다.

생각해 볼 문제

1. 성서에 나타난 영(靈)은 무슨 특징을 지니고 있는가 요약해 보시오.

2. 하나님이신 성령은 무슨 특징을 가졌는지 설명해 보시오.

3. 성령을 '삶의 원천'이라고 하는 이유가 무엇인지 설명하시오.

4. 삶을 통전하는 성령은 어떤 특징을 지니고 있는가?

제 8 장
기독교와 윤리 : 구원과 응답의 윤리

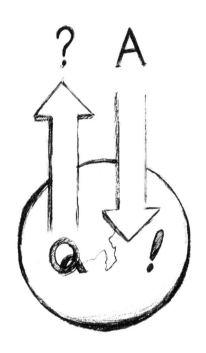

   기독교는 과연 고요한 명상이나 열정적인 엑스타시를 추구하는 기복종교에 지나지 않
는 것인가? 성서는 단지 종교인만을 위한 명상자료일 뿐인가? 오늘의 우리 앞에는 시대
의 변화를 따라 다양한 문제들이 산적해 있다. 과연 기독교적인 응답은 무엇이며 우리시
대를 위한 대안은 무엇인가?

▷ 구원받은 사람은 도덕과는 상관 없이 살아도 되는 것인가?	*일부 기독교인들의 일그러진 모습들을 찾아보고 겸허한 반성의 기회를 가져보는 것이 좋겠다.
▷ 환경문제의 해결을 위한 대안은 무엇인가?	*창조의 개념과 연관지어 기독교적 환경윤리를 예측해보자.
▷ 우리에게 다가오는 고난과 악의 원인은 무엇일까?	*고난과 악에 관한 기독교적 대안은 어떤 것이 될 수 있을까 생각해보자.
▷ 현대문명은 과연 전적으로 정당하고 인간해방적인가?	*현대문명에 대한 기독교적 대안은 어떤 것일지 생각해보자.
▷ 장기이식과 생명복제는 정당한 것일까?	*장기이식, 생명복제, 임신중절, 안락사에 대한 기독교적 대안을 구상해보자.
▷ 바람직하고 가치있는 삶이란 무엇인가?	*행복의 개념에 대한 기독교적 가이드는 어떤 것이 될 수 있을지 생각해 보자.

1. 현대사회와 기독교 윤리

● 사회의 발전과 도덕

　‘현대사회’라는 단어를 생각할 때면 으레 과거와는 다른 모습들을 떠올린다. 그리고 대부분의 경우 과거에 생각하지 못했던 일들과 새로운 도구, 그리고 신기술 등이 새로운 사회를 대표하는 것들이라고 생각하게 된다. 발전이라고 하는 단어는 이런 경우에 적절한 형용사인듯 싶다. 특히 기술의 발전은 우리의 삶을 여러가지 측면에서 변화시켜왔다. 눈에 보이는 부분 뿐만아니라 우리들의 생각과 판단의 기준마저도 변하게 만들었다.

　긍정적으로 보면 현대사회가 되었다는 것은 인류의 위대한 진보를 말해주는 것처럼 보인다. 하지만 ‘현대사회’라는 말을 생각할 때 항상 긍정적인 모습이 연상되는 것만은 아니다. 전에는 생각하지도 못했던 끔찍하기 짝이없는 일들이 벌어지기도 하고 전혀 예기치 못했던 일들이 돌발적으로 생겨나는 것도 현대사회가 보여주는 변화의 하나임에 틀림없다. 이것을 현대사회의 부정적인 모습들이라고 할 수 있다면, 현대사회에는 명암이 교차되는 것같은 양면성이 상존하고 있다고 하겠다.

　이러한 현대사회의 명암 가운데 우리가 관심을 가지고자 하는 것은 특히 도덕의 영역에서 나타나는 가치다원화의 현상과 거기에서 비롯되는 도덕성 약화 혹은 가치관의 왜곡이라는, ‘현대인’들에게는 지극히 재미없는 문제들에 대해서이다.

　하지만 사회의 발전이 도덕을 면제하거나 무력화는 데로 연결될 경우에 나타날 수 있는 여러가지 부작용을 우리는 직접 보고 듣고 체험하고 있다. 거대한 건물이 갑자기 무너져 내리고 멀쩡해 보이던 한강다리가 끊어지는 일들은 단지 건축물이 붕괴되는 하나의 사건에 그치는 것이 아니라 항상 무고하고 수많은 생명이 흔적조차 찾아보기 어려울 정도로 처참하게 일그러져버리는 또하나의 붕괴, 곧 생명과 인간의 붕괴를 불러오게 된다는 점에 그 심각성이 있다. 작은 부실과 눈앞의 이익이 커다란 위험과 장기적이고 전체적인 손해를 불러일으킨 셈이다.

말하자면 우리는 최근에 겪었던 일련의 불행스러운 일들을 통해 도덕이 모든 삶의 으뜸이 되어야 하며, 우선순위에 있어서 뒤지는 것이어서는 안된다는 뼈져린 교훈을 얻었다고 하겠다. 문제는 그 불행스러운 일들을 우연스러운 것의 하나로 간주하려고 할 때 또다른 비극이 우리를 기다리고 있다는 점을 아직도 인식하지 못하는 것 같은 우리의 세태에 있다.

어떤 의미에서 이것은 현대인이 생각하는 도덕의 관념에 반드시 치유해야할 근본적인 결함이 발생했다는 것을 의미하는 것일 수 있다. 대부분의 경우, 경제적인 이익과 직결되지 않는 것은 솔깃하지 않는 모양이다. 크든 작든 이익이 있어야 관심을 끌게되고 다소간의 쾌락과 여흥이 있어야 주목받게되는 오늘의 문제들은 크게보아 일종의 병리적 현상인지도 모르겠다. 그러나 도덕은 이익이나 여흥이 소진한 이후에 생각하는 에너지의 찌꺼기일 수 없다는 점에 주목할 필요가 있다.

● 현대사회의 현대적 문제들

과학기술의 발달을 중심으로하는 급격한 변동의 사회라 할 수 있는 현대사회에서는 전근대적 인습과 논리를 벗어나는 새로운 문제들이 돌출하고 그 해결의 방법역시 무엇이 적절한 대안이 될 것인지 조차도 의심스럽게 하는 상황이 야기되고 있다는 데 더욱 큰 심각성이 있다.

가령, 임신중절의 문제를 생각해 보자. 과거 전근대적 농경사회에서는 출산은 곧 노동력의 충원으로 간주되기도 했고, 자기먹을 것은 타고난다는 생각이나 '하늘이 내리신 생명'이라는 생각이 지배적이었으나 오늘의 문제는 그리 간단하지 못하다. 산아제한의 국가적 시행이나 기형아 출생 우려 및 '원치않는 아기' 라는 개념을 명분으로 임신중절을 인정하려는 경향이 더욱 심화되고 있기 때문이다. 이것은 기술의 발달이 가져온 의료시술의 용이성이라는 요소와 함께 태아를 인간으로 간주할 것인가 하는 문제를 포함한 인간의 개념에 대한 심각한 변화가 있었다는 점을 여실히 보여준다.

그런가하면 생명의료기술이 발달하지 못했던 시절에는 단순한 공상에 그치던 장기이식의 경우, 그것은 이미 우리들의 문제가 되어있다. 그리고 어느덧 현대의료기술의 발달은 인간의 생명제어에 관한 영역에까지 확장되어 과거에는 고려할 수 없었던 새로운 윤리적 문제의 쟝르를 형성하고 있다. 특히 장기이식은 부수적으로 장기기증자의 문제및 이른바 장기매매라고 하는 또다른 문제들을 낳고 있다. 여기에는 필연적으로 죽음에 대한 기준의 문제가 수반된다. 뇌사와 심장사의 문제가 그것이다. 뇌사의 인정을 통해 장기입수과 그 이식의 가능성을 증대시킬 수 있다는 생각이 고개를 쳐들고 있기 때문이다. 마치 감자 줄거리를 뽑아내면 그 밑에 묻혀있던 감자들이 한꺼번에 따라 올라오는 것과도 같이 상호 긴밀히 연관되어 있는 셈이다.

그밖에 안락사, 시험관 아기 즉 인공수정 등의 문제도 마찬가지로 생명과 인간의 개념에 관한 도덕적 반성을 요하는 문제들로 남아있다. 이러한 문제들은 모두 과학기술의 발달로 야기된 지극히 현대적인 문제들이며 현대인의 목전에서 행해지고 있는 일들이다. 생명의료윤리(Bio-medical ethics)는 바로 이러한 문제들을 그 주제로 한다.

기술의 문제와 관련하여 환경에 대한 관심 또한 간과할 수 없는 주제이다. 현대사회에 있어서 기술의 발달은 한편으로는 인간개념 그 자체에 대한 심각한 반성을 요구하는 생명의료의 문제를 야기한 동시에 인간의 삶의 터전인 환경에 대한 심각한 오염과 훼손이 가져오는 문제들에 대한 대처방안이 최대의 관심사로 떠오르고 있기 때문이다.

이제까지의 논지를 따르면 우리는 현대사회의 문제가 근본적으로 과학기술과 인간의 미래에 관한 철저하고도 체계적인 반성을 필요로 한다는 점에 주목하여야 할 것이다. 과학기술만능을 자랑하는 시대를 살면서 우리는 과연 과학과 기술의 발전이 인간을 해방시키는 것인가, 혹은 인간을 비인간화하는 수단이 되는 경우는 없는가를 근본적으로 질문해 보아야 할 것이다.

2. 기독교와 윤리

'현대사회에 있어서 기독교의 윤리적 과제는 무엇인가?' 쉬운 문제는 아니다. 이에 대한 답을 모색하기 위해서는 몇가지 예비적인 고찰이 진행되어야 한다. 우선 구원과 윤리의 상호관계에 대한 이야기가 정리되어야 할 듯 싶다. 기독교인이 단지 성전 안에만 있는 성스러운 사람이라면 문제는 간단할 것이지만 그는 여전히 삶의 문제들에 직면하고 있으며 더욱이 현대적인 문제들과 씨름하고 있는 존재이기 때문이다. 과연 기독교인은 구원을 받으면 모든 면에서 완성되는 것인가? 이 문제는 초미의 관심사가 아닐 수 없다. 이러한 논의를 위해서는 기독교 윤리란 무엇이며, 그 특징은 또한 어떤 것인지를 규정하는 일이 수반되어야 할 것이다.

● 종교와 도덕

기독교 윤리가 무엇인지를 보다 세밀히 설명하기 위해서는 그 예비적인 작업으로 다음의 두가지를 전제한다. 우선 기독교와 윤리, 혹은 종교와 도덕의 관계에 대한 고찰이다. 그리고 도덕철학과 기독교 윤리와의 관계에 대한 논의이다. 기독교 윤리의 개념과 그 독특성이 이 두가지 논의를 통해 자연스럽게 설명될 수 있을 것이다.

우선 기독교와 윤리의 문제, 즉 종교와 도덕의 관계에 대한 고찰에 착수해보자. 일반적으로 도덕철학에서는 도덕이 종교에 의존하는 부분이 있기는 하지만 그 본질적인 흐름에 있어서는 이성에 의한 독자성을 지닌다고 주장한다. 즉 도덕에 대한 철학적 반성의 차원에서 윤리학은 그 나름대로의 학적기반을 지니고 있다는 입장이다. 이것도 틀린 생각이라 할 수는 없겠지만 이와는 반대로 종교와 도덕은 서로를 분리시키려는 시도 자체가 어리석어 보일 정도로 상호 밀접한 연관성이 있다고 생각하는 입장도 상당하다. 종교와 도덕의 관계는 우열을 가릴 수 있는 것이라기 보다는 상호보완적이라는 것이 그 요점이다.

종교와 도덕의 관계에 대한 여러 관점들 중에서 우리 강좌에 두움을 줄만한 설득력있는 이론으로 현대철학자 베르그송(H. Bergson)의 주장에 귀기울일 필요가 있다. 그에 따르면 도덕과 종교의 기원은 별개의 것이 아니다. 그는 인류의 종교와 도덕을 크게 열린종교와 닫힌 종교로 나누고 도덕에 있어서도 열림과 닫힘의 두가지 분류를 적용하였다. 그의 명저『도덕과 종교의 두 원천』에 전개된 논지를 따르면 공포와 두려움에서 기인한 도덕과 종교를 닫힌 것이라 할 수 있다. 반대로 종교와 도덕이 열린것이 되기 위해서는 처벌에 대한 두려움 보다는 인격적 열망(asperation)에서 우러나오는 것이어야 한다는 생각이 베르그송의 주된 관점이라 하겠다.

베르그송이 제시한 열린종교의 구체적인 예는 예수와 그 제자들간의 인격적 열망으로 맺어진 관계에서 나타나는 기독교를 들 수 있다. 예수의 제자들이 예수를 따른 것은 강요나 공포에 의해서가 아니라 예수의 인격에 매료되어 자발적인 열망에 의한 것이었다는 의미에서 열린종교라고 할 수 있을 것이다. 이러한 관점은 기복(祈福)이나 두려움에 의한 신앙과 윤리가 아니라 참된 의미에서의 인격적 신앙의 필요성을 엿볼 수 있게한다.

도덕과 종교가 상호 보완적인 관계에 있다는 관점을 따르기로 한다면, 본격적인 기독교윤리학의 특징을 소개하기 이전에 예비적인 고찰로 거쳐야 할 또다른 단계가 남아있다고 할 수 있다. 우리는 기독교와 윤리의 문제를 설명하기 위한 두번째 예비작업으로 도덕철학과 기독교 윤리와의 관계에 대해 논할 필요가 있다.

이와 관련하여 우리는 기독교 윤리에 대한 피상적인 오해를 해소할 필요가 있다. 가령 기독교 윤리는 도덕철학과 무관한 것이라고 하는 입장이라든지 기독교 윤리는 조직신학의 갈래에 불과하다는 식의 학문적인 오해 등등이 이 부류에 해당한다. 그런가하면 조금 관점을 달리하여 기독교 윤리는 천편일률적일 것이라는 오해도 가능하다. 즉 기독교 윤리는 성경에 나오는 교훈을 반복교육하려는 것에 불과하다는 관점이나 그 내용이나 대안 역시 지극히 보수적일 것이라는 관점도 가능할 것이다. 혹은 그에 못지않은 강변으로 기독교 윤리는 도덕철학과는 상당한 거리가 있으며 도덕철학이 일일히 다루지 못하거나 해결하지 못하는 사안들에 대한 양도논법적인 해답을 지니고 있다는 주장도 어렵지 않게 찾아 볼 수 있다.

우리는 이러한 편협한 도식적 이해를 극복하고 삶과 행위의 문제 즉 '윤리'(倫理)의 문제를 취급한다는 점에서 도덕철학과 기독교 윤리의 선명한 구분보다는 양자간의 상호대화의 필요성 혹은 상호보완적인 측면에 관심을 가질 필요가 있다고 여겨진다.

일반적으로 도덕철학에서 주로 다루고자 하는 내용들은 일반적으로 선(善)이란 무엇인가? 혹은 행위의 목적은 무엇인가? 등의 문제라고 할 때, 도덕에 관한 기준을 음미함에 있어서 일반적으로 설명되는 이론의 축은 목적론적 윤리(teleological ethics)와 의무론적 윤리(deontological ethics)로 구분될 수 있다. 목적론적 윤리라고 하는 것은 행위의 판단기준 혹은 선의 개념을 정의내림에 있어서 행위의 결과를 중시하는 입장을 말한다. 대표적으로 유용성(utility)을 기준으로 제시하는 공리주의적 접근을 들 수 있겠다.

목적론적 윤리설과 대조되는 의무론적 윤리설은 행위의 결과보다는 동기에 주목한다. 가령 칸트(I. Kant)의 윤리설이 그 대표적인 예라 하겠다. 그는 어떤 결과나 유용성을 염두에 두지 않고 순수한 의미에서 선을 행하려고 하는 선의지만이 절대적으로 선하다고 한다. 정언명법 (kategorische imperativ)의 형식으로 표현되는 실천이성의 요구는 가언적인 결과를 계산하지 않고 무엇보다도 선의지에서 말미암는 선한 행위만을 부과한다. 그의 이러한 주장을 좀더 읽어 내려가노라면 인간은 수단이 아니라 목적으로 대우해야 한다는 우리귀에 익숙한 명언과도 만나게 된다.

하지만 이러한 주제들이 도덕철학만을 위한 전유물이라고 할 필요는 없다. 기독교 윤리에 있어서도 선과 가치에 관한 사고, 그리고 행위에 관한 평가의 문제등은 중추적인 주제로 자리잡고 있기 때문이다. 굳이 칸트를 인용하지 않더라도 구약성서의 십계명이 지니고 있는 의무론적 특성을 엿보는 일이나 현대 기독교 윤리에 부각되었던 상황윤리 (Situation Ethics)가 지니고 있는 목적론적 성향등은 공리주의적 사고와의 연속성을 엿볼 수 있게하는 요소라 하겠다.

말하자면 도덕철학과 기독교 윤리를 상호연관성의 입장에서 관찰해 본다면 도덕철학과 기독교 윤리는 아테네와 예루살렘이 무관하다는 식의 단선적인 판단의 대상일 수 없음을 알 수 있다. 보다 건설적인 입장에서 말하자면 기독교 윤리는 도덕철학적 작업의 결과를 십분활용함으로써 그 내용을 풍부하게 하고 그 깊이를 더할 수 있을 것이다. 더구나 현대사회의 문제에 대한 도덕철학과 기독교 윤리의 공동작업이야말로 진정한 문제해결의 행보를 촉발할 수 있다는 장기적이고 거시적인 안목의 접근이 필요하다고 하겠다.

이러한 의미에서 우리는 기독교 윤리의 선명성을 부각시키기 보다는 양자간의 대화 필요성, 혹은 공동작업의 필요성을 생각해 보아야 할 것이다. 현대사회의 문제는 어느 한 영역에서만 다룰 수 있거나 해결을 기대하는 독점적 영역을 이미 넘어선 복합성을 그 특징으로 하고 있기 때문이다. 혹은 기독교 윤리란 도덕철학이 고민하고 씨름하는 오늘의 문제들을 단지 인간중심주의적 관점에서가 아니라 신 앞에서의(coram Deo) 인간의 문제에로 소급하는 것이라고 말할 수 있으리라 본다.

● 기독교 윤리의 특징

기독교 윤리란 무엇인지를 규정하는 문제는 그리 쉽지 않은듯 싶다. 신 앞에서의 인간의 문제에로 환원된 임시규정을 보다 솔직하게 확장하여 재정리한다면 아마도 "그리스도인의 삶은 어떤 것이어야 하는가?"의 질문에 직면하게 하는 것이라 본다. 혹은 '그리스도인의 행위는 어떤 것이어야 하며 그 근거는 무엇인가?' 하는 문제로 바꾸어 놓을 수도 있겠다.

그러나 이 질문은 천편일률적인 답을 요구하지는 않는다. 그것은 문화와 상황을 넘어선 근본적인 질문이면서도 보다 근본적인 문제, 곧 절대자 앞에서 새롭게 된 존재인 그리스도인들의 생활원리와 행위지침에 관한 전반적인 반성을 모색하려는 노력이기 때문이다. 이러한 의미에서 기독교 윤리는 과거의 일에만 국한된 것이 아니라 시대를 초월한 지침의 기능을 수행한다고 하겠다. 다시말해 기독교 윤리의 관점은 국적과 시대와 문화에 제한(culture bound)되지 않는 인간 그 자체의 궁극적인 문제, 곧 하나님 앞에서의 인간을 발견하게 하는 문제라고 할 수 있겠다. 그리고 이것은 다시 하나님 중심의 윤리(God-centered ethic)이라 정리해 볼 수 있겠다.

　기독교의 가치관을 하나님 중심의 윤리라고 옮겨 놓을 수 있다면, 그 것은 무엇을 의미하는가? 가령 십계명(Decalogue)의 윤리를 생각해 보 자. 십계명의 제1계명으로부터 4계명까지는 하나님께 대한 계명이요 5 계명으로부터 제10계명에 이르기까지의 내용은 이웃에 대한 계명이라 고 할 수 있다. 이것은 다시 예수 그리스도께서 요약하신 대로 '마음을 다하고 뜻을 다하고 성품을 다하여 하나님을 사랑하는 것'과 '이웃을 자신의 몸처럼 사랑하는 것'으로 요약된다.

　십계명은 하나님 중심의 가치관을 대변하는 열개의 규범으로 구성된 다. 여기에서 우리는 그 하나하나를 면밀히 검토하기보다는 그 개괄을 통해 하나님 중심의 윤리가 지니는 구체적인 예와 특징을 살펴보고자 한다. 그렇게 함으로써 십계명은 구약적 의미의 율법으로서의 십계명 그 자체로만 그치는 것이 아니라 복음의 조명하에서 이해될 때 비로서 하나님 중심의 윤리적 특성이 무엇인지를 확연히 알 수 있다는 점을 확 인하고자 한다.

　카이저(W. Kaiser)는 그의 책 『구약성경 윤리』(Toward Old Testa- ment Ethics)에서 십계명을 중심으로 구약윤리의 내용들을 설명하고자 하였다. 그는 구약윤리의 특징을 '거룩'에서 찾고 생활방식으로서의 거 룩, 가정과 사회에 있어서의 거룩, 생명존중에서의 거룩, 결혼과 성에서 의 거룩, 富와 소유에 있어서의 거룩, 진실의 획득과 사용에서의 거룩, 그리고 동기와 마음에서의 거룩을 그 요소들로 제시한다.

　그에 따르면 십계명이 두드러지게 부정문의 형태를 취하는 것 자체에 도 의미가 있다. 전반적으로 십계명은 사랑의 분위기를 지니고 있으나 금지의 형식을 취하는 것은 어떤 악에 대한 금지를 통하여 그 반대되는 선을 행하고 순종하도록 배려된 것이었다. 더구나 명령은 짧게 부정형 으로 진술하는 것이 간결하고, 또한 부정형이 인간의 마음속에 흐르는 강력한 악에 대처하는 데 효과적이기 때문이라는 것이다.

　나아가 카이저는 십계명의 분석을 통하여 하나님을 향한 올바른 관계와 이웃을 향한 올바른 사회관계를 강조한다. 그는 하나님에 대한 진실한 경배를 비롯하여 가정의 신성함, 결혼의 신성함, 재산의 의의, 진실의 신성함, 동기의 신성함에 관한 강조에 주목한다. 동시에 그는 율법과 은혜의 관계에 대하여 또한 구약윤리의 신약적 적용에 대한 강조를 잊지않는다. 즉 신약이 구약적 율법을 폐하는 것이 아니라 완성하며 율법의 최종목적은 곧 그리스도라는 점이다.

　그런가 하면 포렐(G. W. Forell)은 『결단의 윤리』(Ethics of Decision)에서 복음의 본질을 전제로 하여 십계명의 문제를 취급한다. 인간의 삶은 복음의 빛하에서만 의의가 있다는 것은 아무리 강조해도 지나치지 않을 것이다. 그렇다고 십계명이 간절되거나 폐지되는 것은 아니다. 특히 포렐은 루터가 복음을 통하여 십계명을 해석한다는 점에 착안하여 그 의의를 재확인하려 한다. 첫째와 둘째 계명은 신앙의 요구이다. 어떤 그럴싸한 일을 한다는 것이 중요한 것이 아니라 그것이 신앙의 표현이 되어야만 한다는 것이다. 즉 하나님께 대한 온전한 신뢰를 통해서만 죄인된 인간은 그 사죄의 가능성을 찾게 된다는 점이 중요하다.

　세번째 계명은 크리스챤의 제자직이라고 옮겨진다. 그것은 기독교인들로 하여금 하나님의 거룩하신 이름을 그의 모든 원수들로부터 지킬 뿐만아니라 그 위엄을 널리 선포하라는 뜻으로 이해된다. 안식일에 관한 네번째 계명은 기독교인의 진정한 예배의 의무를 보여준다. 그리고 다섯째 계명은 권위에 대한 이해를 담고 있으며, 살인하지 말라는 계명은 그리스도의 제자된 자들이 이루어야 할 사랑의 공동체에 관하여, 그리고 일곱번째 계명은 결혼과 성의 순결함과 거룩함에 관한 도덕, 여덟번째 계명은 일과 재산에 관한 관심을 직업소명의 관점에서 재해석 할 수 있도록 한다. 그리고 아홉번째 계명은 진실에 대한 계명으로서, 그리스도를 통해 계시하시는 하나님의 진리되심을 보게한다. 탐욕에 관한 열번째 계명은 단지 탐욕을 거부하는 데 그치는 것이 아니라 그리스도를 따라 사는 새로운 삶의 방식에 관한 이야기를 담고있다.

이러한 관점들을 종합적으로 정리한다고 할 수 있는 칼뱅(J. Calvin)의 입장은 하나님 중심의 윤리가 무엇인지를 보다 분명히 알게 한다. 그는 십계명이 하나님이 주신 경건하고 의로운 삶의 규칙임을 인정하면서 율법의 기능에 대한 분석을 통하여 율법이란 하나님의 義를 보여주며, 불의한 사람들로부터 공동체를 보하하며, 믿는자를 권면하여 선을 행하도록 이끌어 준다고 보았다. 이것이 율법의 기능이다.

그러나 칼뱅에게 있어서 보다 중요한 것은 율법이 그리스도의 복음을 통하여 새로운 계약으로 갱신되며 믿음으로 의롭게 되는 진리(Justification by faith)에 의해 완성된다 데 있다. 칼뱅의 이러한 윤리적 관점은 하나님의 절대주권과 인간의 타락, 그리고 구속받은 자의 삶을 그 내용으로하는 기독교 윤리의 기본적인 틀을 형성한다. 요컨대 인간은 스스로 의로운 존재일 수 없다. 비록 하나님 형상의 흔적이 남아있어서 도덕과 인간화에 대한 이야기를 할 수는 있을지 몰라도 근본적으로 하나님을 향한 신앙의 고백을 수반하지 않는 윤리와 가치관은 한계를 지니고 있다.

● 기독교 윤리의 다양성과 통일성

기독교 윤리가 하나님 중심의 윤리라고 할 때 그것이 곧 정해진 결론을 가지고 있을 것이라고 단정짓는 것은 속단이기 쉽다. 기독교 윤리를 자세히 들여다 보면 거기에는 극과 극을 달리는 듯한 다양한 사고유형과 아울러 모종의 공통분모가 공종하고 있음을 엿볼 수 있다.

우선 기독교 윤리의 다양성을 논함에 있어서 우선 고려되는 대상은 의무론적 절대주의이다. 이것은 무조건 해야 할 일이 있고 결코 해서는 안되는 것이 있다는 입장이다. 즉 시대와 상황이 기독교 윤리를 변형시킬 수 없다는 관점을 말한다. 가령 절대주의자들의 거짓말에 대한 입장을 살펴보면 그들에게 거짓말은 절대로 용납될 수 없다. 선의의 거짓말(white lie)도 용납할 수 없다. 그것이 신의 뜻이므로 이것을 어겨서는 않된다는 것이다. 기독교적 문화에서 이러한 입장은 흔히 바리새적 율법주의로 대변된다. 율법주의의 특징은 일관성은 유지할 수 있을 것 같아 보이지만 적실성(relevancy)을 보장할 수 없고, 역사적으로는 바리새파가 저지른 오류, 즉 율법의 근본정신인 사랑의 참뜻을 곡해하고 율법의 본래적 의미를 상실하게 되었다는 점을 지적할 수 있겠다.

절대주의의 반대되는 입장은 상대주의에서 찾아볼 수 있다. 여기에서는 특히 문화적 상대주의와 윤리적 상대주의를 엄밀한 의미에서 구분해야 한다. 문화의 상대성으로부터 도덕의 상대성을 직결하는 것은 대단한 오류를 야기할 수 있기 때문이다. 가령, 플레쳐(J. Fletcher)의 상황윤리는 다소 공리주의적이고 실용주의적인 토대에서 생겨났다고 볼 수 있다. 그에 따르면 사랑만이 유일의 그리고 최고의 규범이며 그 표현방식은 상황에 따라 달리 나타난다. 그가 주장하는 상황윤리의 명제들은 대략 이런 것들이다.

(1) 사랑만이 본래적으로 절대적으로 선하다.
(2) 사랑만이 유일한 규범이다.
(3) 사랑과 정의는 동일한 것이다.
(4) 사랑은 좋아하는 것과 다르다. 즉 우리의 욕구와 관계없이 아가페는 독자적이다
(5) 사랑은 그 수단을 정당화 한다
(6) 사랑은 구체적인 결단을 한다.

이러한 원리들을 설명하기 위해 플레쳐가 제시한 예들은 지극히 상황

적이다. 가령 전쟁의 와중에 자녀를 위해 식량을 구하러 나간 여인이 수용소에 감금되었다가 가족에게 돌아갈 일념으로 보초에게 임신을 자청하여 임산부로 귀국하는 경우라든지, 어떤 환자가 전재산을 투자하여 3년 연장할 수 있는 가능성과 그것을 거절하면 6주내 사망하지만 유족에게 충분한 재산을 양도할 수 있는 상황에서 안락사를 택하는 경우, 그밖에 애국적 매춘이라고 소개된 여성 첩보원의 경우라든지, 자비로운 살해라고 설명된 비행기 사고현장에서의 안락사의 경우와 같은 예들은 상황윤리의 상황성을 명료하게 보여준다.

플레쳐의 저서 『상황윤리』(Situation Ethics)는 가히 기독교 윤리에 있어서 새로운 장을 열어놓은 충격으로 받아들여졌다. 돌이켜 보면 상황윤리의 장점은 사랑의 규범적 우월성을 입증했다는 점과 상황이나 여건을 고려했다는 점에서 부각될 수도 있겠지만 근본적으로 사랑일원론(Agapism)의 비난을 면치못한다. 무엇보다도 상황이 사랑의 의미를 결정하는 역현상이 발생한다는 점이 결정적인 반론이었다.

율법주의와 상황윤리의 양극단을 살펴보면서 우리는 기독교 윤리에 통일성(unity)과 다양성(diversity)이라고 하는 두 측면이 공존하고 있다는 점을 깊이 인식할 필요가 있다. 통일성이라고 하는 것은 하나님의 뜻, 혹은 사랑(Agape)의 윤리라고 하는 공통분모를 의미한다. 다양성이라고 하는 것은 기독교 윤리에 나타나는 관점의 다양성을 뜻한다. 그러므로 기독교 윤리의 특성을 다음과 같이 설명될 수도 있겠다.

Christian + Ethics

Unity	Diversity
내적 일관성(신앙의 문제)	시대마다의 다양한 문제들
하나님과의 관계/응답	해답의 다양성
가장 큰 계명 : 사랑	사랑의 내용적 다양성
사랑의 윤리학	사랑의 구체적 적용 문제

● 기독교 윤리와 '하나님의 뜻'

우리는 이제까지의 이야기들을 통해 기독교 윤리의 특징을 스케치할 수 있는 단계에 이르렀다. 기독교 윤리의 다양성과 통일성을 논하는 과정에서도 마찬가지였고 또한 기독교 윤리와 성서의 문제를 다루는 과정에서도 마찬가지로 하나의 일관된 주제가 관통하고 있음을 본다. 그것은 기독교 윤리의 최종근거와 목표는 무엇보다도 '하나님의 뜻'에 맞추어져 있다는 점이다. 기독교 윤리의 다양한 스펙트럼에서도 하나님의 뜻을 부정하는 관점은 발견되지 않았다. 더구나 성서윤리는 하나님의 뜻이 계시된 말씀으로서의 성서의 중요성을 강조하는 일관성이 유지되고 있다.

이제 우리는 다음과 같은 또하나의 중요한 문제를 제기하지 않을 수 없다. 즉 '하나님의 뜻이란 무엇인가?' 하지만 지극히 조심스러운 이 문제에 대하여 우리가 이 강좌를 통해 전문적인 논의를 진행시킬 의사도 없고 여력이 없다. 우리는 단지 성서윤리가 제공하는 일반적인 지침을 수용하여 오늘의 문제와의 관련속에 그 의미를 재해석하고자 할 뿐이다. 물론 여기에 성서시대에 문제시되지 않았던 사항들이 제기되었다는 새로운 고려여건을 충분히 감안하여 논의를 진행시킬 것이다.

다만 분명한 것은 하나님의 뜻이 시대와 상황을 초월한 진리를 보여주고 있는 측면과 아울러 그것이 새로운 삶의 자리(Sitz im Leben)에서 언제나 새로운 해석학적 순환의 과정을 거쳐 해석된다는 점이다. 특히 상황이 하나님의 뜻을 규정하는 오류에 빠져서도 안될 것이며 하나님의 뜻을 자의적으로 해석하는 것 또한 심각하게 경계되어야만 할 것이다.

우리는 오늘의 상황에서 발생하는 문제들에 대해 사회과학 및 심리학, 그리고 과학기술의 유용한 학적 성과를 인정하면서도 그것에 얽매여 하나님의 뜻을 이차적인 영역으로 제껴 놓아서는 안될 것이다. 또한 지나친 문자주의적 방식을 고수하여 현대적 맥락을 전혀 도외시한다면 그것도 자칫 하나님의 뜻을 왜곡할 가능성이 많아진다는 점을 간과해서도 안될 것이다.

우리에게 균형감각이 필요하다. 윤리적 문제해결의 주도권은 분명 하나님에게 있다. 만일 이것을 부정한다면 기독교 윤리의 영역을 이미 포기한 것이나 다름이 없다. 하나님의 뜻을 중심으로 하되 개혁주의적이고 복음적인 관점에서 오늘의 문제를 재해석하고 현실에 대한 진정한 역사초월의 말씀인 하나님의 뜻을 문제해결의 통찰력으로 인정하여만 할 것이다. 이러한 의미에서 우리는 앞으로의 강좌를 현대사회에서 발생하는 지극히 현대적인 것이라고 여겨지는 문제들에 대한 하나님의 뜻을 찾아보고자 노력할 것이다.

이 과정에서 중요한 것은 비록 현대의 여러가지 특성이 전혀 새로운 문제를 야기하는 것처럼 보일 수 있으나 그 근저에 깔린 도식은 여전히 인간과 사회와 역사에 대한 해석상의 차이 혹은 관점상의 갈등에 기인한다는 점이다. 우리는 바로 이점에 주목하고자 한다. 하나님의 뜻이 시대초월적 통찰력을 제공한다는 것은 인간이 아무리 현대화 된다고 해도 여전히 인간일 뿐이며 자신의 한계상황의 범위를 다소 축소시킬 능력을 점차 구비할 수 있을 지는 몰라도 인간의 한계상황이 근본적으로 없어지는 것은 아니라는 점이다. 이러한 의미에서 하나님의 뜻은 여전히 유효하고 유일한 기독교 윤리의 근원이다.

3. 기독교와 책임의 윤리

● 왜 기독교 윤리이어야 하는가?

현대사회를 흔히 가치다원화의 사회라고 한다. 현대사회가 직면하고 있는 여러가지 난제들에 대한 일관성있는 해법을 모색한다는 어떻게 보면 어리석은 일이 될지도 모른다. 말그대로 현대사회는 가치다원화의 사회요 개방성의 사회라고 하는 주장이 그 목소리를 높여가고 있기 때문이다. 비록 골동품같은 소리로 들릴지 모르지만 현대사회가 직면하고 있는 이러한 문제들의 해결을 위해서는 최소한 다음의 몇가지 조건을 충족시키는 대안이 있어야만 한다고 본다.

우선 우리가 선택해야할 대안은 인간의 존엄성을 고양시키는 것이어야 하겠다. 현대사회가 안고있는 도덕성 위기의 근원은 다름아닌 인간 존엄성의 희석 혹은 보다 정확히 말하자면 인간존엄에 대한 조작의 위험성이다. 최소한 인간은 그 어떠한 상황과 조건에 의해서도 그 존엄성이 구속받는 일이 있어서는 안된다. 이것은 칸트주의적 윤리설의 전유물일 수는 없다. 사회의 발전이라는 명분이 인간존엄이외의 다른 목적을 위해 전용되어서는 안된다. 말하자면 오늘의 문제를 해결함에 있어서 가장 시급히 요청되는 것은 인간 존엄의 가치를 재확립하는 것이라는 점에 더이상의 재론이 필요하지 않다.

또하나의 조건은 책임성이다. 우리가 찾아낼 대안들이 책임적이지 못하다면 그것은 또하나의 이론을 나열하는 수준에 머물고 말 것이다. 적어도 현대사회의 문제를 책임지고 해결할 수 있는 책임적 대안이 나와야 할 것이다.

이를 위해서는 일관성있는 태도와 합리적인 사고가 중요하다. 그리고 무엇보다도 인간 이상의 절대자를 향하여 책임적인 존재로 자신을 재정립하는 일이 선행되어야만 할 것이다. 인간존엄의 근거를 편협한 인간 중심주의에서 찾으려하는 것은 자연과 우주에 대한 또하나의 오만과 편견을 나을 수 있기 때문이다. 인간의 진정한 가치는 절대자와의 관계에서 음미되어야하며 거기에 자연과 세계를 향한 인간의 사명과 진정한 의미의 도덕이 가능할 수 있을 것이다.

　이제 우리에게 필요한 것은 각자가 인간존엄에 근간하여 절대자 앞에서의 책임의식을 지니고 오늘의 문제에 용감히 맞서야 한다는 도덕성의 요구이다. 우리가 살펴본 두가지 조건에 부합하는 대안은 학적 유희를 위한 이론적 의미 이상의 것이 되어야 할 것이다. 우리가 찾고자 하는 이 시대의 진정한 대안은 현대적 맥락에서의 진지한 실천적 고민을 통해 인간과 세계의 문제를 음미하려는 책임있는 해답을 줄 수 있는 것이어야만 할 것이다.

　여기에서 우리는 도덕철학적 작업을 넘어선 또하나의 지평을 고려해 볼 필요가 있다. 앞서 우리가 찾고자 하는 대안의 조건을 두가지로 제시한 바 있다. 그 하나는 인간존엄성이고 다른 하나는 책임성이었다. 그러나 우리가 잠정적으로 제시한 인간 존엄의 근거를 맹목적 인간중심주의에 고정시킨다면 그것은 또다른 의미에서 인간에 대한 인간의 지배를 야기하고 말 것이다. 우리는 이러한 의미에서 인간존엄의 근거를 절대자에게서 찾고 그에 대한 책임성을 강조할 필요가 있다. 즉 현대사회의 도덕적 문제와 기독교라고하는 주제를 깊이 생각해 보아야 한다는 것이다.

　이제 우리는 '왜 기독교 윤리이어야 하는가?'하는 질문을 우리앞에 직면시킬 필요가 있다. 그것은 현대적 상황에서 도덕적 문제에 대한 근원적인 지평, 혹은 통전적인 관점의 중요성을 강조하는 것으로 연관된다. 기독교 윤리학은 오늘의 문제에 대한 도덕철학적 관심을 넘어서 이 있으면서도 근본적으로 인간을 통전적으로 이해하려는 관심을 가진다. 우리는 역사와 사회, 인간을 종합적인 관점에서 이해하고 타당한 결론을 보다 근원적인 차원에서 도출할 수 있도록 노력할 필요가 있다. 거기에서 보다 실존적이고 책임윤리적인 관점을 얻을 수 있을 것이기 때문이다.

과학기술의 사회와 그리스도인의 책임

우리는 현대사회의 윤리적 문제들에 관해 책임있는 대안을 모색할 과제를 안고있다. 우리의 관심은 현대사회의 문제들이 근원에 있어서 동일하다고 하는 점이다. 현대사회에 있어서 다양한 윤리적 문제들은 기술의 발전에 따른 급격한 사회변동의 와중에 나타난 가치관 혼동의 문제에로 귀착한다. 기술의 문제는 현대사회를 대표하는 상징이며 오늘의 문제는 근원적으로 기술에 대한 인간의 평가에서 기인한 것이라 해도 과언은 아닐 것이다. 그것은 기술 그 자체에서 파생하는 도덕적 왜곡을 의미하는 것이 아니다. 앞서 살펴보았듯이 기술은 그 자체로 선을 위해 사용될 수도 있고 인간에게 역기능을 보여줄 수도 있다.

기술의 발전으로 야기된 현대적 여건 속에서 인간은 기술에 대한 적절한 평가기준을 채 마련하지도 못한사이에 어느덧 기술이 일구어낸 새로운 가치를 경제적 효용성과 어우러지는 새로운 시대의 징표로 나타나고 있다. 특히 생명의료현상에 관한 윤리적 반성과 환경의 위기에 대한 대책이라고 하는 문제는 오늘의 우리에게 최대의 과제임을 부정할 수 없다. 그리고 우리는 이러한 문제의 현대성이 기술 그자체의 문제라기보다는 기술에 대한 인간의 관점을 문제삼아야한다는 입장을 줄곧 유지해 왔다.

이러한 관점에서 우리는 새로운 시대를 위한 윤리의 유형으로 책임의 윤리에 대한 관심을 전개할 필요를 느낀다. 우리는 특히 인간이 기술만능을 맹목적으로 숭배할 때 생길 수 있는 역효과에 주목하고자 한다. 가령 한스 요나스(H. Jonas)는 환경의 문제를 책임적 관점의 필요성을 자연의 경고에서 찾는다. 그는 만약 인간이 자신에 대한 무분별한 착취를 그만두지 않으면 인간과 더불어 몰락하겠다는 자연의 경고가 마치 절망적인 선전포고처럼 들리는 날이 도래하리라는 문명비판을 근간으로하되 기술을 죄악시하는 생태학적 자연주의에 경도되지도 않고 다른 한편으로는 환경문제를 기술적 문제로만 파악하는 개량주의에 경도되지도 않고 책임의 관점에서 기술과 생태학적 위기의 문제를 취급한다.

그는 기존의 전통적인 윤리가 간과하였거나 인색하였던 책임의 문제를 자신의 윤리의 핵심과제로 상정하고, 이제까지의 윤리이론에 책임이 중심부에 있지 않았던 점에 주목하면서 윤리의 지평을 현세대에만 국한하지 않고 미래와 후세대를 향한 응답이라는 차원으로 확장, 격상시킨다. 그는 기술의 발전이 초래한 생태계의 위기와 핵전쟁을 통한 인류의 공멸이라는 위협에 직면한 시대에 있어서 인류에게 필요한 행위의 명법을 책임이라고 결론짓는다.

한스 요나스 뿐만아니라 기술의 문제를 취급한 자끄 엘륄의 경우에 있어서도 기술은 그 자체로 독립된 주제가 아님을 보여준다. 말하자면 기술의 진보와 도덕적 이중성의 문제, 즉 기술이 도덕적 교화를 증진시키는가 혹은 기술이 도덕파괴적일 수 있는가의 문제를 취급하면서 기술과 윤리가 별개의 것이 아니라 책임의 관점에서 연계성을 유지해야한다는 점을 강조하는 것으로 보인다.

● 도덕적 책임귀속과 인간

도덕철학에 있어서 책임의 문제는 일반적으로 책임의 귀속이라는 문제와 연관되어 있었다. 아마도 한스 요나스가 지적한 전통윤리의 한계, 즉 책임의 원칙을 소홀히 다루어 왔다는 지적은 전통윤리에서 책임의 문제를 전혀 취급하지 않았다는 것이 아니라 책임의 적극적인 측면을 간과하여왔다는 의미에서 이해되어야 할 것이다. 말하자면 책임이란 도덕적 책임의 주체를 결정하는 소극적 의미의 책임귀속과 아울러 적극적 의무로서의 책무를 의미하는 책임이라는 요소를 동시에 고려해야한다는 점을 고려해야만 할 것이다.

아리스토텔레스 이래로 책임귀속이론에서는 도덕적 행위주체의 문제를 그 논의구도로 삼는다. 아리스토텔레스적 전통에 따르면 면책조건을 제외한 경우에 책임을 귀속할 수 있다는 의미에서 도덕적 비난과 칭찬을 행위주체에게 귀속시키려는 논의가 이어진다. 그리고 이러한 입장은 이른바 자유지상주의(Libertarianism)라는 용어로 표현되었으며 자유의지를 근간으로 책임귀속의 정당성을 옹호하려는 관점을 지니고 있다.

그러나 과학의 발전에 맞추어 대두된 인과적 결정론의 도전은 문제를 새로운 상황으로 이끌고 갔다. 특히 강한 결정론(hard determinism)에서는 자유의지 그자체의 존재여부에 대한 심각한 회의를 야기하였고 책임귀속의 정당성을 말소하려는 경향을 보여준다. 강한 결정론의 대안으로 제시된 약한 결정론(soft determinism), 혹은 양립가능론에서는 전통적 책임귀속의 목적은 자유의지를 중심으로 과거지향적 도덕적 비난의 주체결정하는 것이었으나 오히려 도덕은 미래지향적 시점에서 처벌을 통한 동일한 행위의 재발을 예방하는 것에 목적을 두어야 한다고 본다. 이들의 입장은 행위에 있어서의 인과적 결정론을 옹호하는 동시에 도덕적 책임이 예방이라는 관점에서 재해석될 때 양립가능하다는 것이다.

최근에는 도덕적 책임의 문제를 인간개념으로부터의 접근을 통해 해소하려는 움직임도 나타난다. 행위에 있어서의 자아의 개념에 관한 반성이 그것이다. 이들은 도덕적 책임의 귀속은 자유의지의 문제로 설명하지 않아도 가능하다는 입장에서 이른바 평가적 인간개념을 주장하는 자들이다. 즉 인간자체가 규범적 존재로 이해하기를 제안하는 관점이 그것이다.

중요한 것은 자유의지와 인과율의 양립가능이냐 혹은 불가능이냐의 이론적 문제가 아니라 도덕이란 무엇인가 하는 새로운 문제가 제기될 수 있다는 점이다. 특히 도덕적 책임의 문제는 그 이론적 틀을 넘어서 현대사회의 도덕개념 자체를 재검토하여야 할 필요성을 지적해주었다는 점에 주의할 필요가 있다. 이러한 의미에서 우리는 도덕적 비난의

대상을 결정하는 옛구도를 넘어 적극적 의무의 개념으로의 전환을 통해
책임의 현대적 의의와 적실성을 음미할 필요가 있다.

한걸음 더 나아가 사회윤리에 대한 관심이 증대되고 현대사회의 도덕
적 문제해결을 위한 노력에 있어서 도덕적 책임의 귀속문제는 비단 개
인윤리의 영역에만 국한되는 것이 아님을 보여준다. 익명성을 요구하는
현대사회에 있어서 사회적 문제에 대한 해결책은 대부분 사회의 책임이
라는 식의 문구를 통해 해소하려는 경향을 보이고 있으나 사실은 이것
보다 더 애매한 것은 없다. 사회가 책임져야 한다고 했을 때 불특정 다
수를 지칭하는 사회의 어느집단이 그 구체적인 책임의 주체가 될 수 있
다는 것인가? 이 문제는 상당한 논란의 여지를 가지고 있다.

● 응답적 존재로서의 인간과 책임

우리는 현대사회의 문제를 해결하기 위해서는 그것을 단순히 기술 때
문이라고 원인만 지적하는 것보다는 적극적으로 기술시대의 책임윤리
의 필요성을 주장하는 철학적 입장을 검토해보았다. 우리는 이 강좌의
결론으로 기독교 윤리의 특성과 남은 과제로 역시 책임의 윤리학을 기
독교적 관점에서 재검토해보고자 한다. 특히 우리는 기술 그 자체보다
는 기술의 운용자인 인간이 근본적으로 죄인이라는 점을 강조해왔다는
점을 미루어 본다면 기독교 윤리가 지향해야 할 결론이 무엇인지를 미
루어 알 수 있으리라 본다.

기독교 윤리에 있어서 책임윤리의 관점은 현대신학자 리챠드 니버(H.
R. Niebuhr)에게서 찾아볼 수 있다. 그의 윤리학의 중심주제는 책임적
자아라고 하는 개념에서 발견된다. 그의 기독교 윤리의 개념은 성서적
지침의 소개를 소임으로하는 일반적 관념과는 달리 일종의 기독교 도덕
철학이라 불리울 만한 것이었다. 그의 윤리는 하나님에 대한 "응답"이
라는 주제를 중심으로 구성되어 있으며 이것이 책임의 개념을 설명하는

근거가 된다.

어원적인 분석에 의하면 책임(Responsibility)이라는 말은 '응답한 다'(response, verantwortat)는 동사에서 유래한다. 다시말해 책임이란 응답의 의미를 지니고 있다고 하겠으며 특히 기독교적 관점에서 볼 때 윤리의 기준이자 근원인 하나님에 대한 응답이라는 개념으로 되새길 수 있겠다. 이렇게 본다면 책임의 윤리는 곧 응답의 윤리이다.

응답을 근간으로하는 책임윤리는 도덕철학적 유형화에 있어서도 독 창적인 의미를 지닌다. 니버는 자신의 책임윤리가 전통적인 목적론적 윤리나 의무론적 윤리의 한계를 넘어선 것임을 강조한다. 그에 따르면 책임의 윤리는 아리스토텔레스를 정점으로하는 목적론적 윤리 (teleological ethics)에서 추구하는 문제, 즉 무엇이 선인가 혹은 무엇이 행위의 목적인가를 묻는 문제를 넘어선다. 제작자로서의 인간(man the maker)의 개념을 중심으로하는 목적론적 윤리는 행위에 있어서 특정한 목표를 성취하려는 관점에서는 매력적이다. 그러나 근본적으로 행위의 목표로 설정한 윤리적 이상에 대해 구성원들간의 합의를 전제하지 않으면 상대주의화 될 우려가 있다.

그렇다고 니버의 책임윤리가 곧 칸트적인 의미에서의 의무론적 윤리 (deontological ethics)에서 추구하는 문제, 즉 무엇이 옳은가?의 문제에 귀착하는 것도 아니다. 니버가 보기에 시민으로서의 인간(man the citizen)개념을 전제로하는 의무론적 윤리는 사회구성원들로 하여금 대 중적 책무를 깨닫게 하고 의무의 근거를 명확하게 제시한다는 장점이 있기는 하지만 도덕적 결단의 과정에서 율법주의화 할 수 있는 가능성을 그 한계로 지니고 있다. 즉 개인의 삶의 영역과 그 차원의 다양성을 수용하지 못한 채 형식주의에 흐르기 쉬운 것이 단점이라 하겠다.

니버는 책임의 윤리를 제3의 대안으로 제시한다. 책임윤리는 응답하는 인간(man the answerer)의 개념을 전제로 인간의 행위는 정형화된

전제로부터 도출되는 것이 아니라 하나님의 뜻을 찾아 응답하는 것이어
야 함을 강조하는 데로 나아간다. 책임윤리의 근본적인 질문에서 우리
는 그 특성을 볼 수 있다. 책임윤리는 '무엇이 목적인가?', '무엇이 의무
인가'를 묻는 전통윤리와는 다른 차원의 질문을 제기한다. 책임윤리는
'무엇이 적합한가?'를 묻는다. 다시말해 기독교인의 윤리적 대답은 정해
진 것이 아니라 하나님의 뜻에 비추어 보아 현재 어떤 일이 일어나고
있는가?를 묻고 하나님의 뜻을 따라 적절한 응답을 한다는 것으로 요약
된다. 즉 "지금 무슨 일이 진행되고 있는가?" "신이 무엇을 하고 있는
가?" 그리고 "우리는 무엇을 해야 하는가?"의 문제가 중점적으로 논해
진다. 이러한 적절한 응답(fitting response)이야말로 기독교 윤리의 책임
성을 명확히 보여주는 요소라는 것이 니버의 요점이다. 그리고 이러한
윤리에 있어서 분명한 준칙으로는 '당신은 하나님께 응답하는 것처럼
모든 행위에 응답하라'고 하는 격률만이 남는다.

　여기에 부연하여 '무엇이 적합한가"를 묻는다는 것은 각자의 정황에
서 하나님의 뜻을 찾아 결단하는 것을 말한다. 이는 율법의 도움을 받
는 것이기는 하지만 그것을 절대화하는 율법주의에 전락하지 않는다.
오히려 사랑을 윤리의 절대적 표준으로 제시하되 상황주의에 떨어지지
않고 하나님의 뜻에 상응하면서 상황에의 적합성을 고려한 결정을 내려
야 한다는 점을 강조한다. 이를 위해서는 우선 하나님의 뜻을 아는 것
이 중요하며 여기에 하나님의 본성에 대한 이해가 요구된다.

　이러한 맥락에서 니버가 주장한 응답의 의미는 하나님의 본성에 대한
이해로부터 대략다음과 같은 형태로 진술될 수 있겠다. 첫째, 기독교의
책임윤리는 창조주인 하나님에 대한 응답이다. 니버에 따르면 하나님은
우선 창조주이시다. 따라서 창조한 모든 것은 선한 것이라는 긍정적 태
도를 유지한다. 즉 되어진 것의 수용과 긍정 및 그것에 대한 경작을 통
한 응답을 말한다. 혹은 인간 자신이 창조자가 아님을 인정하는 가운데

하나님의 창조적 행위에 동참하는 방식의 응답이다. 두번째 요소는 심판자인 하나님에 대한 응답이다. 하나님의 창조자로서의 본성에 응답하는 것이 곧 무조건의 낙관주의에로 전락하는 것은 아니다. 기독교는 창조의 질서가 죄로 인해 왜곡되고 특히 개인과 집단에 나타나는 이기심은 결국 하나님의 심판의 대상이 된다는 점을 인식하게 한다. 즉 인간의 유한성을 직시하고 신앙을 통한 응답. 혹은 자기부정과 억제를 통한 이웃 봉사와 타인의 가치에 대한 인정 등의 유형으로 나타나는 응답을 말한다. 그리고 세번째는 구속자인 하나님에 대한 응답이다. 즉 하나님의 구속에 대한 응답을 통해 자유와 용서를 체험하고 신앙에 의한 구원이라는 점에 관심을 기울인다. 다시말해 우리 자신은 비록 왜곡되어 있었지만 하나님과의 관계 속에서 선을 행함으로써의 응답이라고 설명할 수 있겠다. 그리고 이 세가지 계기는 이른바 삼중의 구도를 형성하여 상호연관되며 창조주이자 심판자이고 동시에 구속주인 하나님의 뜻을 보여주는 요소가 된다.

● 책임을 어떻게 구체화시킬 것인가?

기독교 윤리를 책임윤리라고 규정했을 때, 우리에게는 또다른 문제가 제기되기 때문이다. '책임이란 무엇이며, 책임을 우리의 삶에 구체적으로 어떻게 적용해야 하는가?' 의 문제가 그것이다.

책임에 관한 이야기는 길게 늘어질 수 있지만 한마디로 말하자면 그것은 하나님 앞에서의 삶이라고 할 수 있겠다. 슈와이커(W. Schweiker)는 자신의 책임 개념을 새로운 정언명법의 형태로 다음과 같이 요약한 바 있다. "우리의 모든 행위와 관계에 있어서 우리는 하나님 앞에서 삶의 통전성을 존중하고 함양시켜야만 한다"는 것이다.

이러한 의미에서 우리는 이 강좌의 남은 이야기로, 기독교인이 책임적으로 산다는 것이 무엇인가 혹은 신앙과 윤리의 관계에 대한 일정한 윤곽을 묘사할 필요성을 느낀다. 아주 간단하게 대답할 수 있는 질문일지 모르겠지만, 신앙과 윤리에 관한 이해를 돕기위해 우리가 쉽게 이해할 수 있는 예를 하나 들어 보자.

A는 어떤 일을 이루고자 하는 기대와 희망으로 이 사람 저 사람을 만나 부탁을 하기도하고 나름대로 노력하였지만 결국 그 일을 이룰 수 없었다.

그리고 이 일의 결과에 대해서는 다음과 같은 두 가지 정도의 반응이 있을 듯 싶다. 물론 다음의 대안이 전부인 것은 아니지만, 일반적인 논의는 가능할 법하다.

(1) A는 극도로 실망하면서 괴로워 하다가 자신의 실패가 아마 하나님의 뜻이겠거니 하면서 체념해 버린다.
(2) A는 자신의 실패 원인이 무엇인지를 따져본다. 혹시 그 일을 성취하는 것이 하나님의 뜻이었는데 자신이 노력을 게을리하고 구체적인 전략이 없었던 것은 아닐까를 되돌아보며 다음을 준비한다.

동일한 사건에 대한 A의 반응 중 과연 어떤 것이 하나님의 뜻에 부합하는 것일까? 말을 바꾸자면 (1)과 (2)중에 어떤 대안이 보다 책임적일까? 하나님의 뜻을 분별한다는 것이 그리 쉬운 일은 아닐 것이다. 이와 유사하기는 하지만 다소 그 뉘앙스가 다르다고 할 수 있는 또하나의 예를 들어보자.

B는 선교의 꿈을 가지고 있던 중, 어느 집회에서 영적 감동을 받아 선교 실습에 나서기로 자원하였다. 그러나 막상 집회후 자세한 설명을 들었을 때 B는 놀라지 않을 수 없었다. 선교여행을 전액 개인부담으로 떠나야 한다는

166

것이었다. 그 액수는 B의 처지에서는 엄청난 부담이었다.

쉽게 생각해 볼 수 있는 대안은 다음과 같이 정리될 수 있을 것이다. 물론 이것은 특정집단이나 특정인을 염두에 두고 하는 이야기가 아님을 명심해주기 바란다.

> (1) B는 선교여행을 포기하기로 했다. 왜냐하면 그의 결심은 집회 분위기에 매료되어 순간적인 속단을 내린 것이라 생각되기 때문이다. 더구나 선교비용을 마련한다는 것이 불가능해 보였기 때문이다.
> (2) B는 선교여행비용의 마련을 위해 작정기도에 들어갔다. 그는 여러사람에게 도움을 청하면서 기도에 열중한다.

이 경우에 있어서는 자신이 처한 입장에 따라 다른 답을 얻을 수 있을 것이다. 그러나 필자가 보기에 (1)과 (2) 중 어느것도 온당한 의미에서 채택될 수 있는 것은 아닐 듯 싶다. 특히 (2)의 경우, 신앙과 현실 사이의 관계를 어떻게 규정할 것인가 하는 새로운 문제가 꼬리를 물고 이어진다. 물론 기도를 통해 문제를 해결한다는 논리에 따르면 문제될 것이 없지만, 하나님이 기도만을 원하신다고 하기에는 다소 무리가 있어 보이기 때문이다. 하나님은 인간에게 기도할 수 있는 영적 능력, 혹은 영성과 아울러 성실한 직업노동을 위한 시간과 능력도 동시에 부여하셨다고 할 수 있기 때문이다. 이제 다시 우리의 문제와 밀접히 연결될 수 있는 또다른 예를 들어보자.

> C는 한 남자와의 열애에 빠졌고 어느날 자신의 임신사실을 알게 되었다. C는 결혼을 요구했으나 그의 대답이 없었다.

우리는 C의 입장을 충분히 고려하면서 몇가지 대안을 찾을 수 있겠지만, 애석하게도 C가 다음과 같은 처지에 빠져 있다면, 우리는 이 문제를 어떻게 결론지어야 하는가? C는 임신중절을 통해 문제를 해결할 수 있으리라 생각하고 결혼과 사랑은 별개의 것이라고 단정짓는다. 동시에 C는 임신중절을 시행하고 그로 인한 죄책감을 이기지 못해 괴로워하면서 더욱 깊은 고독에 빠져 헤어나오지 못한다.

이 문제는 단순히 목회적 관심이나 상담심리학에만 국한되는 것이라고 보기 어렵다. 여기에는 여러가지 복합적인 이슈가 내재해 있기 때문이다. 우선, 결혼과 性의 문제, 임신중절의 문제, 그리고 여성문제가 얽혀있다. 게다가 **충동**과 사랑이라는 감정의 관계에 대해서, 그리고 전통적 의미의 책임이라는 부분에 관해서 뿐만아니라 무엇이 적절한 대답이며 해결책인지 등등의 문제가 결부되어 있다. 과연 우리의 삶을 보다 책임적인 것이게 하는 요소는 무엇이며, 그 실천적 대안은 구체적으로 어떤것인가? 이제 우리가 대답해야 할 차례이다.

168

생각해 볼 문제

1. 기독교 윤리는 결론을 미리 가지고 있다는 인상을 받는 경우는 없을까? 이 문제를 기독교 윤리의 다양성의 문제와 연관지어 설명해본다면 어떤 이야기를 할 수 있을까?

2. 책임의 귀속에 있어서 집단의 책임이란 무엇인가? 우리는 간혹 매스컴을 통해 '사회의 책임'이라는 말을 듣게 되는데, 이러한 경우 책임의 주체는 과연 누구이며 문제 해결의 전망은 있는 것인가?

3. 기독교 윤리를 책임윤리로 규정하는 것은 지나친 단순화의 오류를 범하는 것은 아닐까? 만일 기독교 윤리의 과제와 특성을 규정할 수 있는 대안이 있다면 그것은 무엇인가? 이 문제는 특히 기독교 윤리가 궁극적으로 관심을 기울여야하는 것은 무엇인지의 문제와 관련하여 생각해보자.

제 9 장
과학과 기독교

생각 모으기

　　과학과 기독교는 양립할 수 없는가? 과학적이라는 말은 종교적이라는 말과 대립되는 말인가? 창조와 진화의 관계는? 그리고 오늘의 환경 위기의 현실에 종교가 할 수 있는 일은 무엇인가? 과학과 기독교에 대한 폭넓은 관심으로 아래의 빈칸을 채워 보자.

▷ 과학의 논리를 무엇이라 생각 하는가?	
▷ 종교의 기반을 무엇으로 생각 하는가?	
▷ 진화론에 대해서 아는 대로 말 해 보시오	
▷ 환경문제의 해결책이 있다면?	

　　과학과 기독교는 각각 다른 세계관을 가지고 있다. 다른 것은 곧 공격해야 할 적이라고 생각하는 것은 정당하지 않다. 특히 환경 오염의 시대에 성서적 창조론이 지니는 현대적 의미가 있다면 무엇일까? 본 장에서는 이런 문제들을 소상히 취급하게 될 것이다.

1. 두 세계관의 갈등

● 과학은 가치 중립적인가?

학문의 특성상 자연과학은 가치 중립적 학문으로 분류된다. 소위 가치 중립적이라는 뜻은 그것에서 도덕적 판단을 유보한다는 것을 의미한다. 이 말은 과학이 과학의 이름으로 실행하는 일에는 옳고 그름을 개입시키지 말자는 소리이기도 하다. 그러나 만일 과학이 가치 중립적 학문으로만 있는 다면, 과학 자체는 무한히 발전할 수 있어도 그 과학이 인류를 위해서 이득이 될는지 아니면 해악이 될는지 판단을 유보하게 되는 무서운 결과를 가져다 줄 수 있다는 함정이 있음을 알아야 한다.

최근 생각 있는 학자들 사이에서 아무리 과학이라도 과학을 위한 과학이 되어서는 안된다는 소리가 높아 가고 있다. 소위 생명 지향적 과학, 부드러운 과학에 대한 회구는 이미 우리 사회 속에 만연된 생명 경시 현상과 환경 파괴라는 고뇌를 함께 앓고 있기 때문이다. 국내 어떤 교수는 STS교육을 지상에 소개하면서 STS는 21세기의 새로운 패러다임으로 인간을 위한 과학 실현을 목적으로 한다고 말했다. 과학 속에서 환경 오염, 비인간화 그리고 사회 윤리적 가치를 반드시 다루어야만 한다고 강하게 주장하는 학자는 이 교수만은 아닐 것이다.

여기에서 필자가 과학의 가치 중립성을 고발하려는 데는 단지 윤리나 도덕성을 각성시키는 것을 넘어서서 하나님의 창조 세계의 중요한 부분을 공부하는 것과 같다는 신앙적 통찰을 문제로 삼고 있기 때문이다. 다음과 같은 질문들이 가능하다. 과학은 기독교 신앙과 대립적이기만 할까? 과학과 기독교 신앙을 동시에 찾아 갈 수 있는 길은 없을까? 이러한 과제를 바르게 수행하는 일을 충족시키기 위해서 불가불 우리는 과학과 기독교의 두 세계관을 살펴보아야만 할 것이다.

● 차이성의 갈등 - 실패 (I)

　　잠시 여기에서 세계관의 차이가 갈등을 만들어 낸 한 사례를 들어보기로 하자. 다음의 이야기는 미국 동부 뉴 잉글랜드 지방에서 17세기에 있었던 일이다. 당시 뉴 잉글랜드 지방에는 영국에서 이주해 온 약 10만명 정도의 백인 숫자만큼의 미국 인디언 원주민이 살고 있었다. 사실 인디언 원주민과 백인 이주민은 서로 전혀 다른 문화를 가지고 살아 온 사람들이었다. 그런데 문제는 서로 다른 두 개의 문화와 세계관이 평화롭게 공존할 수 있었음에도 불구하고 그만 당시 뉴 잉글랜드 지방에서는 안타깝게도 실패로 끝나고 말았다.

　　여기서 그 이유를 한번 살펴보자. 그것은 땅에 대한 이 사람들의 근본적인 관점의 차이에서 비롯된 것이다. 예컨대 인디언 원주민들은 계절과 먹이 이동에 따라서 거주지를 이동하며 사는 사람들이었다. 따라서 이들은 땅을 소유지로 생각해 본 적이 없었다. 도리어 이들은 땅이란 언제나 공유지라는 관념을 가지고 살아왔던 것이다. 이런 입장은 일정한 거주지를 찾아 안주하여 사는 정착민과 달리 머물지 않고 살아가는 방랑인들에게 나타나는 고유한 세계관에 속한다. 여기서 이해되는 땅이란 너도 사용하고 나도 사용하는 공유지다. 그래서 나도 주인이 아니고, 너도 주인이 아니다. 그러나 좁은 유럽 땅에서 서로 각축을 벌이면서 거주지 확보 때문에 전쟁까지 치렀던 백인 이주자들은 그 땅을 개발해서 생산해 내고 더 확장시켜야 하는 영구 소유지로 인식한 것이다. 땅을 영구 소유지로 인식하는 한 서로간에 전쟁을 피할 길이 없다. 내가 갖기 위해서는 너를 배척해야 하고, 결국은 쫓아내야만 한다는 강박관념이 백인들을 지배했기 때문이다.

　　결국 이 두 세계관의 차이는 인디언 원주민과 백인을 갈라놓게 만들고 말았다. 더 엄밀하게 말해서 백인들의 땅에 대한 소유 개념은 인디언을 그 땅에서 축출시켜 제거하기까지 다다른 것이었다.

● 차이성의 갈등 - 실패 (II)

우리는 또 하나의 적합한 예를 구약 성서 창세기(4장)에서도 발견할 수 있다. 두 형제 가인과 아벨의 비극적 이야기는 두 문화의 충돌이라는 차원에서 접근한다면 쉽게 이해할 수 있을 것이다. 고대 시대에 농사와 가축 사육이라는 두 문화가 생겨났는데, 가인은 농업 문화의 시조이고 아벨은 목축 문화의 시조란다. 그런데 야훼 하나님께 드린 제사 문제로 본격적인 갈등은 불거져 나오게 되었다. 농산물을 바친 가인의 제물은 신의 응답이 없었으나, 가축을 바친 아벨의 제사에는 신의 응답이 있었다. 이를 시기 질투한 가인은 동생 아벨이 들에 홀로 있을 때 결국 살인하고 만다. 실로 어처구니없는 살인이었다. 그러나 알고 보면, 두 형제는 서로 다른 두 문화와 세계관의 차이로 적지 않은 고뇌를 했던 것이다. 방랑 목축 문화인인 아벨은 필요에 따라서 땅을 옮겨 다녀야 했다. 따라서 아벨에게는 지금 이 땅이 누구누구의 땅일 수 없다. 너도 필요하면 이 땅에서 가축을 먹이며 마시우고, 나도 필요할 때 먹이고 마시우는 공유지일 뿐이다. 그러나 정착하여 일정한 땅을 개간해서 반복하여 소산을 산출하는 가인에게는 땅이란 영구 소유지일 뿐이다. 나의 정착을 위해서 너는 좀 사라져 주어야겠다는 사고가 가인을 지배하고 있었다. 결국 가인은 자신의 영구 정착을 위해서 아벨을 배타적으로 제거하기에 이르른 것이다. 정착과 방랑이라는 두 문화와 두 세계관은 갈등하던 나머지 결국 찌르고 죽이는 비극적 살인으로 이어진 셈이다.

지금까지 우리는 갈등하는 두 가지 상반된 세계관에 관하여 살펴보았다. 실로 세계관이란 인간이 자기 세계의 기본적 구성에 대하여 갖게 되는 일종의 전제나 가정이라고 할 수 있다. 즉 세계관이란 한 사람이 세계 사물에 대하여 갖는 가치 체계나 기본적인 신념의 포괄적인 틀에 해당된다. 따라서 세계관은 마치 해안가를 따라서 배를 몰기 위해 사용되는 나침반과 같은 것으로, 바로 이 세계관을 통해서 우리가 보고 체험한 것들을 비로소 해석할 수 있게 되는 것이다.

이때 문화가 세계관을 만들어 주기도 하고, 반대로 사람들이 공동으로 갖고 있는 세계관이 하나의 문화를 만들어 내기도 하는 문화와 세계관은 상호 작용 속에 있는 것이다.

'과학의 세계관'과 '기독교의 세계관'은 분명히 서로 다른 지지 기반을 가지고 있다. 물론 세계관의 차이가 얼마나 심각한 일인가를 우리는 충분하게 살펴보았다. 그러나 이미 살펴 본대로, 만일 양자의 차이성 때문에 서로 적대하고 만다면, 이는 양자를 위해서나 전 인류를 위해서 불행한 일이 아닐 수 없다. 무엇이 양자의 만남을 방해하여 왔으며, 어디에서 양자는 공동의 광장을 찾아 갈 것인가를 밝혀 내야 할 것이다. 이제 양자의 창조적인 만남을 위해서 우리는 두 세계관의 본래 모습을 찾아보기로 하자.

2. 진화론과 창조론

● 갈등하는 두 세계관

최근 과학에서는 세계관이라는 말 대신 보다 좀 작은 개념인 패러다임(paradigm)이라는 말을 쓰곤 한다. 이미 패러다임은 한국 사회에서도 낯선 단어가 아니다. 본래 패러디임이라는 말은 미국의 과학 철학자인 토마스 쿤(Th. Kuhn)이 1962년 『과학 혁명의 구조』라는 책 속에서 본격적으로 사용하기 시작했다. 지금까지 유효하게 받아 들여졌던 '이해의 틀'의 파기(破棄)를 통해서 새로운 패러다임의 전환이 발생한다는 확신이 쿤의 지론이다. 쿤이 의미하는 패러다임이라는 개념은 과학 철학의 문제와 방법에 대한 하나의 전거(典據)로써 말하자면 하나의 '이해 모델', '설명 모델', 혹은 '해석 모델'이라고 할 수 있다. 하나의 패러다임은 새로운 패러다임에 의해서 대치되는가 하면, 옛 패러다임은 낡은 것으로 폐기되기도 한다.

19세기 초엽까지 서구 사회에 있어서 기독교와 자연 과학이 서로 공감하고 있었던 패러다임이 있었다. 그것은 곧 하나님께서 이 세상을 창조하셨으며, 현재 지구상에 살고 있는 생물들은 최초에 하나님께서 창조했던 창조물의 일부분이며, 그 생물들의 적응은 자연 현상이 아니라, 하나님의 섭리의 결과라고 이해하는 소위 '자연신학 패러다임'이다. 사실 이 자연신학 패러다임은 아리스토텔레스의 목적론적 철학에 기초해 있다. 즉 아리스토텔레스는 "자연에 있는 모든 것과 일어나는 모든 것에는 목적이 있다"고 말했는데, 바로 여기에 근거해서 자연신학은 만물을 하나님의 섭리 속으로 끌어 들였던 것이다. 예를 들면, 어떤 곤충은 서식하는 곳의 나무 줄기나 잎과 매우 비슷하다는 놀라운 사실을 이렇게 설명했던 것이다. 즉 이 곤충의 이러한 적응에 대한 목적론적 설명은 하나님께서 그들을 보호하기 위해서 그 곤충들을 창조하셨을 때 그러한 방법으로 설계해 주셨다는 것 등을 말한다.

그러나 이러한 자연신학 패러다임은 19세기 중엽에 이르러 도전 받기 시작했던 것이다. 찰스 다윈(C. Dawin)이 1859년 『종(種)의 기원』 (The Origin of Species)이라는 책을 썼는데, 다윈은 여기에서 간단한 단세포 유기체에서 고등 포유 동물인 인간에게 이르는 전 생물은 점진적 발달을 통해서 진화해 왔다고 발표했던 것이다. 곧 바로 논쟁 국면으로 접어들었고, 옛 패러다임인 자연신학은 점점 위기를 맞게 되었다. 양자의 주장은 이러하다. 즉 자연신학 패러다임은 하나님에 의해서 처음 창조된 것들은 오늘날까지 똑같은 상태와 조건으로 보존되어 왔다는 주장을 하는가 하면, 새로운 자연과학 패러다임인 다윈의 진화론은 역사적

변이 과정을 통해서 점진적으로 진화되어 왔다는 것이다. 또한 자연신학은 지혜로운 설계자이신 창조주에 의한 설계의 결과로써 생물의 적응 현상을 설명했으나, 진화론은 이 과정을 자연 도태에 의한 적응으로 설명한 것이다.

당시 기독교계는 다윈의 진화론을 억압하려고 공격하기 시작했다. 1874년 프린스턴 대학교 신학자인 촬스 핫지(C. Hodge)는 『다윈주의는 무엇인가?』라는 책 속에서 "다윈의 자연 설계에 대한 거부는 사실상 하나님에 대한 거부이다"라고 다윈주의를 심판하고 나섰다. 핫지는 다윈주의는 기독교 신앙과 완전히 배치되는 것으로 이해했고, 이로부터 기독교와 과학은 결단코 양립할 수 없는 전쟁 관계로 돌입해 버리고 말았던 것이다.

이제 양자 모두 스스로 당연한 것으로만 생각해 온 자연신학 패러다임과 진화론적 패러다임이 가지고 있는 문제점은 무엇이며, 본래 성서적 세계관은 이 문제에 대하여 어떤 입장을 견지하고 있는가 하는 문제를 검토해 보기로 하자.

● 자연신학 패러다임

19세기 자연신학 패러다임은 말 그대로 정당한 주장을 했던 것인가? 이 속에서 발견되는 문제점이 있다면 그것은 무엇인가? 문제는 자연신학 패러다임이 성서(Bible)가 의도하지 않았던 것까지 무리하게 밀고 나갔다는데 있다. 사실 성서는 그 어떠한 종류의 '자연 법칙'을 수립하려는 의도가 전혀 없다. 왜냐하면 성서는 신앙의 책이지, 결코 과학 교과서가 아니기 때문이다. 성서는 결코 하나님께서 그의 창조물은 어떻게 설계하셨는지를 과학적으로 설명하려고 시도하지 않았던 것이다. 성서가 과학의 잣대로 설명이 되어야 진리라고 생각하는 전제(presupposition) 자체가 비 성서적일 뿐만 아니라, 신학적으로도 정당하지 않다는 데 문제가 있는 것이다. 그것은 성서의 창조론을 단지 아리스토텔레스의 목적론적 철학으로 착색한 결과에 불과할 뿐이다. 도리어 성서는 하나님의 말씀에 의한 창조를 보여 주었으며, 자연 질서를 다스리시는 하나님의 권위를 상징하는 말씀으로 가득차 있다. 성경에서 오늘의 과학의 논리를 억지로 빼내서 창조론을 입증하려는 시도는 도리어 하나님의 창조를 과학에 의존해서 확증하려는 유사 과학주의의 함정에 빠질 뿐임을 알아야 한다.

● 자연과학 패러다임

진화론에는 문제점이 없는가? 우선 다윈의 진화론은 대진화(macro evolution)와 소진화(micro evolution)로 구분된다. 즉 모든 생물은 하나의 종(種)에서 나왔다는 것이 대진화론이고, 한 종의 집단 내에서의 작은 변이가 진화를 만들어 냈다는 것은 소진화론이다. 그런데 문제는 역사적으로 소진화는 그 근거가 있지만, 대진화는 과학적 논거가 희박하거나 전혀 없다는 점이다. 즉 원숭이가 사람이 됐다는 가설을 입증할 만한 화석 상의 증거가 없는 단지 증명되지 않은 하나의 가설에 불과할 뿐이다. 더군다나 지금도 원숭이가 사람이 되었다는 진화가 발생했다는 논거가 아직 없다는데 진화론의 당혹함이 있는 것이다. 과학이 과학일 수 있으려면 알 수 없는 것(unknown)은 알 수 없는 것으로 남겨 놓아야 하는 것이다. 과학은 과학의 한계를 인정할 때 과학인 것이다. 과학이 자기를 열어 활짝 개방하지 않으면 과학일 수 없다. 즉 과학의 한계에 스스로 서서 과학을 볼 수 있을 때만, 과학은 인류를 위해서 봉사하는 학문으로 존재할 수 있는 것이다.

● 균형잡힌 세계관

19세기 자연신학 패러다임도 문제이고, 진화론적 패러다임도 문제적이다. 그러나 중요한 것은 잘못된 확신에 올라앉아 서로 상대를 적으로 죽이려고 하는 자세는 더 문제적이다. 참된 확신은 언제나 진리를 향해서 열려있을 뿐이다. 즉 차이성을 관용하며 스스로를 비판적으로 숙고하는 일이야말로 진리를 찾는 자세이다. 자기와 다르다는 것 때문에 배타적으로 거절하는 것은 종교적 진리에도 거스르는 일이며, 과학의 정신에도 위배되는 일이다. 따라서 "오로지 성서 만이지 과학은 아니다"도 잘못 되었고, "오로지 과학 만이지 종교는 아니다"도 잘못 된 것이다. 또한 "과학은 과학의 길로만", 그리고 "종교는 종교의 길로만" 따로따로 가자는 것도 바른 자세가 못된다. 도리어 인류의 미래와 지구촌의 진정한 평화를 위한 값있는 가치 창출을 위해서 과학과 신앙은 상호 보충적 입장에서 서로 보완해 가야 할 것이다. 앞으로 계속해서 성서적 진리와 과학적 지식들은 인류의 기원과 자연계에 대한 균형 잡힌 이해를 위해 함께 손잡고 찾아가야 할 것이다. 이제 보다 중요한 것은 과학을 버리지 않으면서도 기독교 세계관을 갖고 살아가는 건강한 삶을 살아가는 것이다. 그와 동시에 기독교 신앙을 포기하지 않으면서도 과학을 존중하며 살아가는 건강한 세계관을 갖고 살아가는 것이 중요하다. 그러나 우리 모두 다음의 한가지를 반드시 기억할 필요가 있다. 그것은 나의 생명의 원천이 단지 우연 발생적이라는 세계관을 존중할 것인가, 아니면 내 생명은 하나님의 뜻으로 선물 받은 것이라는 세계관을 존중할 것인가 하는 것이다.

기독교 신앙을 가지고 살아간다는 것은 하나의 거대한 세계관을 가지고 산다는 것을 뜻한다. 한 인간에게 있어서 그가 어떤 세계관을 가지고 사는가 하는 문제는 그 사람의 운명을 결정하는 열쇠가 된다. 비뚤어진 세계관을 가지고 살아간다면, 아마도 그는 파멸의 길을 갈 수밖에 없을 것이다. 건강하고 건전한 세계관을 가지고 살아간다는 것처럼 소중한 일은 없다. 건강하고 건전한 세계관은 한 사람을 위대하게 만들어

주고, 한 사회를 위대하게 지탱해 주고 있음은 지나간 역사를 통해서 밝히 알 수 있는 것이다.

3. 환경 위기와 성서적 창조론

지구는 하나님께서 창조하시고 나서 보시기에 매우 좋으셨던 창조의 신비로운 현장이다. 그런데 이 지구에 심각한 문제가 생겼다. 소위 생태학적 각성이 우리 사회에 급속하게 파급되고 있는 이유는 바로 이 지구가 숨이 차서 허덕이다가 서서히 죽어 가고 있다는 환경에 대한 급진적 위기 의식 때문이다. 소위 근대 과학적 세계관에 깊게 각인된 현대인들에 의해서 지구 뿐 아니라, 지구촌 모두의 생명이 위협 당하고 있다는 데 오늘의 심각한 곤혹스러움이 있는 것이다.

● 환경 위기의 현실

자연에 대한 인간의 혹사는 이미 고대나 중세에도 일어났던 것만은 사실이나 가공할 만한 환경 파괴는 결정적으로 산업 혁명에서부터 시작되었다고 할 수 있다. 말하자면 잇따른 급속한 산업화와 기계화 그리고 세계 인구의 폭발적 급증으로 인한 대량 생산에의 압력과 '광적인 성장욕'이 환경 파괴를 재촉한 것이다. 특히 제2차 세계대전의 종료 후 자연 환경의 파괴 부담은 엄청나게 늘어났다. 1950년 이후 서구 사회는 폭발적 인구 성장률에 따른 에너지 충당 요구량의 급증과 산업 생산물의 기하급수적 확장으로 인하여 폐수와 공기 오염을 크게 신장시키고 말았다. 또한 개발의 깃발 아래 산림 면적의 감소화와 밀림 지역의 황폐화는 지난 십여년 간 제3 세계도 환경 오염에서 예외가 아니다. 동물권과 식물권까지도 채집과 사냥을 통해서 멸절되어 가고 있다. 역사상 이런 종류가 있었나를 의아해 할 정도로 생명체들이 멸절되어 감으로써 소위 생태계의 먹이 사슬이 깨어지고 있다.

1명의 하루 호흡량이 1만 4천 리터나 되는데 이 때 매연과 독가스가 폐 점막에 쌓여 핏줄을 타고 퍼지면, 이상 증세는 어느 날 갑자기 나타난다. 사실 인간은 태어나면서부터 숨을 쉰다. 그러나 이 공기는 전 인간이 공유해야 하는 '공생득권'이라는 데서 우리 모두의 생태학적 각성이 절실하게 요구되고 있는 것이다. 공기 오염은 인간, 동·식물, 미생물 그리고 건축물에 이르기까지 광범위하고 그 폐해의 심도도 깊다. 머지 않아 신선한 공기를 봉지에 담아서 사고 팔지 않으면 안될 지경에 다다를지도 모른다.

지구의 70%가 물로 덮여 있다. 이 물은 일종의 생명 순환을 하고 있다. 그러나 산업화와 공업화가 단물과 짠물 모두를 오염시켜 가고 있다. 짠물의 오염은 플랑크톤의 대량 죽음을 유발하여 산소 부족 현상뿐만 아니라, 전 생태계의 먹이 사슬을 위협한다. 공기 중 20%가 산소인데 그 중의 30%가 땅의 녹색 식물에서 생성되고 나머지 70%를 바다의 플랑크톤에서 얻고 있는 것이다.

소위 현대 산업화의 숙명적 유산은 생산과 소비 그리고 폐기물이라는 삼각 구조에 있다. 수익성 우선의 생산 촉구와 보관과 사용이 아니라 소비 자체를 위한 구매는 쓰레기 처분이라는 신종의 위기를 가져다주었다. 산업 쓰레기 뿐 아니라 핵 폐기물의 해저 매장은 쓰레기 문화의 묵시론적 메네데델이며, 유탄 가스의 해저 보관이라는 군사화의 괴물도 환경 위기의 불안한 변수 역할을 하고 있다. 이제 생산과 소비 사회의 구조 속에서 우리 모두가 생존할 수 있으려면 '버림의 의식'이라는 또 하나의 생태학적 각성이 첨가되어야 한다. 에릭 프롬(E. Fromm)은 후기 자본주의 사회에서의 소비의 '항문적(肛門的)성격'을 고발했거니와 오늘의 생태학적 각성은 소비의 '살인적 성격'을 고발해야 하는 국면에 다다른 것이다.

환경 위기의 원인과 책임

자연파괴의 참상을 올바르게 서술하기란 용이하지 않다. 왜냐하면 한편으로는 공개적으로 노출된 것처럼 보이나, 다른 한편은 그 사실이 억압되어 있거나 혹은 묵과되고 있기 때문이다. 게다가 환경 문제의 논란은 문제 자체의 객관성 결여, 위장된 논박, 그 외에 소위 이데올로기적 고정관념 등이 크게 작용하고 있어서 이 문제를 다루는데 어려움이 있다.

환경 오염의 으뜸 원인은 낙관적인 진보 이념과 발전 이데올로기에 기초한 일종의 근대의 과학적 세계관을 꼽지 않을 수 없다. 그것은 과학-기술 문명을 가능케 했던 근대적 세계관은 자연을 단지 하나의 이용대상으로만 생각하는 오류를 범했기 때문이다. 근대의 과학 정신이 지나치게 낙관적이라는 것은 동시에 인간학적 오류를 낳는 결과를 가져왔다. 왜냐하면 이러한 인간관은 자연적 삶을 보전하는 인간의 능력을 너무 과대 평가했기 때문이다. 그러나 환경 문제를 여기까지 몰고 온 책임의 소재는 자연에 친밀한 '부드러운 공학'(die sanfte Technologie)의 가능성을 외면하여 적합한 기술적 해결들의 조그마한 가능성 마저 방치해 온 무지도 함께 책임져야 할 것이다. 그럼에도 불구하고 근본적으로 역작용은 생각하지 않고 일종의 메커니즘적 표상만으로 자연을 침공해 들어가 마구 파헤친 거친 기술-지상주의가 문제의 핵심이 된다. 즉 기술의 지배로 모든 문제를 풀어 낼 수 있다는 진보 이념은 수익성에만 기초한 경제와 산업의 성장을 위해서 그만 손쉽게 생태학적 파괴를 그 대가로 지불하고 말았다. 생산과 소비를 주축으로 하는 경제적인 삶을 정신적인 삶과 이원화시켜 생각하는 근대 과학적 사유는 피상적일 뿐 아니라, 잘못된 사고이다. 그러나 근대 경제 이론은 무분별한 성장만을 부추겨 온 나머지 오늘의 생태학적 위기를 초래한 것이다.

환경 문제는 반드시 무책임성에서만 비롯되는 것은 아니다. 역설적이긴 하지만 책임 의식으로 출발했으나, 급속한 성과에 대한 기대로 일련의 환경 파괴 내지 극소화의 시도는 표피적이고 피상적인 책임성으로 전락해 버린다. 사실 현실적으로 환경 문제보다 더 우선권을 차지하는 요인들, 예컨대 경영과 수익성, 시장경제에서의 경쟁력, 외화 획득을 위한 수출정책 등은 시간을 필요로 하는 환경 보호 정책을 졸속하게 만들어 버린다. 동시에 환경 오염의 문제를 외면하고 즐기려고만 하는 국민 의식이나, 상업주의적 기업인들의 비양심 등도 환경 오염의 공범들이다.

● 기독교의 대안

그런데 이러한 환경 위기의 문제를 풀어 나가는데 기독교는 어떤 공헌을 할 수 있는 것인가? 흥미로운 일은 근대 과학적 진보 이념의 출현으로 가속화된 환경 문제는 성서적 창조론의 삭제와 함께 시작되었고, 생태학적 각성을 통해 근대적 이념을 극복해 보려는 시도 역시 성서적 창조론의 새로운 숙고와 조명을 통하여 성숙되어 가고 있다는 것이다. 사실 하나님의 창조는 정태적 사건이 아니라 동태적 사건이며, 존재적 사건이 아니라 관계적 사건인 것이다. 환경 오염의 거대한 촉매자가 근대 산업 혁명이고 보면, 이는 기독교의 유산이 아니라 일방적인 기술-과학에의 신뢰와 인간의 자기 절대화의 유산이다.

소위 생태학적이라는 말은 곧 종교적이요, 다름 아닌 성서적이라는 말이기도 하다. 왜냐하면 기독교의 뿌리가 바로 거기에 있기 때문이다. 그러나 근대화 과정에서 기독교는 곧잘 근대 과학적 세계관에 적극적으로 참여하여 생태학적 가해자와 힘을 합하는 오류를 범하기도 했다. 이러한 비기독교적 기독교 유산은 구약성서의 창조 기사에 나타난 "땅을 정복하라 ... 모든 생물을 다스리라"(창세기 1:28)는 '땅 지배의 신학'에 잘못 근거했기 때문이다. 근대적 메커니즘에 기초한 세속화된 기독교는 땅을 지배하고 정복하며, 기술-과학 시대의 인간이야말로 성서적인 하나님의 아들 됨의 근본 동기를 가장 모범적으로 수행한 성공적 크리스천으로 이해해 왔다. 그래서 땅-지배-동기(das Dominium-terrae-Motiv)를 하나님 앞에서 가장 책임적으로 살아 온 성숙한 인간의 자기 실현의 전거로 오해하도록 만들고 말았던 것이다. 생태학적 각성으로 성서를 다시 해석해 보면 "땅을 정복하고 다스리라"는 말씀은 하나님은 인간에게 창조 질서의 보전과 관리의 위임을 의미할 뿐이지 결코 땅을 억압하고 착취하라는 뜻이 아님을 알게 되었다.

창세기의 본문이 발생한 시대의 자연 이해는 환경의 일정한 영역을 일종의 신비적 직관을 가지고 타부화 하였고 나아가서는 압도적인 자연을 공포의 대상으로 보았던 것이다. 그 당시 인간은 자연과 같이 강해지거나 인간이 땅을 소모할 것이라는 것은 상상도 할 수 없었다. 따라서 성서의 기자는 자연의 초능력으로부터 인간을 해방하도록 촉구했어야 했다. 그러나 오늘에 와서 사태는 바뀐 것이다. 도리어 오늘의 자연은 엄청난 정도로 인간에 의해서 자연이 위협 당하고 있기 때문이다. 성서에 나타난 인간에게 주어진 자연에 대한 관리의 위임은 성(gender)이나 인종(race)이나 계급(class)으로부터 철저히 자유로운 것이며, 이 위임받은 인간은 바로 하나님의 형상을 닮은 자로서 위임자이신 하나님의 선한 의지에 따라서 관리해야 할 것이다. 인간이 하나님의 형상으로 창조되었다는 말씀도 인간에게 귀속된 신적 속성이라는 실체론적 이해를 뛰어 넘어서 하나님과 인간은 세계 책임적 동역자라는 관계성으로 이해되어야 할 것이다. 성서는 인간 존재가 흙으로 만들어 졌다고 함으로써 인간이 땅의 존재임을 알게 해 준다. 성서는 인간(adam)을 대지(adama)와 불가 분리 연결되어 나타난다. 인간은 땅으로 만들어져서 땅으로 돌아간다. 인간은 자기의 삶을 땅과 더불어서 영위하게 되어 있다.

신양성서의 메시지도 구약의 창조론에 나타난 인간과 모든 생물의 연결됨을 받아들여 그리스도 사건을 통해서 종말론적으로 수용하고 있다. 그리스도의 구원은 인간 뿐 아니라 모든 피조물에게까지 해당된다. 사도 바울의 그리스도 찬송(골로새서 1:15-20)은 "그는 보이지 아니하시는 하나님의 형상이요 모든 피조물보다 먼저 나신 자니 … 그의 십자가의 피로 화평을 이루사 만물 곧 땅에 있는 것들이나 하늘에 있는 것들을 그로 말미암아 자기와 화목케 되기를 기뻐하심이라"고 한다. 예수 그리스도를 통해서 창조의 치유와 하나님에게로의 복귀가 성취되는 것이다. 크리스천은 이러한 과정을 과제로 받았다. 하나님의 구원의 길은 인간의 갱신뿐 아니라, 전 생명체의 갱신을 지향하고 있는 것이다.

● 더불어 살기

하나님의 창조 질서를 벗어나 대치(代置)의 신인 기술과 진보 이념에 편승했던 전 피조물의 환경 파괴는 거대한 세계사적 위기에 직면하게 되었고, 이러한 위기 의식은 다시금 대안적 삶을 찾아가려는 생태학적 각성을 촉구하게 된 것이다. 특히 근대 메카니즘적 세계관을 극복하려는 대안주의는 성서적 창조론을 새롭게 섭렵하여 인류가 모든 것과 더불어 살아야 하는 단순하고 새로운 사유와 행동의 방식을 요구하게 되었다.

이제 성서적 창조론으로 새롭게 각성된 인간은 모든 것과 더불어 살아야 한다는 단순하고 새로운 발상의 전환을 실천해야 한다. "더불어 살라"는 생태학적 각성은 일체의 자연 및 사회 환경의 파괴주의와 지배주의에 항거하는 의식이다. 우리 시대의 생태학적인 각성인 '더불음의 의식'은 전 피조물에 대한 크리스천의 창조 질서의 보전의 책임성에서 그 극점을 이룬다. 더불음의 의식이 삭제된 발전 이데올로기가 물량적

공세와 지배 논리로 환경을 억압하고 파괴해 왔다면, 더불음의 생태학적 각성은 전 피조물의 생명화와 해방을 위한 책임적 행위인 '연대성'(Solidarität)에서 그 깊이에 다다른다. 더불음은 우리의 삶이 환경 세계와 맺는 올바른 관계의 실현인 것이다. 하나님과 이웃과 그리고 자연과의 참된 더불음 속에 온 인류와 전 피조물의 생명과 해방이라는 구원의 길이 있는 것이다. 이제 기독교인의 영속적 과제가 있다면, 창조 질서의 보전이라는 생태학적 각성을 범사회적으로 기여하는 일이다. 하나님과 인간, 인간과 자연, 그리고 인간과 이웃됨의 더불음이라는 의식으로 전 영역에서 책임적으로 응답하고 연대하며 선교해야 할 것이다.

생각해 볼 문제

1. 19세기 '자연과학 패러다임' 및 '자연신학 패러다임'이 잘못 이해한 점을 각각 지적해 보시오.

2. '진화론'과 '창조론'이 각각 인생을 살아가는데 주는 결정적 차이성이 있다면?

3. 환경 위기의 원인을 설명해 보시오.

4. 성서적 창조론이 생태학적 각성에 공헌할 수 있는 점이 있다면?

제 10 장
세계의 고난과 악의 문제

188

생각 모으기

   세계의 고난과 악(惡)에 관한 논의는 삶에 있어서 매우 중요한 문제이다. 몇 가지 예비적 질문을 해보자. 인간에게 있어서 고난은 해명하기 힘든 신비에 속하는가? 그렇다면 고난은 우리에게 무슨 의미가 있는 것일까? 세계에 편만한 악의 문제에 직면하여 기독교는 무슨 메시지를 전할 수 있을까? 이 문제에 대한 관심을 가지고 우선 다음의 빈칸을 채워 보자.

▷ 인생에서 경험될 수 있는 고난에는 어떤 것들이 있을까?	
▷ 불안, 허무, 의미상실 등과 진지하게 씨름해 본 적이 있는가?	
▷ 세계의 고난과 악을 극복하려고 인류가 노력한 범례를 찾아본다면?	
▷ 지금 고난 당하고 있는 사람에게 나는 어떤 말을 해 줄 수 있을까?	

   세계의 고난과 악에 관한 관심은 기독교만의 전유물이 아니라, 과학과 철학 등 모든 학문의 공동 과제이기도 하다. 즉 모든 학문은 이 고난의 문제와 씨름하고 있다고 해도 과언이 아니다. 그런데 기독교는 이 문제에 대해서 무엇이라고 답하고 있는가? 본 장은 이러한 주제로 그 빈자리를 채워 갈 것이다.

1. 완전한 신(神)과 불완전한 세계

금세기 말에 이르러 마치 쇼펜하우어(A. Schopenhauer)의 염세주의를 확증하기나 하듯이 고난과 악(惡)이 더욱 편만해 가고 있다. 때문에 현대를 사는 우리 역시도 선조들이 하던 작업을 토대로 세계의 고난과 악의 문제와 보다 더 철저히 씨름하지 않으면 안되게 되었다. 현대 문학가 고트후리드 벤 (Gottfried Benn)은 "별들의 질서는 하나의 예외이다. 그와 반대로 세계의 보편적 특징은 영원토록 혼돈이다"라고 항변한 바 있었다. 실로 우리는 생의 고난과 혼돈의 한 가운데 놓여 있다.

● 고난의 유형들

생의 한가운데 서 우리가 만나는 일반적인 고난의 유형들을 살펴보면 다음과 같다. 첫째로, 초자연 또는 자연 현상과 연계된 대규모의 재난에 따른 고난이 있다. 가뭄이나 홍수 등 천재지변 그리고 이로 인한 재해는 그 자체가 엄청난 희생을 요구하고 수많은 생명들을 고통에 빠지게 한다. 물론 최신 과학의 발달로 자연재해를 점차 감소시켜 간다고는 하지만, 사실은 감소가 아니라 그 위에 인재(人災)까지 더 가해져서 자연과 환경 재해의 부담은 마치 지구의 종말을 고하듯 상상을 초월하는 차원에서 증가하고 있는 것이다. 둘째로, 사람과 사람과의 관계 속에서 야기되는 고난이 있다. 개인적으로는 강한 자가 자신의 욕망을 채우기 위하여 약한 자를 억압하거나 착취하므로 발생되는 고난이요, 집단적으로는 소수의 지배층이나 강한 민족에 의한 횡포로 약자나 약한 민족들이 구조적인 모순에 의해 당하는 고난과 희생이다. 집단적인 것 속에는 인종차별(race), 성차별(gender) 그리고 계급 갈등(class), 그리고 더 나아가서 전쟁(war) 문제 등 인류가 함께 짊어지고 고통을 겪어야 하는 산적한 고뇌들이 있다. 셋째로, 빈곤과 연계된 질병에 의한 고난이 있다. 빈곤 때문에 질병이 생기고, 동시에 발생된 질병을 해결할 수 없는 절대 빈곤이 도사리고 있는 고통의 정황 등이 그것이다. 넷째는, 무의미와 절망감 등이 가져다주는 정신적 고난이 있다. 이것도 때때로 정신적 틀을 벗어나서 육체적이고 사회적인 차원으로 연결되어 나타난다. 예컨대 알코올 중독이나 약물 중독, 정신 질환, 자살, 폭력, 사회 파괴, 유사 종교 등 수많은 사람들이 원치 않게 연루되어 생의 고통을 나누게 된다. 이렇듯 우주적 악과 더불어 무수한 생의 고난은 우리로 하여금 하나님을 향하여 질문하도록 이끌고 있다.

● 신정론(神正論)의 출발점

그 질문은 이러하다. 전지전능하고 선하신 하나님께서 어찌하여 감정을 가지고 있는 당신의 피조물이 이토록 고난을 당하도록 하시는가? 그리고 하나님은 어떻게 해서 고통을 받도록 우리를 내버려두실 수 있는가? 하나님은 왜 선한 자의 고통과 함께 악한 자의 승리를 침묵하고 계시는가? 세상에서 분명하게 경험되는 악과 고난을 사랑과 자비가 넘치는 전능자인 하나님 사상과 어떻게 한꺼번에 생각할 수 있을까 하는 질문이다. 소위 완전한 창조주 신(神)과 그의 피조물인 불완전한 세계는 과연 양립할 수 있단 말인가 하는 등 생의 고뇌를 의미한다. 이 문제를 보다 잘 이해하기 위해서 우리는 보다 구체적인 질문들에 귀를 더 기울여 보자. 어린아이들이 굶주려 죽는 것을 막지 않는 하나님이 존재할 수 있단 말인가? 잔혹함의 대명사인 아우슈비츠(Auschwitz) 이후에도 전능하다고 하는 하나님을 여전히 믿을 수 있는가? 이렇게 악이 증가하는 것을 보고서도 우리는 하나님의 섭리(攝理)와 은총(恩寵)에 관해 계속 말할 수 있는가? 이 모든 질문들의 뿌리는 삶의 의미를 부여하는 모든 것의 총화이신 '하나님'과 인간이 경험하는 삶의 '무의미성' 사이에 있는 모순에 놓여 있다. 문제는 이러한 경험이 한시적이거나 제한적이지 않고, 언제 어디서나 그리고 누구에게나 보편적이기 때문에 이 질문은 끊임없이 발생하고 있는 것이다.

그러나 하나님 신앙이 없다면 이러한 질문이 생길 이치가 없다. 하나님 신앙이 없다면 그냥 울부짖거나 침묵을 지킬 뿐이다. 왜냐하면 그것이 곧 인생의 전부니깐! 그러나 하나님 신앙을 가지고 삶을 성실하게 살아가려는 사람일 수록 세계의 고난과 악에 직면하여 진지하게 질문하지 않을 수 없다. 그러나 우리는 여기에서 값싼 대답의 위험성이 크리스천에게 얼마나 심각한 일인가를 알아야 한다. 그 까닭은 그가 그만 굳어 버린 경험에 부딪치기 때문이다. 즉 질문의 대상이 되는 합리적 대답은 굳어 버린 경험의 알맹이에서는 쉽게 아주 불만스러운 것으로 나타나고, 껍질이 벗겨져 버릴 수 있기 때문이다. 실존적 경험에 직면하여 '하나님'이라는 개념은 변명이 필요하다. 바로 '신정론'(Theodizee)이란 하나님의 변명을 뜻한다. 이 말의 뜻을 바르게 이해할 필요가 있다. 본래 하나님은 변명이 필요하신 분이 아니다. 도리어 우리가 사용하는 '하나님'이라는 개념이 변명을 필요로 한다는 말이다. 즉 우리는 우리가 하나님께 대하여 말하는 일에 관해 변명하지 않으면 안된다. 우리는 이러한 질문과 이러한 경험을 옆으로 밀어 버리거나 간과해 버릴 수 없다.

2. 신정론(神正論)의 유형

소위 신정론이 필요 없다고 주장했던 초기 기독교 이단자 마르키온(Marcion)의 주장은 끝내 기독교 전통에서 철두철미 받아들여지지 않았다. 이 세상에서 악을 체험한다는 사실과 선하고 전능하신 하나님이 존재하신다는 사실이 양립(兩立)할 수 있는가 하는 문제는 유신론적 기독교 전통에서는 끊임없이 지적 딜레마로 전승되어 왔다. 사실 이 질문을 최초로 학문적으로 제기한 사람은 기원전 인물인 에피쿠르스(Epicurus, 341-270)였으며, 이 주제는 다시 락탄티우스(Lactantius, ca. A.D. 250-317)에 의해서 유입되었고, 그 후 여러 기독교 사상가들에 의해서 해석되어 왔다. 그런데 과연 이러한 전통적인 신정론이 현대에도 논리적으로 적합한가 하는 데에는 비판적일 수밖에 없다. 따라서 오늘에 이르러 이 신정론은 많은 부분에서 그 이해의 폭을 넓히지 않으면 안되었다. 이는 오늘을 사는 크리스천으로서 과거에 답해졌던 신정론에 그대로 안주할 수 없기 때문이다. 이제 기독교 역사를 통해서 논해졌던 신정론을 간략히 살펴보기로 하자. 첫째는 신 플라톤주의 철학을 바탕으로 신정론을 수립한 성 어거스틴을, 둘째는 계몽주의 신정론자 라이프닛츠를, 셋째는 현대 미국의 과정 사상가들의 신정론을 논해보자.

● 성 어거스틴(St. Augutinus, A.D. 354-430)

어거스틴은 43세의 나이에 히포 레기우스(Hippo Regius)의 감독이 된 북 아프리카의 존경받는 지도자였다. 특히 그의 유명한 책인 「고백록」(Bekenntnisse)은 자신이 악과 씨름하면서 진리를 찾아갔던 자서전적 이야기이다. 진리를 찾아 헤매던 어거스틴의 사고 한 가운데는 당시 막강한 힘을 가지고 널리 퍼져 있던 마니교(Manichäismus)가 자리하고 있었다. 마니교는 당시 악의 문제에 대해서 이원론적으로 대답하던 다양한 영지주의(Gnostizismus)의 신념 체계를 종합한 형태였다. 마니(Mani, A.D. 216-276)에 따르면 실재(實在,Realität)란 대립되는 동일한 두 힘 사이의 투쟁으로 이해했는데, 그 두 힘이란 곧 영(靈)과 빛으로 나타나는 선(善)과 물질(物質)과 어둠으로 나타나는 악(惡)을 의미한다.

초기 어거스틴은 마니교의 이원론적 가르침에서 지적인 만족을 얻었었다. 그러나 주후 4세기 말경 기독교에로 극적인 개종을 하게 된 이후 그는 그리스도의 복음을 밝히 설명하기 위해서, 그리고 동시에 마니교의 선·악 이원론의 약점을 비판하기 위해서 일원론적인 신(新)플라톤주의 철학에 심취한다. 당초부터 선과 악이 따로 존재한다고 믿었던 마니교 식의 이원론적 해결은 구조적으로 매우 단순한 것이었다. 그러나 어거스틴은 기독교의 하나님은 한 분이시며, 전능하고 선하신 그 분이 곧 만물의 창조주라는 대목에서 악의 존재에 대한 질문을 심각하게 다시 하지 않을 수 없었다. 선한 하나님이시기에 그 분이 창조한 세계 또한 선해야 한다고 믿었다. 하나님도 선하고 세계도 선하다면, 도대체 악은 어디서 왔을까? 하나님의 창조를 굳게 믿었던 어거스틴은 '존재하는 모든 것은 선하다'고 생각했다. 그래서 단지 마땅히 그래야 하는 당위성을 상실할 때 소위 악이 발생한다고 생각하게 되었다. 그런데 선하신 하나님이 창조한 세계인데 어디에서 악이 발생하는가? 그것은 곧 인간의 '자유 의지'에서 나온다는 것이라고 한다. 즉 악은 인간의 자유의지를 잘못 사용 한데서 나온다는 것이다.

따라서 어거스틴은 악이란 실제로 존재하는 실재(實在)가 아니라, '선의 결핍'(als der Mangel an Gutem)일 뿐이라고 주장한다. 그는 선이란 적극적이고, 건설적이며, 본질적인 것이다. 그러나 악이란 이러한 선의 결핍이요, 선의 파괴이다. 따라서 악이란 그 출처만 있을 뿐이지, 본질은 없다. 악은 그림자에 불과하다. 그림자는 빛 때문에 있는 것이지만, 실재(實在)는 아니라는 것이 그의 논지이다.

이러한 어거스틴의 논증은 사실 악의 문제를 해결하거나 고통이나 악이 왜 일어나는가를 설명하려고 한 것이라기 보다는, 근본적으로 이단(異端) 사상으로 부터 기독교 신앙을 시종일관 방어하려는데 있었음을 상기할 필요가 있다. 사실 어거스틴은 인간의 구원에 더 많은 관심을 가졌기 때문에, 그가 말한 악도 거의 '도덕적 악'에 제한되어 있는 이해를 보여준 것이다. 때문에 어거스틴의 신정론은 비도덕적인 사안으로 생긴 고통이나 도덕적 것 이상이 악, 즉 자연적 악에 대해서는 전혀 언급하지 못한 셈이다. 동시에 어거스틴의 악은 지극히 개인적인 악만을 언급하고 말았다. 그는 사회적이고 구조적인 악에 대해서는 언급하지 않았던 것이다. 따라서 어거스틴의 신정론적 논증은 위대한 신학적 작업임에도 불구하고 악에 대한 '약한 논증'이 되고 만 셈이다 .

● 라이프니츠(G.W. Leibniz, 1646-1716)

계몽주의가 지배하게 되는 17세기에 이르러 유럽의 정신적 상황이 급격히 변화되면서 소위 기독교의 신론에 있어서도 이원론은 억제되었고, 형이상학도 거의 그 틀이 벗겨지고 있었다. 소위 신학으로부터 철학이 독립하기 시작하면서 고통, 고난, 불행으로 이해된 악의 문제가 다시 심각하게 다뤄지기 시작하였다. 라이프니츠가 살던 당시는 바로 이런 시대였다.

라이프니츠는 악을 인간의 굴레나 숙명으로 보지 않았다. 도리어 악이란 보다 큰 선을 산출하는 힘으로 이해되었다. 제 1의 악은 제 2의 선을 창출하고 제2의 악은 다시 제3의 선을 창출한다는 것이 그의 논지이다. 따라서 악으로 인해서 하나님의 선함과 완전하심은 결코 손상 당하지 않는다고 판단한 것이다. 그가 본 세계는 아름다운 세상이다. 당시 그는 프로이센 왕과 더불어 언제나 질서 잡힌 아름다운 세계에 대해서 토론하곤 했다. 그의 유명한 단자론(Monadenlehre)도 이 때 쓰여진 것이며, 여기서 그는 절대적 자유를 가진 인간상을 그려내고 있었다. 그는 말하기를 "자유로운 주체는 자기 스스로 결단하며, 이는 실로 오성(悟性)으로부터 인식된 선(善)의 동기에 부합된다"고 말했다. 그는 창조주 하나님을 긍정한다. 즉 그로부터 유래된 모든 단자(單子)들이 서로 일치되기 위해서는 조물주가 불가피하다는 것이다. 바로 여기에서 라이프니츠의 "선 수립된 조화"(eiener prästabilierten Harmonie)에 관한 이론이 수립되었다. 라이프니츠의 신정론을 평가하기 위해서는 '모든 것은 선하다'는 그의 선험적 생각과 그에 상응하는 '악'에 대한 해석 사이의 중재를 어떻게 진술하는가 하는가를 살펴보아야 할 것이다. 이를 위해서 우리는 다음의 두 가지 논제를 비판적으로 살펴보기로 하자.

첫째로, 그는 유한성(Endlichkeit)을 형이상학적 악으로 해석한다. 여기에서 그는 도덕적, 육체적인 악을 존재론적으로 이해하고자 한 것이다. 그러나 이런 접근은 전통적으로 악을 합리화하거나 개념화하는 결과를 초래했다. 결국 라이프니츠의 이러한 판단 오류는 생의 고난을 단지 불분명한 표상(Vorstellung) 정도로 환원시키고 말았다.

둘째로, 그는 하나님은 '최고로 가능한 세계'(die best-mögliche Welt)를 창조했다고 이해한다. 예컨대 그는 말하기를 "더 이상 좋은 세계는 없다. 만일 있다면 하나님은 그것을 지으셨을 것이다"라고 했다. 하나님의 선하심에 대한 그의 이러한 선험적 인식은 더 이상 땅 아래 있는 세계의 체험적 논거의 필요를 느끼지 않았다. 그의 이러한 해석은 다분히 비역사적인 약점을 지닌다. 왜냐하면 그는 인간의 자유가 역사 속에서 저지른 어두운 그늘들을 간과하였기 때문이다. 그러나 그는 논리적으로 낙관주의자는 아니다. 왜냐하면 그는 하나님이 창조한 세계를 '최고의 가능 세계'로 이해하는 동시에 또한 도덕적이고 형이상학적 악이 가능한 세계라는 이중 구조로 설명했기 때문이다.

그러나 그는 분명히 이성(理性)적인 낙관주의자다. 왜냐하면 생의 고난으로 다가오는 악의 실재를 그는 진지하게 문제 삼기 보다, 보다 더 좋은 세계를 향한 산실(産室)로 이해했기 때문이다. 즉 라니프니츠는 악을 악이 아니라, 하나의 형이상학적으로 고양된 축복으로까지 이해한 셈이 되었다. 라이프니츠가 이해한 하나님은 실로 선한 분이지만, 결코 악이나 고난과 더이상 씨름하시는 분은 아니다.

이러한 라이프니츠의 낙관주의적 신정론은 당시 풍만했던 계몽주의 사상에 충실했기 때문으로 보인다. 그의 신정론이 근대의 계몽주의적 낙관론이 지니는 약점을 그대로 전수하고 있다는 측면에서, 근대 사상가 라이프니츠의 사상은 계몽주의의 종식과 더불어 다시 수정되지 않으면 안되는 숙명을 지녔다. 17/18세기에 풍미했던 계몽주의 몰락은 다시금 세계 속에 증폭해 가는 악과 함께 그 동안 가리웠던 인간의 어두운 죄의 얼굴을 다시금 크게 인식하도록 만들어 주었다.

● 현대의 과정 사상(process thought)

어거스틴이나 라이프니츠 모두 하나님은 선하고 전능하신 분으로 전제했으나, 과정 사상가(철학자와 신학자 모두)들은 세계의 고난과 악의 존재를 정당화하기 위한 기반으로 이러한 신관을 받아들일 수 없다고 한다. 만유재신론(panentheism)이라는 특이한 신론을 주장한 과정 철학자 화이트해드(A. N. Whitehead)의 형이상학에 기초한 신학자들은 이러한 과거의 신학적 전제에 반대하면서 악의 문제에 대한 관점을 두 가지 방식에서 전환시키고 있다. 전자는 하나님에 대한 생각을 바꾸는 입장으로 이들은 하나님은 선하고 전지(all-wise)하지만, 전능(all-power)하지는 않다고 한다. 후자는 세계에 대한 생각을 바꾸고 있는데. 이들은 이 세계는 본질적으로 실패나 고통이 없이는 불가능하다는 것이다. 영국의 다원주의 신학자 존 힉(J. Hick)이나 프랑스의 진화론적 신학자 샤르댕(T. de Chardin)같은 이들은 후자에 속한다. 그런데 미국의 과정 신학자들은 전자에 속한다. 즉 과정 신학자들은 우주의 창조주인 하나님은 사랑으로 충만하여 역사에 직접적으로 참여하여 자기의 창조물에 현존하시지만, 그러나 진화의 여정 자체는 하나님의 통제를 넘어서는 일이라고 말한다.

화이트해드 과정 철학에 기초한 미국의 과정 신학자들은 하나님은 세계 안에서 일어나는 사건들을 완벽하게 조절하지 않으신다고 말한다. 미국 클레어몬트(Claremont) 신학교의 교수인 데이빗 그리핀(D. R. Griffin)은 비록 전통적인 기독교가 하나님의 선하심 내지 전능하심과 악의 문제를 조화시키려고 노력해 왔음에도 불구하고 이들 모두 '진정한 악'(genuine evil)의 실재를 지적하는 일에는 실패하고 말았고, 단지 '현상적 악'(apparent evil) 만을 언급했다고 비판하고 나선다. 과정 사상은 이 '진정한 악'을 말할 수 있는 형이상학적 전거를 가지고 있다고 주장한다.

우선 그는 하나님의 능력은 설득적(persuasive)이지, 통제적(control)이 아니라고 이해한다. 하나님은 당신의 피조물을 통제하시기를 단순히 그만두신 것이 아니라, 하나님 자신이 피조물을 통제하기 보다 설득하시기를 더 좋아하시기 때문이라는 것이다. 이 때문에 하나님은 세계의 사실들을 완벽하게 통제하지 않으시는 분이라고 말한 것이다. 궁극자(the ultimate)라는 개념에는 창조성(creativity), 다수(many), 하나(one)가 모두 내포된 말인데, 바로 여기에서 말하는 창조성의 자리가 곧 현실재(actual entity)이다. 이 현실재는 곧 실재(reality)로서 찰나적 순간 안에 있는 경험의 계기(occasion)인데, 이것은 비록 과거나 미래로부터 영향을 받지만 그러나 현실재는 자기-원인(self-causation)을 가지고 있다고 말한다. 따라서 이것은 하나님의 의지를 뛰어 넘어서 있다고 한다. 그런 이유 때문에 과정 사상가들은 하나님은 세상을 통제하시는 전능의 하나님이 아니라고 하는 것이다. 소위 현실재로서의 세계와 이러한 하나님 이해는 전혀 다른 신정론을 제시한 셈이다.

이러한 과정 사상의 신정론 역시 낙관적이다. 왜냐하면 그리핀은 지속적인 진화를 통해서 인간 역사는 소위 선이라고 불리는 궁극적 질서를 성취시킬 것이라고 말하기 때문이다. 즉 그는 인류 역사의 진화를 통해서 악은 극복 될 수 있다고 보았다. 과정 사상의 신정론은 과거 신정론 보다 악의 모습을 실재(reality)로서 인식하도록 만들어 주었으나, 반면에 악의 극복이라는 역사의 성취가 하나님 자신에 의한 것이라기 보다는, 하나님의 원초적인 목적에 대한 인간의 참여로 이룩된다는 문제점을 안겨 주었다.

3. 대답의 시도

우선 이제까지 살펴본 신정론의 몇 가지 공통적인 특징을 지적해 보자. 첫째로, 5세기의 어거스틴이 제시했던 '선의 결핍으로서의 악', 17/8세기의 라이프니츠가 제시했던 '제2의 선을 위한 악', 그리고 관점을 반대로 뒤집어서 제시한 '악한 세계를 통제하지 않는 하나님'이라는 과정 신정론 등은 모두 미래 낙관적인 입장에 서 있다는 것이다. 앞서 지적했거니와 소위 낙관론의 문제점은 그 실체가 역사 속에 여실히 드러난 바 있다. 둘째로, 이들이 제시한 대안들은 모두 적극적으로 악과 씨름하며 싸우는 하나님의 모습을 보여주지 않는다는 것이다. 따라서 이들이 그려낸 하나님은 세계 책임적이 아니다. 그러나 우리가 성서에서 만나는 하나님은 그런 하나님이 아니다. 도리어 그분은 우리를 위해 악과 싸우시며 함께 고난을 당하시며 우리를 구원하시는 하나님이신 것이다. 셋째로, 이들은 모두 성서에서 통찰을 얻기보다는 특정한 철학 사상을 기반으로 해서만 문제 해결에 접근했다는 것이다. 예컨대 어거스틴은 신(新) 플라톤주의를, 라이프니츠는 계몽사상을, 그리고 그리핀은 화이트해드 과정철학을 신정론의 문제를 해석하는 전거로 삼았던 것이다. 그러나 성서를 제외한 신정론의 문제는 언제나 공허할 수 있다는 것을 상기해야 한다.

결론적으로 이들의 신정론 모두는 사실에 있어서 만족할 만한 해결 방안이 못된다는 것을 지적하고 싶다. 다시 말하면, 악의 문제를 해결하고자 했던 모든 변증적 이론들은 성공적이지 못하다는 뜻이다. 우리는 성공적이지 못하다는 말을 더 솔직한 표현으로 해야 할 것 같다. 어쩌면 이 문제는 어떤 해결도 없는 문제가 아닐까? 만약 하나님께서 '숨어계신 하나님'(Deus absconditus)이라면, 그 분의 공의도 역시 숨어 있다"고 말한 테오도르 헥커(Th. Haecker)의 말은 설득력이 있어 보인다. 그렇다면 신정론의 질문들은 '한계질문'들이 아닌가? 도대체 이 한계질문들은 무슨 의미가 있는가? 그러한 한계질문의 기능은 그 질문이 우리로 하여금 하나님과 대결하게 만드는데 있다. 우리는 고난과 악을 당하는 자로서, 또한 악을 행하는 자로서 하나님에 서 있는 것이다.

이제 앞서 언급한 신정론들과 달리 실증하려고 하지 않으면서도 이성적이고 논증적인 절차를 밟는 신앙적 대답을 생각해 보기로 하자. 그것은 곧 '하나님은 고난 당하셨기에 곧 승리하신 분'이라는 하나님의 자기 비하(kenosis) 사상이다. 이 대답은 하나님께서 친히 고난과 악의 무의미성 속에 내려앉아서 그 무의성을 당하고, 그 안에 현재 하신다는 '십자가 신학'의 입장이다. 하나님은 우리만 고난받도록 내버려두지 않고 십자가에서 우리와 더불어 함께 고난받으셨고, 단지 동정심으로 동참하기만 한 것이 아니라 사실로 함께 고난을 받으셨다. 이외의 다른 모든 해결책들은 사실 신정론의 문제를 풀어 주기 보다 오히려 억압한다. 오로지 십자가에서 악과 고난의 문제는 해결된다. 인간은 오직 희생당했기에 승리하신 하나님과 같은 처지에 있다. 다시 말하면, 하나님은 희생당했기 때문에, 아니 오로지 그분이 우리의 고난을 함께 감수했기 때문에, 그분은 그 고통을 극복하셨다. 하나님은 분명히 고난 당했기 때문에 승리하신 분이시다. 하나님은 악의 허용자가 아니라, 악의 희생자이시며, 그분은 우리만 홀로 고통을 감당하게 하지 않도록 하기 위하여 직접 우리와 함께 고통을 감당하신다는 것, 그리고 그분은 우리와 고난의 현장을 동행함으로써 우리의 고난을 거두어 가신다는 것, 이러한 해결책만이 고난 당하는 자들을 납득시킬 것이다. 따라서 신정론의 문제는 십자가에 못 박히신 하나님 앞에서 침묵할 수밖에 없다.

생각해 볼 문제

1. 신정론 문제는 왜 제기된 것일까?

2. 어거스틴의 신정론의 약점은 무엇인가?

3. 라이프니츠 사상의 문제점을 적어 보시오.

4. '십자가 신학'의 입장에서 신정론의 문제를 설명해 보시오.

제 11 장
현대문명 비판

생각 모으기

현대 사회는 건강한 사회인가? 과연 우리 사회는 우리가 예측하고 바라던 방향으로 발전해 가고 있는 것인가? 아래 빈칸을 통해서 나름대로 현대 사회에 대한 진단을 해 보기로 하자.

▷ 현대 사회의 문제가 있다면 무엇일까?	
▷ 한국 사회, 무엇이 문제인가?	
▷ 문제 해결을 위한 대안을 생각해 보았다면 말해 보시오.	
▷ 미래 사회를 위해서 기독교가 공헌할 길이 있다면?	

최근 점점 현대 문명에 대한 우려의 소리가 높아 가고 있다. 왜일까? 그리고 미래 사회를 위해서 기독교인들에게 주어진 과제가 있다면 무엇일까? 본 장은 이 문제를 집중적으로 다루게 될 것이다.

1. 미래를 낙관하는 입장

흔히 21세기를 바로 눈앞에 둔 오늘을 가리켜 세계화, 개방화, 정보화 시대라고 말한다. 많은 경우 이런 종류의 표제어들은 인류의 역사적 미래를 매우 낙관적인 입장에서 보려는 시각에서 나온 말들이다. 이들 현대론자들은 근대(modern) 이래로 인간의 창조력이 만들어 낸 과학-기술을 통해서 장차 야기될 행복한 미래를 불러일으키는 것을 유일한 희망으로 삼아 왔다. 따라서 현대 인류는 기술을 더이상 '자연의 모방'으로 이해하지 않았고, 도리어 인간의 빛나는 성과의 결과라고만 확신하게 되었다. 그 결과로 인간은 과학과 기술을 통하여 일체의 자연의 힘으로부터의 해방을 시도하게 된 것이다. 급기야 이들은 인간 이성(理性)의 힘으로 자연을 지배하고, 현대의 막바지에는 일종의 유토피아 세계를 만들어 낼 것이라고 굳게 믿었던 것이다. 그런데 과연 현대론자들의 말대로 인류의 역사적 미래는 그렇게 푸르기만 할까? 물론 현대 문명의 발전을 낙관적으로만 보지 않고 비판적인 입장에 서 있는 지성들도 적지 않다. 이제 인류 미래에 대한 낙관적 입장을 먼저 소개해 보기로 하자.

● 앨빈 토플러

인류의 미래에 대해서 낙관적인 입장을 표방하는 대표적인 학자로는 앨빈 토플러(A. Toffler)가 있다. 「제3의 물결」의 저자인 그는 전형적인 미국의 미래학자로써 인류의 미래를 낙관적으로 내다본다. 토플러에 따르면 현대 사회는 언뜻 보면 정신 나간 사람들이 불협화음을 내고 있는 것처럼 보이지만, 결코 광란의 상태에 빠진 것이 아니라 도리어 그 밑바닥에는 희망이 서려 있다고 한다. 즉 현대의 위기는 전혀 위기가 아니라고 한다. 그것은 단지 역사의 흐름이 바뀔 때마다 나타나는 일종의 갈등 현상에 불과하다는 것이다. 그는 인류 역사의 흐름에 그 동안 두 차례의 거대한 변화의 물결이 있었다고 한다.

제1의 물결이란 소규모 집단을 이루면서 수렵 채취를 주로 하던 원시인들이 약 1억만년 전부터 어느 시점에서 농업혁명을 일으키고 정착 문화를 시작한 것이 전 지구에 서서히 퍼지면서 원시 문화와 질적으로 다른 새로운 생활 양식을 이루게 된 것을 말한다. 기원전 8000년경에 시작되어서 1700년경까지 별다른 도전 없이 농업문화는 지구 문화로 자리 잡아 왔다고 한다.

제2의 물결은 17세기 유럽을 중심으로 전례 없던 산업혁명이 일어나면서 발생한 거대한 문명 전환의 물결로써 산업화가 곧 그것이라고 한다. 산업화는 300년전에 전 세계를 뒤흔들어 대는 산업 문화의 물결을 일으켰는데, 바로 이 산업화 때문에 제1의 물결은 붕괴 일로에 서게 되었다는 것이다.

그런데 20세기말에 이르러 세계 문화는 또 한번의 충격적인 거대한 물결을 맞게 되었다고 토플러는 주장한다. 제2의 물결이 물건을 생산하는 산업 물결이었다면, 제3의 물결은 지적 재산 및 정보 지식의 물결이라고 한다. 토플러가 말하는 제3의 물결의 징후들을 간략히 요약하여 열거해 보면 다음과 같다:

① 대체 에너지 시대
② 해양권 시대
③ 상상력과 지식 정보의 시대
④ 소형 디지털 시대
⑤ 소형 컴퓨터 디자인 시대
⑥ 재택 근무의 시대
⑦ 텔레 커뮤니티 시대

토플러는 제3의 물결이 지배하는 이러한 사회를 프랙토피아(practopia) 라고 부른다. 프랙토피아란 유토피아와 달리 실현 가능한 한 낙관적인 실용적 세계를 의미한다.

그런데 토플러의 말대로 과연 미래 사회가 별탈 없이 프랙토피아로 진입하게 될까? 아니 더 근본적으로 말해서 프랙토피아가 곧 인류가 바라던 그런 사회일까? 낙관론을 전개한 토플러의 결정적 약점은 첫째로, 제2의 물결인 산업 사회가 가져다 준 어두운 현대의 재해에 대하여 심각한 고민을 하지 않고 적당히 회피하고 있다는 점이다. 현대의 혼란은 위기가 아니라, 갈등에 불과하다는 그의 논지는 어두운 현실을 외면한 불성실한 처사에 속한다. 둘째로, 산업화가 낳은 제2의 물결의 역기능을 외면한 나머지 제3의 물결에서 나타날 수 있는 여러 가지 역기능까지 철저히 무시하는 오류를 범했다. 눈을 감고 애써 외면한다고 해도 현대 문명이 가져다 준 갖가지 어두운 너울들은 결코 피할 수 없는 극복되어야 할 난제들임에 틀림이 없는 것이다. 과거 역사상 극단적 낙관주의가 저질렀던 동일한 오류를 토플러도 반복하고 있는 셈이다.

2. 미래를 비관하는 입장

사실 최근 들어서 현대 문명에 대한 비판적인 목소리가 높아 가고 있다. 그것은 지금까지 자명하게만 받아 들여져 왔던 근대 이념에 대한 문제 의식이 팽배해 졌기 때문이다. 그 동안 실로 '현대적'이라는 말은 거의 전적인 설득력을 가지고 매사 우리 위에 군림해 왔었다. 그러나 오늘에 이르러 상황이 달라진 것이다. 즉 현대 문명이 가져다 준 과학-기술의 편의성에만 몸을 맡길 수 없는 심각한 현대적 위기를 우리 모두가 직면하게 되었기 때문이다. 인간도 신(神)도 그리고 자연까지도 외면

하고 오로지 발전과 진보 이데올로기로 기술-산업화를 향하여 무제한적
으로 달려나간 현대 문명은 분명히 메마른 기술 지상주의, 극단적 소비
주의, 사회의 섹스화, 소외와 빈곤 문제, 극심한 환경파괴 등 풀어내야
할 산적한 고뇌들을 온 인류에게 안겨 주고 말았다. 이제 미래 사회에
대한 비판적 입장을 소개해 보기로 하자.

● 안토니 기든스

최근 영국의 사회학자인 안토니 기든스(A. Giddens)는 미래 사회에
대한 비판적인 입장을 강하게 표방하고 있다. 기든스는 고전 사회학으
로는 현대적 위기를 설명하기 힘들다고 전제한다. 그 이유는 고전 사회
학은 근대 이후의 산업화가 가져다 준 문화적 혜택을 적극적으로 평가
하려는 데 초점이 맞추어져 있기 때문에 현대 사회의 어두운 면을 소홀
히 취급한 약점이 있기 때문이라고 한다. 따라서 그는 에밀 뒤르하임(E.
Durheim)이나 막스 베버(M. Weber) 조차도 근대의 산업화의 암울한
배면, 즉 생산력의 확장으로 인한 '환경 파괴'라든가 혹은 '전쟁의 산업
화' 같은 그늘을 미처 다 체계적으로 문제를 파악해 내지 못했다고 비
난한다.

그는 근대 이전에는 자연 재해가 위기 상황의 원인이었다면, 근대 이
후에는 산업화로 인한 생태학적 재앙이 위기 상황의 원인이라고 이해한
다. 그는 현대 사회 비판을 통해서 근대의 발전 이데올로기와 진보 이
념을 철저히 거부하고 있다. 특별히 산업화의 그늘이 낳은 생태학적 재
앙이나 전쟁의 산업화야말로 현대 문명의 미래를 비관하게 만드는 제1
의 요인이라고 주장한다. 따라서 사회학자인 그는 평화 공존을 위한 민
주적 정치 질서의 정착을 실현하지 않으면 인류 미래는 어둡기만 하다
고 경고한다.

'크리시나 수레'는 미래를 비관하는 기든스의 유명한 이야기이다. 즉

근대 사회 이후의 현대 문명은 마치도 힌두교 신화에 나오는 크리시나의 수레와 같다는 것이다. 이 수레는 막대한 힘을 가진 폭주 차량이며, 하나의 인간 집합체로서의 인간이 어느 정도까지는 운전할 수는 있지만, 동시에 우리 인간의 통제 한계를 벗어나서 질주할 위험성이 크다고 경고한다. 따라서 이 크리시나의 수레는 어느 순간에 산산조각이 날 수도 있다고 강조한다. 왜냐하면 바로 이 수레는 우리의 의도나 상상을 초월해서 전혀 엉뚱한 방향으로 빗나갈 경우가 다분하기 때문이라고 한다. 이대로 가다가는 현대 사회는 깨질 수도 있다고 본 것이다.

3. 위기를 해석하는 여러 시각들

그런데 인류가 직면한 현대적 위기를 비판적으로 해석하는 시각에는 많은 차이가 있다. 주로 다음의 세 가지 입장으로 요약할 수 있을 것이다. 첫째는 계몽의 근본정신을 철저화하려는 '비판이론'을, 둘째는 계몽정신을 근본에 있어서 불신하고 거부하려는 '해체주의'를, 그리고 셋째로 계몽정신의 대안을 주장하는 '대안주의'를 살펴보기로 하자.

● 신(新)계몽주의 입장

이들은 '현대는 아직 완료되지 않았다!'는 전제 속에서 인류가 오늘날과 같은 위기에 빠진 것은 인간이 지나치게 계몽되어서가 아니라, 도리어 계몽이 덜 되어서 그렇다고 말한다. 이 입장은 「계몽의 변증법」(Dialektik der Aufklärung)을 내세웠던 독일 프랑크푸르트 학파(Frankfurter Schule)의 비판이론(die kritische Theorie)으로 대변된다. 소위 후기 자본주의 사회 비판을 집중적으로 시도하고 있는 비판이론은 근본적으로 계몽 정신에 그 뿌리를 두고 있다. 즉 비판이론의 이데올로기 비판은 도구화된 이성과 권위에 대한 반제에 있다. 따라서 비판이론은 다시금 근대의 주도적 정시이었던 계몽주의의 근본 의도를 재천명함으로써, 후기 자본주의 사회의 갖가지 위기를 극복해 보려는 시도이다.

이 비판이론의 형성은 1923년 프랑크푸르트 대학 안에 사회연구소(Institut für Sozialforschung)를 세운 것과 관계가 있다. 이 연구소의 소장으로 호크하이머(M. Horkheimer)가 임명되면서부터 사회비판 이론을 위한 공동 작업으로 굴지의 사상가들이 모여들기 시작했다. 예컨대 마르쿠제(H. Marcuse), 아도르노(Th. Adorno), 벤자민(W. Benjamin), 그리고 현금의 하버마스(J. Habermas)가 그 주류를 형성하고 있다. 이들은 현존하는 불합리한 현대의 경제, 문화, 정치, 과학에 대한 문제점들을 신(新)마르크스적 조명을 통하여 비판함으로써 계몽된 그리고 주권적 사회를 성립해 보자는 것이었다. 이들은 근대의 산업화가 낳은 문제를 근대 산업화의 근본 뿌리가 되었던 계몽 정신으로 다시 근대 정신을 극복해 보자는 논지인 것이다. 그러나 문제는 이들이 근대(modern)를 비판하면서도 근대 이념에 편승함으로서 근대에 다시 신세를 지려고 한다는데 약점이 있는 것이다.

● 탈현대주의 입장

탈현대주의의 현대 문명 비판은 신 계몽주의 입장과는 전혀 다르다. 즉 이들은 인간의 이성과 합리성을 본질로 하는 근대적 계몽정신은 그것이 아무리 다듬어진다고 하더라도 종국에는 언제나 제국주의와 인류 파멸을 자초하는 핵무기 그리고 생태계의 파괴를 가져올 수밖에 없다는 현대성에 대한 근본적인 불신을 기초로 하는 입장이다. 이러한 일련의 탈현대주의 운동은 소위 포스트모더니즘(postmodernism)으로 이해된다.

본래 포스트모더니즘이라는 용어의 사용은 예술과 문학에서 시작된 말이다. 즉 20세기에 시작되어 오늘까지 지배해 왔던 현대 예술과 문학에 있어서의 탈현대주의 운동을 말한다. 말하자면, 지금까지 현대 문학을 주도해 온 엘리어트(T.S. Eliot), 예이츠(W.B. Yeats), 파운드(E. Pound) 등의 문학 세계를 넘어서려는 시도에서 시작된 것이다. 그러나 넓은 의미에서의 포스트모더니즘은 삶의 전 영역에서 철저하게 우리를 지배해 온 시대 정신이었던 갈릴레오(G. Galileo), 데카르트(R. Descartes), 뉴튼(I. Newton)으로부터 시작된 과학주의와 합리주의적 근대 세계관으로부터 근본적인 방향 전환을 하려는 것에서부터 시작된 탈현대 운동이라고 할 수 있다.

포스트모던 탈현대론자들은 주로 프랑스 후기-구조주의 철학자들로 그 맥을 이루고 있다. 예컨대 자크 데리다(J. Derrida)는 전통적 희랍의 플라톤이래 전승되어 온 서구 형이상학의 전통을 반-로고스주의로 해체하려는 해체주의 사상가며, 미셸 퓨코(M. Foucault)는 데카르트적 합리주의와 이성의 독단론을 철저히 수정하며 나왔으며, 장-프랑수아 료타(J.F. Lyotard)는 노드(Node) 이론을 통해서 에고(Ego) 중심의 주관주의를 극복하려고 노력하였다. 하버마스의 비판이론이 '미완의 미래'를 말하면서 근대가 뜻하는 계몽의 과제가 여전히 우리에게 남아 있다고 주장하는 반면에, 프랑스 탈현대론자들은 근대의 구상은 이제 끝장이 났다고 단호하게 선언하고 있는 것이다.

그런데 탈현대론자들에게는 해체주의(deconstruction)라는 약점이 있다. 이들 역시 근대성의 위기 상황을 적나라하게 지적하고 있으나, 이들의 극단적인 비관주의는 대책 없이 허물어 내는데 문제가 있다고 보여진다. 아니 대책을 세워 보려는 것 자체가 이미 근대적인 방법과 이념에 속하는 일이라고 이를 철저히 거절하고 있는 것이다. 물론 해체론자들에게도 인류 미래의 사회를 위해서 공헌할 수 있는 길이 열려져 있겠지만, 적어도 해체론자들의 주장은 허무주의적이고, 무정부주의적이라는 비판을 면키 어렵다.

● 대안주의 입장

그러나 대안주의(alternative)라는 세 번째 입장이 있다. 대안주의자들은 현대의 위기를 절박하게 고발한다는 점에서는 해체론자들과 다를 바 없지만, 이들은 인류 위기의 문제를 보다 책임 있게 자각하고 그 대안을 수립하여 반드시 극복하려 한다는 점에서 그들과 근본적으로 다르다. 이들 대안주의자들 가운데는 미래주의자, 환경론자, 신학자, 윤리학자, 사회학자, 여성 운동가 등 하나로 통일되어 있지는 않지만, 책임적으로 대안을 세우려는 데는 의견을 통일하고 있는 것이다. 앞서 언급한 안토니 기든스도 바로 이 대안주의에 속한다.

대안주의는 사회주의나 자본주의 모두가 근대와 맺은 인연 줄을 철저히 끊지 못하고 있다고 비판한다. 예컨대 헤겔 좌파 전통에 서서 계급 없는 새 사회를 건설해 보려는 입장은 그것을 지탱하고 있는 노동 계급이 근대의 메커니즘에 의해 탄생된 근대의 산물이라는 점에서 근대와의 인연 줄을 줄기차게 붙잡고 있다. 그러나 똑같은 현대 문명을 비판하고 극복하려는 시도가 극단적 우파에 의해서도 시도되고 있음을 보게 된다. 즉 국가 지상주의나 강력한 초강력 국가 건설을 통해서 현대를 치유해 보겠다고 나서는 자본주의 모델도 일종의 근대와의 근본적인 연속성 안에서 시도된 현대 문명 비판임에 틀림이 없다.

물론 근대를 철저히 비판하는 대안주의자들 가운데에도 근대와의 연속성을 유지하고 있는 입장을 가진 그룹들도 있다. 예컨대 직관주의 수학자요 과정철학자인 화이트해드(A.N. Whitehead)에 기초한 과정신학자인 존 캅(J. Cobb Jr.)과 데이빗 그리핀(D. Griffin)이 여기에 속한다. 이들은 탈현대론자들이 허무주의적 비판주의라는 점을 비판하면서 자신들을 구성주의적 대안주의자라고 부른다. 즉 이들이 화이트해드의 과정 형이상학의 틀을 통해서 기계론적 근대 과학의 이념을 극복하고 새로운 과학적 합리성에 기초한 자연적 유신론을 추구한다는 측면에서 근대 이념이 되어 왔던 이성과 합리성을 근본적으로 불신하고 나오는 해체주의자들과는 다른 길을 걷고 있는 것이다. 다시 말하면, 그리핀과 같은 구성주의적 대안주의자들은 근대의 경직된 합리성을 극복하기 위해서 새로운 유기적 합리성을 방법론적으로 채택하고 있는 것이다.

그런데 여러 대안주의적 입장들 속에서 발견되는 하나의 공통적인 정신이 있다. 그것은 다름 아닌 화해와 조화를 향한 거대한 발상의 전환이 그것이다. 대안주의는 일종의 '패러다임(paradigm)의 전환'을 요구한다. 현대의 막바지에 다다른 지금 대안주의자들에게도 이대로 가다가는 인류 미래가 어둡게만 보인다고 염려한다. 집단적이거나 조직적인 움직임은 아니지만 최근 적지 않은 대안주의적 운동들이 현대 문명의 질병들을 치유하겠다고 나서고 있다. 대안주의자들은 다가오는 21세기를 기점으로 현대 문명의 틀을 바꾸어 나갈 새로운 시대에로의 돌입을 기획하고 있다.

전쟁과 정치적 식민주의, 경제적 신 식민주의로 얼룩진 20세기까지는 먼저 공격하고, 먼저 점령하는 공격 메카니즘이 지구촌을 지배해 왔다. 그러나 놀랍게도 21세기를 맞이하면서 세계 질서는 전혀 예기치 못하던 방향으로 재편되어 가고 있음을 이들은 주목한다. 이미 철의 장막이라고 불리던 베를린 장벽이 무너져 독일이 통일을 이루어 냈는가 하면, 수천년 간의 원수지간이었던 이스라엘과 PLO 사이에 평화가 유지되고 있으며, 또한 소련의 변화나 동구라파의 개방화 등이 이를 단적으로 보여주고 있다. 20세기 말 현대까지의 세계 질서가 대립과 갈등을 기초해서 성장된 것이라면, 다가오는 21세기의 세계 질서의 특징은 대안주의자들의 눈에는 놀랍게도 조화와 화해를 바탕으로 전개되어 갈 새로운 가능성의 조짐으로 주목되고 있다.

　최근 대안주의적인 세계적 첨단 기업 가운데는 새로운 21세기 대안적 기업 정신을 부르짖고 있는 기업들이 있다. 20세기 말 현대까지는 '승리 - 패배 이론'(win-lose theory)에 근거해서 "이기려면 상대를 쓰러뜨려라!"라고 가르쳐 왔지만, 이제는 그 발상의 틀을 바꾸어 가고 있다. 말하자면 '승리 - 승리 이론'(win-win theory)이 그것이다. 21세기에는 어디에도 패자는 없으며 또 있어서도 안된다는 것이다. 바로 이것은 모두가 이길 수 있는 제3의 거점을 확보하자는 대안주의적 발상의 전환인 것이다. 타 기업의 패망만이 필연코 내 기업의 승리를 가져다준다는 법칙은 현대까지의 지론이었다. 그러나 대안주의는 네가 살아야 나도 살고, 네가 잘되어야 나도 잘 된다고 그 발상을 근본적으로 전환시키고 있는 것이다.

　이미 과학에 있어서도 이러한 변화의 조짐을 드러내고 있다. 신 물리학은 현대 물리학에서 더 이상 쪼갤 수 없다고 하던 물질의 마지막 입자인 아톰(원자)을 쪼개어 내었다. 대안주의자들은 바로 이 물리학의 변화를 단순한 하나의 과학의 변화가 아니라, 우리 인류의 삶의 질을 근본에 있어서 바꾸어 놓는 변화를 가져다 줄 것으로 내다본다. 사실 현대의 핵가족 제도는 아톰 원자론에 근거한 삶의 방식이었다. 이웃도 없고 어른도 거부했던 핵가족식 삶의 방식이 가져다준 병폐는 재론할 필요조차 없이 우리 사회의 심각한 얼룩이다. 그런데 이러한 핵가족 발상은 바로 아톰 철학에서 비롯된 것임을 기억할 필요가 있다. 그것은 하나의 아톰은 다른 아톰이 없이도 홀로 존재할 수 있다는 아톰 과학적 세계관이 현대 사회의 핵가족식 생활 철학으로 자리잡게 된 배경이 된 것이다. 그러나 아톰을 쪼개어 얻어낸 쿼크(quark)는 전혀 다른 철학을 제공해 준다. 즉 쿼크는 다른 쿼크 없이 홀로 존재하지 않는다는 새로운 과학적 세계관을 제공하고 있다. 이제 아톰 시대의 종막과 함께 핵가족 시대도 서서히 그 막을 내리고 새로운 가정 형태를 찾아 나서야 할 것이다. 현대를 치유할 대안주의적 세계관은 서로가 서로를 필요로 하는 관계 중시의 삶의 철학이라고 할 수 있다.

정신 철학에 있어서도 이미 거대한 대안주의적 발상의 전환이 진전되고 있다. 최근 관계주의 철학에서는 주관주의적 자아 개념을 극복하기 위해서 대안을 제시하기에 바쁘다. 특히 비실체론적이고, 유기체적 철학이 그것이며, 서구 지성들이 동양 사상에 눈을 돌리기 시작한 것도 이 때문이다. 프랑스 후기-구조주의 철학자들 가운데는 리좀(Rhizom) 이론으로 서구 근대의 진보 이념의 바탕이 되어 온 이성주의와 지배주의 철학에 대폭 수정을 가하고 있다. 즉 현대 문명은 마치 상수리나무와 같다고 비판한다. 상수리나무는 가지와 잎이 무성해도 맺은 열매가 그 밑에 떨었을 때 자기 자신의 그늘 때문에 새로운 생명으로 키워 내지 못한다는 것이다. 말하자면 현대 문명은 타자를 돌봄이 없이 자기 자신의 성장만을 지향하는 욕심 사나운 주어 중심의 지배주의 문명 구조라는 것이다. 그러나 21세기 대안 문명의 구조는 대나무와 같아야 한다고 주장한다. 대나무는 리좀 식물로써 땅 밑에서 옆으로 뿌리가 펴지면서 펼쳐 나가기 때문에 이른 바 지평 확대의 공생 구조를 나타낸다고 한다. 이제 대안주의적 발상의 전환이 주는 교훈에 인류는 반드시 귀를 기울여야만 할 것이다.

4. 기독교적 대안

문명 전환기를 맞고 있는 지금 전 인류는 "모두는 모두와 더불어 살지 않으면 누구도 살 수 없다"는 대안주의적 발상의 전환을 수용하지 않으면 안된다. 너와 더불어, 이웃과 더불어 그리고 자연과 더불어 살 때 비로소 우리 사회의 미래가 열릴 수 있다.

하나님의 '구원에로의 부르심'도 곧 알고 보면 일종의 '더불음에로의
부르심'이다. 우리의 죄로 인하여 하나님과 단절되었던 인간이 예수 그
리스도를 통하여 구원을 얻는다는 것은 곧 하나님과의 관계가 회복됨을
의미한다. 예수 그리스도는 모든 관계 회복의 주체이시다. 그리고 하나
님과의 관계 회복은 곧 이웃과 사회 그리고 자연 환경과의 관계 회복을
포괄한다.

죄된 세상을 향한 하나님 자신의 대안은 우리를 책벌하시기 보다, 도
리어 자기를 비워 사람의 모습, 아니 종의 모습으로 이 땅에 내려 오셔
서 골고다 위에서 우리의 죄를 대신 짊어지시고 우리를 살리시는 십자
가의 방식이었다. 그런 의미에서 기독교는 하나님이 우리와 함께 하시
는(임마누엘) 더불음의 종교이다. 기독교의 사랑의 메시지는 지금도 하
나님이 우리와 더불어 계시다는 것이다. 하나님과 더불어 사는 믿음의
사람은 동시에 이웃과도 더불어 산다. 더불어 속에는 너와 내가 함께
존재한다. 네가 없는 더불어는 더불어가 아니며, 나만 소욕하는 곳에는
더불어가 없다.

끝으로 우리는 거대한 문명 전환기를 직면하여 기독교 전통이 공헌할
수 있는 다음과 같은 대안들을 제시해 볼 수 있을 것이다:

① 근대 이래로 갈갈이 찢기우고 갈라진 이기적 자아 중심주의에 대한
   대안으로 기독교 전통은 개체를 다시 묶어 줄 수 있는 통전성의 의식
   (consciousness of wholeness)을 제시할 수 있다.
② 근대 이래로 진척된 환경 파괴의 원인이 된 인간 중심주의에 대한
   대안으로 기독교 전통은 생태학적 각성을 가져다 줄 관계성의 의식
   (consciousness of relatedness)을 제시할 수 있다.
③ 근대 이래로 폭발적으로 지배의식을 강화시킨 장본인인 남성 중심주
   의에 대한 대안으로 기독교 전통은 왜곡된 성차별을 종식시킬 수 있

는 형제·자매됨의 의식(consciousness of brotherhood & sisterhood)
을 제시할 수 있다.

④ 근대 이래로 인종차별과 식민주의의 이름으로 강요되었던 일체의 억
   압에 대한 대안으로 기독교 전통은 해방의 의식(consciousnes of
   liberation)을 제시할 수 있다.

⑤ 근대 이래로 대량생산과 편의함을 위해 대치 신(神)으로까지 등장된
   거칠고 메마른 기술-과학 지상주의에 대한 대안으로 기독교 전통은
   영성의 의식(consciousness of spirituality)을 제시할 수 있다.

생각해 볼 문제

1. 극단적인 낙관주의가 지닌 문제점을 말해 보시오.

2. 현대적인 위기를 아는 대로 논해 보시오.

3. 대안주의란 무엇인가 설명해 보시오.

4. 미래 사회를 위해서 기독교는 어떤 공헌을 할 수 있을까?

제 12 장

기독교와 생명의 윤리

220

생명이란 무엇일까? 유전자 복제 혹은 장기이식, 그리고 안락사 등등의 문제는 단순히 신문기사의 일부로 설명하기에는 너무도 심각한 문제가 아닐 수 없다. 당신은 어떠한 입장에서 결단을 내릴 것인지 가정해보자.

▷ '사람다움'이란 무엇일까? 이 물음이 중요한 이유는?	
▷ 당신은 '유전자 복제'를 찬성하는가? 혹은 반대하는가? 그 이유는 무엇인가?	
▷ 장기이식은 항상 정당한 것인가? 혹은 찬성할 수 없는 것인가? 그 이유는 무엇인가?	
▷ 안락사의 문제에 대한 당신의 견해는 무엇인가? 안락사와 자살의 논리적 차이는 무엇인가?	

생명의 소중함에 관한 기독교의 입장은 어떤 대답을 제시해 줄 수 있을까? 장기이식을 정당화하는 것일까 혹은 부정하는 것일까? 그 문제 하나 하나에 대한 구체적인 대응 논리를 찾아서 정리해보자.

1. 현대사회와 생명의 문제[1]

● 생명, 의료기술, 그리고 인간

　　생명윤리에 대한 관심이 증대되고 있다. 생명에 관한 논의는 일시적인 사회현상으로 환원될 수 없는 인간의 근본문제라는 점에서 생명윤리에 대한 관심은 지극히 당연하고 필수적인 과제가 아닐 수 없다.

　　특히 현대사회에 있어서 생명의 문제는 주로 과학기술의 발전과 연관지어 취급되는 것이 대개의 경우인 듯 싶다. 그리고 과학기술의 발전에

---

[1] 최근 의료윤리와 관련하여 논의될 수 있는 것들을 정리하자면 포션(N. Fortion)의 구분을 따라 다음과 같은 세가지 영역을 서술할 수 있겠다.

　그 첫째는 생명을 다루는 모든 인간관계에서 발생되는 문제들이다. 여기에는 의료요원들간의, 그리고 의사와 환자, 의사와 환자가족 사이에 일어날 수 있는 의료행위의 정당성여부에 관한 윤리적 문제가 포함된다. 가령 의사가 환자의 사생활을 임의대로 공개한다든지, 생존가능성이 희박한 환자를 대상으로 의료실험을 행하는 경우 등이 여기에 해당한다. 특히 이러한 관계의 특징은 대부분 전문의료인과 의료에 관한 전문지식이 없는 자들의 관계에서 발생하는 조작(manuplation)의 가능성에 관한 문제라고 하는 점에 더욱 큰 심각성이 있다.

　두번째는 삶과 죽음의 정의에 관계된 윤리적 문제이다. 이것은 한마디로 생명에 관한 이해의 문제에 직결된다. "생명이란 무엇인가?"하는 질문은 이 문제의 요점을 잘 말해주고 있다. 가령 안락사의 경우, 현대인은 과거에 제기되지 않았던 새로운 문제, 즉 "생명의 연장은 무조건적으로 옳은가?"질문에 직면하게 한다. 삶과 죽음의 정의에 관한 문제는 최근 뜨겁게 논의되고 있는 뇌사와 심장사간의 판별문제와 직결되어 있으며 이것은 또 그 부수적 효과로 장기이식과 안락사의 문제 등을 수반하게 된다.

　세번째 문제는 의료자원의 분배에 따른 윤리문제 혹은 의료정의의 문제라고 옮길 수 있겠다. 여기에 수반되는 문제는 제한된 의료자원을 어떻게하면 효과적으로 사용할 수 있도록 할 것인지, 그리고 그 수혜자를 선정하는 기준은 무엇인지등등에 관한 문제가 수반된다. 가령 고가의 의료장비로 보다 정확하고 고통없는 치료가 가능하다고 하는 경우 그 혜택을 입을 사람의 수는 한정되어 있을 것이다. 이것은 의료정의에 심각한 문제를 야기하며 의료혜택의 공정하고 정의로운 분배의 문제로 설명된다. 그런가하면 장기이식의 경우 그 수혜자를 결정하는 기준에 있어서 사회적 기여도를 상정할 것인지 혹은 선착순이나 추첨과 같은 임의선택방식을 채택할 것인지의 문제도 그리 간단한 문제만은 아니다.

　이제까지 살펴본 의료윤리의 세가지 문제는 별개의 것이라 할 수 없다. 그것은 궁극적으로 '인간이란 무엇인가?' '인간의 가치는 무엇인가?' '생명이란 어떤 가치를 지니는가?' 하는 인간과 생명에 관한 근본적인 문제로 집약된다.

대한 맹목적인 기대와 진보일변도의 이데올로기적 특성 내지는 유사종교적 기능에 대한 비판은 이러한 접근법의 근간을 이루고 있다. 생명윤리에 대한 이러한 진단법에 따르면 과학기술의 발전이 순기능과 역기능에 대한 인식과 아울러 생명존엄의 대안을 모색하는 것이 중심과제로 등장하는 것을 볼 수 있다.

그러나 현대사회에 있어서 생명의 문제에 대한 접근을 과학기술의 차원에까지 거슬러 올라가는 것이 상당한 설득력을 지니고 있는 것은 사실이지만, 논의의 지평을 과학기술에만 고정시키는 것은 그 나름대로 문제의 소지가 있다고 여겨진다. 가령 전통적인 생명의 문제에 대한 심각한 도전으로 간주되는 의료기술에 대한 논의는 자칫 전문분야에 대한 어설픈 기웃거리기로 전락해버릴 수 있다는 점을 간과해서는 안될 것이다.

우리의 과제는 의료영역에서 발생하는 신기술이나 전문용어의 습득에 있는 것이 아니라 보다 근원적인 차원의 물음, 즉 현대과학기술의 숲에서도 여전히 생명의 존엄을 요구하시는 하나님의 뜻을 향한 겸허한 반성이 되어야 할 것이다.

분명한 것은 인간의 존엄성과 그 가치에 대한 논의는 단순히 학적 유희를 위한 문제나 종교만의 문제일 수 없다는 점이다. 그것은 개인의 도덕적 선택이나 관점의 문제가 아니라 궁극적으로 인류전체의 생존과 가치에 대한 문제가 될 것이다.

비록 우리가 오늘은 건강하고, 온전한 인간으로서의 손색이 없는 삶을 살고 있다 하더라도, 생명과 관련된 의료분쟁이나 사고를 강건너 불구경하듯이 남의 일로만 치부하고 감상적인 차원에서 그때그때의 동정심과 분노와 경악스러움을 표시하는 일회성 주제일 수 없다. 그것은 오히려 체계적이고 합리적인 반성과 근본적인 중요성에 관한 인식의 전환을 요구하는 문제이다.

2. 생명의 위기 : 현대사회와 생명의 문제들

● Personhood의 개념은 어떻게 이해되어야 하는가?

일반적으로 생명윤리는 의료윤리와 환경문제 등을 포괄하는 광의의 개념으로 간주된다. 의료분야에서 제기되는 문제들 뿐만아니라 환경문제, 나아가 사회병리현상이라 할 수 있는 자살이나 폭력의 문제까지도 포괄적인 의미에서 생명에 관한 심각한 반성을 요하는 주제들로 여겨지기 때문이다. 생명윤리의 본격적인 연구를 위해서는 단일 분과학문의 관점을 넘어 생명과학을 포함하는 학제적 제휴가 필요하다는 것은 분명하지만 무엇보다도 중요한 과제가 있다면 그것은 생명의 주되신 하나님의 뜻을 수용한다는 겸허한 전제일 것이다.

생명의 문제와 관련하여 가장먼저 떠오르는 분야는 단연 의료분야의 문제들일 것이다. 이른바 생명의료윤리(bio-medical ethics)는 임신중절(abortion), 안락사의 문제를 비롯하여 초미의 관심사로 급부상한 생명복제와 장기이식의 문제등 다양한 분야를 포함한다. 그리고 생명의료윤리에 있어서 우리가 관심을 가지고자 하는 것은 의료기술의 발전이 가져온 첨단의료장비에 의한 새로운 시술법에 따른 기술적 문제라기 보다는 생명의 개념이다.

무엇보다도 이 글의 주된 관심은 인격이라고 옮겨지는 Personhood[2]

---

2) 인격에 관한 논의는 일반적으로 신학과 철학의 주된 관심영역에 있었다. 인격개념이 학술적인 관점에서 본격적으로 논의되기 시작한 것은 철학이나 심리학 혹은 사회학에서가 아니라 신학에서 그 단초를 찾을 수 있을 것이다. 무엇보다도 교리사의 초반부에 해당하는 시기에 우리는 삼위일체에 관한 논의에서 인격의 개념이 주로 위격(位格)의 의미로 등장하고 있다는 것을 볼 수 있다.

이러한 노력의 첫번째 기여자로 간주되어온 터툴리안(Tertullianus)은 당시의 법률용어이던 페르소나(Persona)개념을 삼위일체론에 도입하였다. 주지하다시피 페르소나는 연극배우의 가면 혹은 극중역할을 뜻하는 희랍어 프로소폰(πρoσωπoν)의 번역어로 알려져 있다. 그러나 이후의 신학에서는 연극용어의 의미로 부족한 면이 있다는 점에서 오히려 실체를 뜻하는 휘포스타시스라는 용어를 선호하게 되었다는 점, 그리고 'Persona est rationalis naturae individua substantia'라는 보에티우스의 고전적 인격정의 등 인격개념에

의 문제이다. 최근의 의료기술의 발전과 생명의료과학의 발전은 수많은 윤리적 이슈들을 낳았다. 가령 생명의 신성함에 대해 말하는 경우 우리는 생명이란 무엇인지를 알아야 하고 무엇이 생명을 신성하게 하는 것이지를 간파해야만 하는 상황에 있다.

뷰참(Buchamp)의 요약을 인용하자면 생명의료윤리에 있어서 인격개념은 임신중절과 죽음의 정의, 안락사와 생명연장의 문제 및 인체실험에 이르기까지 다양한 문제들을 결정함에 있어서 의미심장한 역할을 지니고 있다. 가령 침팬지 같은 인간이외의 존재들이 인격으로 대우받을 수 있는가? 그리고 임신 3개월가량의 태아(fetus)와 회복불가능한 혼수상태의 환자(comatose)를 포함하여 단지 생리적인 인간까지도 인격이라고 부를 수 있는 것인가? 나아가 아직껏 확인되지 않은 미지의 혹성에 살고있을지 모르는 생명체나 천사, 혹은 로봇까지도 포함하여 인격이라고 할 수 있는 또다른 종류의 존재들이 있다고 할 수 있는가? 하는 문제 등이 그 예라고 하겠다.

인격개념에 대한 새로운 논의는 생물학적 생명(biological life)과 인격체의 생명(personal life), 혹은 인간 유기체(human organism)와 인간적 인격체(human person)간의 구분을 전제로 하는 듯 여겨진다. 다음의 내용은 인격개념에 관한 전통적 관점을 대변해 준다고 하겠다.

　-인간의 삶은 인격체로서의 삶과 생물학적 삶으로 구분되어야 한다.

고나한 논의는 오랜 역사를 통해 신학적 개념으로 자리잡아왔다.

그런가하면 인격에 관한 철학의 오랜 질문은 영혼을 하나의 실체로 규정하였던 아리스토텔레스의 인격개념을 위시하여 많은 논의를 통해 형이상학, 특히 존재론의 문제로 자리잡아왔다. 나아가 현대에 있어서 부버(M. Buber)의 '나' '너' 그리고 '당신'의 관계를 본질로하는 철학적 논의까지도 포함할 수 있다면, 인격의 개념은 실로 오랜 전통적 배경을 지니고 있다고 해야 할 것이다.

이처럼 인간이 단순한 사물이나 본능을 맹종하는 동물도 아니라는 의미에서 인격성에 관한 논의는 여러 분야에서 다양하게 논의될 수 있겠지만, 특히 현대사회에 있어서 생명의 문제와 관련한 인격개념에 관한 논의는 의료분야의 사안을 둘러싸고 새로운 논제로 주목받고 있다.

─생명의 신성함이라는 개념은 생물학적 생명의 가치와 인격체로서의
존엄성을 구분하게 한다

　이제까지의 인격개념에 대한 논의는 어떠한 존재를 인격이라고 할 수
있을 지, 인격은 개(dog)와 나무, 그리고 바위 등 우주에 존재하는 다른
것들과 어떤 방식으로 구분되는지 등을 논해왔다. 인격의 문제에 대한
철학자들의 반성에서 나타나는 것처럼 무생물(nonliving objects)과 여러
종류의 생물들(living things)을 무인격체(nonpersons)로 분류되는 것이
일반적인 논의이다. 그리고 이것은 일종의 기술적(descriptive)접근의 관
점이라고 할 수 있다.

　굳이 전통적인 관점을 대입하자면 기술적 인격개념은 규범적 개념과
대비될 수 있을 것이다. 가령 칸트(I. Kant)의 인격개념은 기술적 인격
개념과 분명한 차별성을 보여준다. 칸트가 주장한 인격의 특성을 '도덕
적 인격성'(moral personality)라고 할 수 있다면, 이것은 도덕법칙하에
서 합리적 존재가 누리는 자유라고 설명될 수 있을 것이다. 말하자면
자아의식을 지니고 있는 행위자는 자기결정의 존재로서 그에 상응하는
존엄성을 요구할 수 있으며 그들은 자유로운 행위자로 존엄하게 대우받
을 권리를 지닌다는 것이다. 즉 도덕적 행위자로서 존엄성을 인정받는
다는 것은 자의식을 지닌 존재로서 도덕적 칭찬과 비난의 대상이 되며
자신의 행위에 대한 책임을 짊어질 수 있다는 것을 의미한다.

　우리의 관심사를 따라 논의를 진행한다면 생물학적 생명과 인격체로
서의 생명에 대한 본격적인 구분은 아마도 상황윤리(situation ethics)의
주창자로 널리 알려진 플레쳐(J. Fletcher)에게서 찾아볼 수 있을 것이
다. 그는 최소한의 대뇌신피질의 기능조차도 없는 개체를 '주체로 인정
받을 수 없는 객체'라고 부르기를 제안한다. 그가 제시한 인간됨의 표식
은 이른바 인간 프로필 시안(tentative profile of man)이라고 불리우는

것으로서 15개의 긍정형과 5개의 부정형으로 구성된다. 특히 인간됨에 관한 긍정문 표징(positive human criteria)에는 다음과 같은 것들이 해당한다.

1) 최소한의 지능,(플레처는 Stanford-Binet test를 따라 '호모 사피엔스'라는 기준에 비추어 본 다면 IQ 40이하는 의심스러운 존재로 20이하는 인간이 아니라는 견해를 보이기도 한다) 2) 자기인식(self-awareness), 3)자아통제(self-control), 4) 시간감각(a sense of time; 이것은 크로노스적 의미의 시간의식을 말한다) 5) 미래감각, 6) 과거감각(a sense of the past), 7) 타자와의 관계형성의 능력, 8) 타자에 대한 관심, 9) 의사소통능력, 10) 유기체적 통제능력, 11) 호기심, 12) 변화와 가변성, 13) 이성과 감정의 균형감각, 14) 개체로서의 특이성(idiosyncrasy), 15) 신피질 작용(neo-cortical function)

그의 주장은 상황윤리의 등장 그 자체가 야기한 것만큼이나 이 분야에 있어서도 역시 큰 파장을 일으키는 것이라 하겠다. 그의 주장에는 임신중절이나 안락사, 시험관 아기 등에 관한 상황윤리적 논지가 들어 있다고 여겨진다. 하지만 우리는 이러한 기준들을 어떻게 검증할 것이며 그 기준들이 초래할 결과들에 대해 어떤 관점을 취할 수 있을 것인가? 플레처 자신은 다른 뉘앙스로 적었겠지만 그의 책에 후기해 놓은 것처럼 이 기준들은 '바로잡아야 할 부분들'에 해당한다고 여겨진다.

우리가 주목할만한 주장은 파인버그(J. Feinberg)의 이른바 상식적 차원의 인격 기준(the criterion of commonsense personhood)이다. 그의 출발점은 인격의 문제와 관련한 핵심문제를 규범적인 (즉 도덕적 혹은 법률상의) 인격개념과 기술적인(즉 관습적이고 상식적인) 용어 사용간의 모호성에 관한 문제로 상정하는데 있다. 그는 '인격'의 개념을 언어 관습상의 문제로부터 출발하여 엄밀한 의미의 인격개념과 상식적 의미의 인격개념간의 관계를 모색하는데로 나아간다.

보통의 경우, '그는 하나의 인격체이다' 라고 하는 말은 그 사람이 어떤 종류의 사람인지를 알려준다. 이 경우에는 아무런 논쟁도 야기되지 않는다. 만일 인격체가 된다는 것이 이러저러한 개개의 특성들을 지닌다는 뜻이라면, 그래서 누가 인격체라고 하는 말은 그가 이러저러한 개개의 특성을 지닌 존재임을 묘사해주는 것이라면 그 경우는 결혼하지 않은 남자를 총각이라고 부르고 어린 강아지를 퍼피라고 부른다는 것과 별반 차이가 없다. 파인버그는 이러한 언어관습을 따라 인격이라는 말을 일련의 특성들을 지니고 있다고 보았다.

(1) 의식적 존재일 것(consciousness), (2) 자아에 대한 개념(self-concept)을 지니고 있을 것, (3) 자아의식(self-awareness)이 있을 것, (3) 정서적 체험의 능력이 있을 것, (4) 추론의 능력과 이해력이 있을 것, (5) 미래를 향한 계획능력을 있을 것, (6) 계획에 따라 행위할 수 있는 능력이 있을 것, (7) 기쁨과 고통을 느낄 수 있을 것

파인버그는 이러한 특성들을 가리켜 '상식적 인격개념'(the common-sense concept of personhood)라고 부른다. 그의 인격성에 관한 목록에 무엇보다도 자아인식(self-awareness)의 능력과 합리성(rationality)이라는 두가지 특성을 반영하고 있다는 점이 두드러진다.

파인버그의 주장이 곧 인격성의 필요충분조건을 만족시키는 것이라 단정지을 수 있는가 하는 점에서 인지능력 이외에 제3의 능력, 즉 도덕적 존재자로 인정받을 수 있는 능력(도덕성)을 인격성의 필수조건이라고 주장하는 경우도 있다. 가령 푸세티(R. Puccetti)는 다음과 같은 진술의 분류를 통해 인격성의 특성을 구분하기도 한다. 그는 C를 주어로 하는 진술(C-predicates)은 의식(Conscious)을 지닌 모든 존재에게 해당하는 것들이지만, P를 주어로 하는 진술(P-predicates)은 인격(Person)에만 해당한다고 보았다.

228

C는 고통을 느낀다	P는 정의가 수립되기를 원한다
C는 허기를 느낀다	P는 요점을 잘 파악한다
C는 흥분한다	P는 성격을 기민하게 간파한다
C는 당신을 두려워한다	P는 모든 것을 추상적으로 조망한다
	P는 말쑥한 위선자이다.

특히 P를 주어로 하는 진술들을 인격성의 특성으로 구분한다. 인격이란 도덕적 대상을 향해 도덕적인 태도를 취할 수 있는 의식적 존재들에게만 해당하는 것이라 여겨지기 때문이다. 말하자면 푸세티는 인격의 개념을 도덕적 태도를 취할 수 있는 존재에게만 적용하자는 것이다. 이러한 주장대로 한다면 푸세티가 제시한 뇌사(brain death)에 대한 의료 사례분석에는 어느정도 도움이 될 수 있을지는 모르겠으나, 필자가 보기에는 과연 도덕성의 표지가 없다는 것으로 뇌사를 인정하는 것이 도덕적인가 하는 또다른 혼란을 나을 수 있다는 점에 주목해야 하리라 여겨진다.

우리가 간파할 수 있는 것은 인격개념에 대한 논의가 의료분야의 어떤 문제를 해결하려는 의도에서 나온 것이기는 하지만, 결과적으로는 더욱 큰 도덕적 혼란만을 가중시킬 수 있다는 점이다. 엥겔하르트(H.T.Engelhardt)는 이러한 난점을 예견하면서 인격체를 도덕적 행위자와 동일시하는 주장을 극단으로 밀고나아가면 자의식이 없는 존재들을 배제하게 되리라는 우려를 표명하기도 한다. 필자는 이점에 동의하면서, 이제까지 살펴본 바와 같이 인격성에 관한 새로운 기준들의 제시가 임신중절이나 안락사, 뇌사의 인정여부에 관한 문제와 같은 의료사안과 관련하여 인간존엄을 고양시키는 장치라기 보다는 오히려 난점을 부각시키고 당혹스러움을 증폭시키는 것으로 여겨진다.

인격개념에 대한 논의에도 불구하고 자의식을 정점으로 하여 인간존엄의 도덕적 주장을 강화하려는 관점이 여전히 미결의 상태로 남아있는 상태에서 우리는 인격개념에 대한 또다른 출구모색의 시도를 찾아볼 수 있다. 이른바 사회적 역할에 관한 논의는 상당한 설득력을 지니고 있는 것처럼 다가온다.

엥겔하르트 역시 인격의 개념을 생물학적 관점과 인격체로서의 관점으로 구분하려는 시도의 연장선상에 있는 것처럼 여겨지기는 하지만 그의 논의는 인격개념에 관한 새로운 틀을 보여준다. 우선 그는 인격을 도덕적 행위자와 동일시하는 관점에서 보는 경우, 즉 인격에 관한 규범적 관점은 인격을 의무와 권리의 담지자로 한정지어 결과적으로는 엄밀한 의미에서의 성인(成人)을 뜻하게 되어 영아와 아직 자의식을 지니지 못한 인간존재가 이 기준에 의해 배제되고 말 것이라고 보았다.

이와는 달리 엥겔하르트는 인격의 사회적 개념 혹은 사회적 역할에 따른 인격개념에 관한 논의를 소개한다. 가령 어머니와 아기, 부모와 아이의 관계를 생각해 본다면, 규범적 관점에서 인격의 범위로부터 제외되었던 영아(infant)도 마치 자신의 욕구를 표현하는 인격체로 간주되는 효과를 얻게된다. 다시말해 영아가 최소한의 사회적 상호관계(minimal social interaction)를 맺을 수 있다는 관점이다. 비록 그들이 도덕적 행위자(moral agent), 즉 엄밀한 의미에서의 인격체는 아니라 하더라도 사회적 관습에 비추어 볼 때, 그들은 마치 인격체인 것처럼 대우받는다. 다만 그들은 엄밀한 의미에서의 인격체와는 달리 의무는 없고 권리만을 소지한다. 즉 그들은 도덕적 책임 귀속의 행위자는 아니지만 도덕적 행위자에 대한 주목할만한 수준의 유용성을 설정하기 위해 존중되는 것이다. 이러한 사회적 의미의 인격성은 공리주의적 전제를 염두에 두고 있는 듯 싶다. 즉 영아를 인격으로 상정하는 것은 성인이 된 인격체의 생명보호의 가치를 드러내기 위한 계산과 연관되고 있다고 하겠다.

엥겔하르트의 주장처럼 이러한 논의는 자의식, 합리적 행위주체, 자유를 지닌 존재, 도덕적 비난과 칭찬의 대상이 되는 존재, 그리고 의무를 이해하는 존재로서의 기준에 따르는 인격이라는 관점에 비해 다소 온건한 입장에 속하는 것이라 하겠다. 그의 논지에 따르면 결과적으로 태아나 영아, 그리고 어른의 생명이 신성하다는 점을 일률적인 기준에 의해 옹호할 수 있는 방식은 없지만, 모든 생명은 가치를 지니고 있으며 더구나 인간의 생물학적 생명은 무의미한 것이 아니라 적어도 인간으로하여금 사회적 역할을 수행할 수 있게한다는 의미에서 가치를 지닌 것으로 간주된다.

이러한 주장은 앞서 살펴본 생물학적 생명과 인격체의 생명을 구분짓는 것보다는 다소 설득력있는 논의로 보인다. 하지만 그 기저에는 여전히 임신중절에 대한 도덕적 주장에는 확신을 지니고 있지는 못한 것처럼 여겨진다. 한걸음 더 나아가 사회적 역할을 중심으로 인격의 문제를 설명하려는 것은 정상적인 인간과 가정을 기준으로하는 경우에만 설득력을 지닐 수 있는 것은 아닐까? 만일 그렇다면 이러한 관점을 취하여 인간존엄을 위한 도덕적 주장을 제안한다는 것은 비록 사회적 역할을 중심으로 보다 확장된 기반을 마련할 수는 있을지 몰라도 정상인이란 무엇인지를 물어야하는 또다른 문제를 수반하고 있는 것으로 여겨질 것이다.

이제까지의 논의에 비추어 볼 때, 인격에 관한 논의는 이미 전통적인 범위를 벗어나 있다. 특히 의료영역에 있어서 인격의 논의는 생명의 권리를 주로 인격성의 관점에서 옹호하거나 그 기반을 찾아보려는 노력이었다고 할 수 있다. 다시말해 인간존엄의 논의는 이미 전통적인 틀을 벗어나 '인격' 그자체의 개념보다는 '인격성'에 관한 논의에로 옮아가고 있는 듯 싶다. 말하자면 수단으로 대우할 것인가 혹은 목적으로 대우할 것인가를 결정하는 일종의 필수품으로 , 혹은 그 소지여부에 관한 실용적 관점이라는 인상을 전해준다.

어떤 개체에게 도덕적 인격성을 귀속시킨다는 것은 결국 '나는 이 개체에 대해 도덕적 의무를 지니고 있다'고 말하는 것이거나 '이 개체는 도덕적 권리를 지니고 있다'고 말하는 것과 다름이 없다. 예를들어 태아의 인간 여부는 태아가 도덕적 권리와 생명의 권리를 지니고 있는지를 묻는 질문이다. 바꾸어 말한다면 임신중절이 살인행위가 되는지의 여부는 도덕적 인격성의 올바른 기준이 무엇인가에 달려있다. 뿐만아니라 죽음의 개념을 설정함에 있어서 뇌사판정의 문제나 그와 연관된 환자를 돌보는 일의 종료점에 대한 논의 및 나아가 장기기증의 문제까지도 인격성의 개념이 그 중심에 위치하고 있다는 것을 짐작할 수 있을 것이다.

이제까지의 논의의 진행상황을 놓고 볼 때, 생명에 관한 논의에 인격성의 개념을 도입하는 것은 비록 그 논의의 범위를 아무리 확장시키거나 관점을 전환시킨다 해도 여전히 미결의 상태에 남아있다. 무엇보다도 인간의 생명의 권리가 인격성이라는 표지에 의해 결정된다는 것 자체가 어색해 보인다. 무엇보다도 우리가 간과해서는 안될 것은 인간의 개념과 인격의 개념이 확연하게 구분되는 것도 아니며 인격이라는 기준 자체도 아직 혹독한 검증에 노출되어 있다는 점이다. 인격성의 표지는 아직 확정된 바 없으며 또한 그 기준을 누가 선정할 것인가의 문제역시 남아있다는 점에도 주목할 필요가 있겠다.

생명의 권리를 인격성의 개념으로 가늠하려는 것은 어찌보면 인간의 종족개념을 지극히 편협하게 적용하려는 일종의 차별이자 오만이 될 수 있다는 점을 간과해서는 안될 것이다. 우리가 말할 수 있는 것은 가이슬러(N. Geisler)의 주장처럼 인간이 인격인 것만은 아니라는 사실이다. 인간으로 되는 것과 인격으로 되는 것에는 본질적인 차이가 없으며 다만 기능적인 차이만 있을 뿐이다. 만일 본질적인 차이가 있다면 저능아, 의식상실자, 노망기의 노인등의 인격은 부정당할 수 밖에 없을 것이다. 예컨데 태아는 인격성의 기준에서 본다면 의미가 없을지 모르나 인간임에 틀림없다. 태아를 인간이라는 점에서는 인정하면서도 인격임을 인정하지 않는 논리는 결국 생명의 존엄성 보다는 인격성을 우선시하려는 것과 다를 바 없다고 여겨진다.

필자가 보기에 인격성의 개념을 도입하려는 것은 생명존엄의 논의를 위한 것이라기 보다는 오히려 의도성있는 계산에 악용될 소지가 더 크다. 근본적으로 생명의 가치에 대한 논의를 배제하고 있는 것이기 때문이다. 더구나 그것은 또하나의 권력으로 부상한 의료세력에 의한 일종의 조작(manipulation)의 형태일지모른다. 필자의 관점으로는 인격성의 개념에 집착하는 것은 치료와 돌봄이라는 의료의 본래적 기능보다는 생명통제및 조작의 위험성에 생명의 가치를 노출시키는 것이며, 나아가 이것은 환자와 그 가족에 의한 또다른 계산과 결탁될 우려가 크다. 즉 자본주의적 효용성의 논리는 인격성의 범위를 얼마든지 고무줄처럼 변용시킬 수 있다는 점에 특히 경계하여야 할 것으로 여겨진다.

우리에게 주어진 과제가 있다면 어디까지가 인격성의 범위인지를 논하는 것보다 오히려 생물학적 생명과 인격체로서의 생명의 구분을 넘어서 생명 그 자체의 가치와 존엄성에 관한 책임일 것이다. 바로 여기에 이 글의 첫 줄에서 생명의료윤리라기 보다는 굳이 생명윤리라는 포괄적인 용어를 사용한 의도가 있다고 하겠다. 우리의 관심과 과제는 단순한 의료사안에 대한 대증요법식 관심의 범위를 넘어 인간존엄과 생명의 신성함을 그 주제로 삼는 넓은 의미의 생명윤리라고 해야 할 것이다.

● 장기이식의 문제성

의료기술의 발전이 가져온 총아는 아마도 장기이식의 문제일 것이다. 1930년대에 최초의 신체기관이식은 피부이식의 성공으로부터 시작된 장기이식의 문제는 현대의료윤리에 있어서 가장 민감한 문제의 하나로 떠오르고 있으며 그 사안의 중요성과 파급효과에 있어서 이미 우리주변

의 문제가 되어있다. 장기이식은 크게 뇌사의 인정과도 밀접한 관계가
있다. 그런가 하면 불법 장기매매와 그 부작용, 그리고 의료정의의 문제
등이 복합적으로 얽힌 실로 문제중의 문제라 하겠다. 장기이식과 관련
된 윤리적 문제는 대략 다음과 같은 것들이다. (1) 신체기관의 이식은
정당화 되는가? 정당화 될 수 있다면 그 조건은 무엇인가? (2) 신체기관
의 이식에서 수혜자의 문제를 어떤 기준으로 결정할 것인가? (3) 신체기
관의 이식에서 그 정당한 기증자와 입수경로는 정당한가?

　이 문제들을 하나씩 검토해보면 다음과 같은 몇가지 사항으로 요약될
수 있겠다. 가장 먼저 장기이식의 정당화 조건에 관련된 문제가 해결될
필요가 있다. 이와 관련하여 넬슨(J. Nelson)이 제안한 다음과 같은 조
건들은 우리의 논의를 위한 효과적인 길잡이가 되리라 본다.

> (1) 신체기관의 이식은 최후의 수단이 되어야 한다.
> (2) 환자의 건강회복이 일차적 목적이 되어야 한다.
> (3) 환자가 그 부작용과 위험성 여부에 관한 정확한 정보를 듣고 자유의
> 　　사에 의한 동의가 있어야 한다.
> (4) 환자, 환자가족, 기증자의 보호가 있어야 한다. 즉 정확한 정보의 공
> 　　지와 의료진의 신중한 판단이 수반되어야 한다.
> (5) 균형이 맞아야 한다. 즉 치료비용을 능가하는 이익이 기대되어야 한
> 　　다.

　두번째 문제, 즉 수혜자의 결정에 관해서는 몇가지 참고사항이 가능
하리라 본다. 우선 사회적 기여도에 따른 결정(social worth system)이
있다. 이것은 사회가 선호하는 가치및 직업의 선호도에 따라 수혜자를
결정하는 것을 말한다. 그리고 임의선정방식(random selection)이 있다.
가령 선착순이나 추첨등에 의해 수혜자를 결정하는 방법이다. 객관성을
보장될 지 모르나 실효성은 문제다. 세번째는 선별적 선정의 기준

(triage)의 기준을 적용하는 것이다. 가령 전쟁에서 프랑스 군에서는 어떠한 치료를 받아도 죽게될 환자, 치료를 받지 않아도 회복될 환자, 즉각적인 치료를 받는다면 살아남을 부상자들을 준별하였다고 하는데, 이와 유사하게 의료적인 일정한 기준을 세워 적용하는 방식을 고려할 수 있겠다.

세번째로 기증자의 조건에 대해 검토해 보자. 우선 미성년자인 경우는 신중하게 배제해야 할 것이며 자발적 기증자를 기다리는 것이 좋겠다. 물론 여기에는 뇌사판정여부의 합법성이 난제로 남고 또한 장기매매라고 하는 극단의 방식에 대한 제재 또한 심각하게 고려되어야 할 것이다.

장기이식의 문제에 대한 기독교의 입장은 정확하게 결정된 것이 없어 보이기는 하지만 대략 조건부 승인의 입장으로 요약될 수 있겠다. 조건부라고 하는 것은 장기이식의 문제에서 해소되어야 할 몇가지 난제들, 즉 뇌사의 인정과 관련한 문제라든지 자원자를 중심으로 하는 장기기증자의 확보와 그 적절한 보호 등에 관련된 문제등이다.

장기의 이식에는 일종의 수요와 공급의 도식이 적용될 수 밖에 없는데, 일반적으로 장기이식의 수혜를 기다리는 사람에 비해 이식될 장기의 수는 극히 한정되어 있고 또한 그 수급의 시기를 예측할 수 없다는 점이 문제점으로 지적되기도 한다. 이러한 유사 시장적 메카니즘을 틈타고 들어온 것이 이른바 불법장기매매의 문제이고 또 뇌사인정의 목소리가 과거 어느때 보다도 높아지고 있다는 문제를 수반하고 있다. 아마도 이것은 뇌사를 인정하는 경우에 기대되는 장기이식의 효과에 대한 계산때문일 것이다.

만일 장기의 이식이 그 자체로 의료상의 효과를 보장할 수 있는 것이라고 한다면 그것은 생명을 연장하거나 삶의 활력을 되찾아 준다는 의미에서 정당화 될 여지가 있어 보인다. 하지만 분명히 짚고 넘어가야 할 것은 장기이식이 별도로 독립된 주제가 아니라는 점이다. 그것은 무엇보다도 생명의 문제이다. 특히 수혜자와 기증자, 그리고 그들을 둘러싼 가족 및 의료진의 의견이 종합적으로 반영되어야만 하는 심각한 문제라는 점에 인식의 공통기반을 마련해야 할 것이다.

특히 기독교의 관점에서 볼 때, 이러한 문제는 당사자와 주변 관계자들, 그리고 의료진의 전문의견의 문제를 넘어서 하나님이 주신 생명과 육체에 대한 문제인 까닭에 섣부른 개인적 판단과 결행이전에 반드시 목사와의 긴밀한 협의및 진솔한 기도를 통해 신앙과 양심에 위배되지 않는 결단을 얻어야만 한다는 사실이다. 가령 장기기증자의 입장을 고려한다면 그것이 그리스도인의 사랑을 실천하는 본보기가 된다는 점에서는 의미가 있을 지 모르나 거리낌이나 주저함이 동반되는 것이라면 좀더 신중한 판단이 요구된다고 하겠다. 더구나 그 심사숙고의 결과가 장기기증을 망설이는 것이라 하더라도 그것이 비난의 대상이 되어서는 안된다는 점이 중요하다.

● 뇌사의 문제

현재 초미의 관심사가 되어있는 뇌사와 심장사의 판명에 있어서 우리의 가치관을 되돌아보자. 우선 이 문제와 관련하여 예비작업의 성격을 띠는 죽음의 정의에 대한 고찰이 필요하겠다. 죽음을 정의함에 있어서 전통적인 방식에서는 '호흡이 중단되고 맥박이 멈추는 것'이라고 규정하였으나 이것은 의료기술의 발달로 인해 인공호흡의 장치를 이용하여 극복할 수 있게 되었으므로 시대적 타당성이 없는 것으로 간주된다. 이것이 오늘의 문제상황이다.

죽음에 대한 종교적이고 철학적인 이해는 신체와 영혼의 실체로 구성되어있는 인간의 신체적 결합의 해체이다. 철학적으로 인간은 영혼(psche)과 육체(soma)의 결합으로 이해되었으며 아리스토텔레스 이래로 인간의 죽음은 이러한 결합의 해체과정으로 이해되었다. 그런가하면 신학적으로는 인간의 이 흙에서 창조되었으며 하나님이 그 코에 생기가 불어넣음으로써 생명체가 되었음을 말한다. 따라서 죽음이란 육체는 흙에서 나와 흙으로 돌아가고 영혼이 그 부여자인 하나님께로 돌아가는 것이라고 설명된다. 물론 이 과정에서 중요한 것은 인간에 대한 생사의 여탈은 하나님에게만 있다고 믿어져 왔다.

그러나 현재 문제가 되는 것은 의료기술의 발달로 초래된 새로운 상황때문이다. 즉 '호흡이 중단되고 맥박이 멈추는 것'이라고 하였던 과거의 규정이 적용되기에는 다소 논란의 여지가 있어보이는 새로운 문제상황, 곧 육체의 호흡이 이제 기계에 의해 연명가능해졌다는 점에 있다. 이것은 심장과 폐에 의한 사망 판단 이외의 것을 요구한다는 것을 의미한다.

여기에 새롭게 제기된 개념이 바로 뇌사이다. 뇌사에 있어서 문제는 개인의 인간됨의 핵심이라 할 수 있는 의식의 문제이다. 이는 곧 '신피질활동의 중단', 즉 모든 의식능력의 중단을 죽음으로 보자는 것이다. 물론 여기에는 나름대로의 전문의료지식이 동원되고 그 판단기준이 설정되기도 한다. 이 새로운 상황, 즉 뇌사의 인정은 어떤 의미에서는 곧 생명의 개념에 대한 새로운 반성을 요구하는 것처럼 보일 수 있다. 더구나 뇌사를 인정할 경우 그것은 곧바로 장기이식의 가능성을 확대한다는 또다른 효과를 낳을 수도 있다. 아마도 이것이 가장 중요한 요소인듯 하다.

최근 뇌사인정의 문제가 법제화의 단계에 들어서면서 우리는 다시금 생명의 신성함에 대한 심각한 고려의 필요성을 절감한다. 분명한 것은 새로운 죽음의 개념을 선택하든 아니든 간에 현대인이 직면하여 있는 이 문제는 죽음과 생명을 신에게 속하는 것으로 보았던 관념에 대한 강력한 도전과 사회적 가치의 선호에 따라 그 결과가 달라질 수 있다는 점에서 죽음의 영적 의미가 희석되고 있다는 사실이다.

우리가 여기에서 주목해야 할 것은 죽음의 개념을 보다 통전적으로 이해할 필요가 있다는 점이다. 뇌사는 죽음이라고 하는 전체 개념에 있어서 결론이 아니라 과정일 뿐이다. 그리고 엄밀히 말해 뇌사의 인정이라고 하는 이슈에는 분명 효율성과 공리의 개념이 스며있다는 점을 간파해야 할 것이다. 이 문제에 관한 도덕적 사유에 있어서 중요한 것은 인간의 생명은 실험의 대상이 아니라 치유의 대상이며 비록 결함이 있고 불완전 함에도 불구하고 인간의 생명은 그 자체로 존엄하고 보존될 가치를 지닌다고 하는 인식의 재확인과 전환이다.

지금 우리가 취급하고 있는 문제, 즉 생명의 존엄에 관한 이론은 철학적으로 신학적으로 그 근거를 지니고 있다. 철학에서 인간의 존엄성은 그 자체로 선한 것이며 가치론적으로 자기자신 이외의 다른 어떤 것도 그 정당화를 위한 근거로 취하지않는다는 것이다. 이러한 문제들과 관련된 최종의 문제는 종족의 범위, 곧 누구를 인간이라고 할 것인가의 문제와 그 조건, 즉 인간이라고 하는 개념의 윤리적 함의는 무엇인가의 문제가 된다.

이러한 관점에서 기독교는 특히 전문직으로서의 의료직의 사명을 재검토하기를 권한다. 의료의 사명은 하나님에 의해 창조된 인간의 치료를 통한 건강회복에 있으며 무질서 곧 질병의 치료와 그 예방을 목적으로 한다. 하나님의 형상을 보유하고 있는 그렇지만 죽을 수 밖에 없는 피조물들을 끝까지 도와주는 것이 소명이다. 이것을 우리는 종말론적 소명이라 할 수 있을 것이다. 필자는 무엇보다도 현재 의료인들이 자신이 정해놓고 파놓은 새로운 의료개념이 또다른 실험의 대상이 될 수도 있다는 점을 인식할 필요가 있다고 본다. 그리고 이것이야말로 진정으로 두렵고 떨리는 문제가 아닐 수 없다.

● 임신중절과 기독교

낙태 혹은 임신중절이란 일반적으로 수태된 태아를 정상적인 출산의 과정을 거치지 않고 모체 밖으로 배출시키거나 그 소멸시키는 것을 의미한다. 임신중절이 지니고 있는 특징은 그 자체로 여러가지 원인을 지닌다는 점을 들 수 있겠다. 그리고 점차 증가추세에 있다는 것도 특징이다.

그중에서 인공유산이 급증하는 이유는 여러가지이지만 그중에서 의료기술의 발달로 인공유산시술의 용이성이 향상된 점, 그리고 인구억제정책에 편승하여 과거 개인의 도덕의 영역에 속했던 것이 사회가 강요하는 정책에 대한 협조의 개념으로 변화된 점, 특히 미혼모의 급증(전체 낙태의 약30%에 육박하는 것으로 추정됨), 그리고 히포크라테스적 생명존중의 윤리의 상실등이다.

임심중절과 관련한 핵심문제는 무엇보다도 태아의 지위에 관한 것과 태아에 대한 행위의 문제로 요약될 수 있겠다. 태아의 지위와 관련한 문제는 '태아도 생명의 권리를 지닌 인간인가?'의 문제로 번역된다. 만일 그 대답이 부정이라고 한다면 그 이유는 무엇이며 반대로 '인간'이라고 한다면 태아는 이미 태어난 인간과 동등한 권리를 지니는가의 등등의 문제가 야기된다. 그리고 이 문제에 대한 대답여하에 따라 임신중절의 허용과 도덕적 비난여부가 결정될 것이다.

그리고 이 문제와 관련하여 가장먼저 해결되어야 할 것은 태아의 개념에 관한 부분이다. 태아의 개념에 대한 입장은 (1) 수정되는 순간부터라고 하는 유전학파의 관점, (2) 어느정도의 발달이 필요하다는 발달학파의 관점, 그리고 (3) 생명이 문제가 아니라 인간적인 생명이 언제부터 시작되는가를 묻는 사회적 결과학파의 관점을 들 수 있다.

일반적으로 보수주의자들은 전통적인 관점, 즉 수태의 순간부터라고 하는 관점을 따라 생명의 절대적 존엄성을 주장하며 임신중절에 대한 무조건적 반대를 표명한다. 반면에 자유주의적 관점에서는 임신중절을 허용하지 못할 이유는 없으며 특히 태아와 산모의 건강상태, 산모의 생애등 산모의 권리와 그 가족의 경제적 상황을 따라 허용해야 한다는 입장이다. 그리고 이 두가지 입장을 절충한 절충주의자들은 임신중절의 합법성을 인정하면서도 동시에 태아와 부모 당사자에게 고통과 죄의식이 수반되지 않는 경우에는 합법적이지 못하다고 한다. 즉 제한적으로 항상 비극적이며 손실이 뒤따르는 경우에만 임신중절을 허용한다는 입장이다.

우선 임신중절 옹호론자들의 주장을 따르면 치료적 유산(therapeutic abortion)의 합법성을 근거로 하는 동시에 태아를 이미 출생하여 독립적으로 활동하는 생명과 동등한 관점에서 볼때, 태아는 인간의 종에 포함시킬 수 없다는 관점에서 비롯된다. 즉 태아는 아직 온전한 인간이 아니며 심지어는 여성의 몸에 붙어있는 혹이아 조직에 불과하지 않다는 것이다. 따라서 아름다움을 위해 코를 수술하듯 일종의 성형 혹은 정형수술과 임신중절이 다를바 없다는 것이다.

이들은 태아가 출산하여 대뇌엽이 다른 뇌와 통합되어 사회적 기능을 취득하기 시작하는 생후 3개월 까지는 아직 온전한 인간대접을 받을 수 없다는 것이다. 즉 인간의 생명이 사회적으로 수용되어야 비로소 인간됨이 형성된다는 것이다. 따라서 원치않는 태아는 생물학적 생명은 있으나 사회적 생명이 취약하다는 것이다.

그러나 임신중절 반대론자들은 수태된 태아의 영적 생명에 관심을 가진다. 일반적으로 반대론자들의 관점을 요약하면 (1) 임신중절의 대상인 여성의 몸이 착취당하고 또한 죄책이 남게 된다는 점에서, (2) 임신중절의 허용은 곧 악을 허용하는 결과를 낳아 무절제한 성의 문란을 허용하는 효과를 가져온다는 점에서, (3) 임신중절을 하는 것보다는 시설과 제도적 배려가 있어야 한다는 점에서, (4) 태어날 아기의 상속권은 인정하면서 동시에 인간됨을 인정하지 않는다는 것은 논리적 모순이라는 점에서 반대된다는 것이다.

가령 카톨릭에서는 원칙적으로는 임신중절을 반대하면서 다만 2중효과의 원리에 부합하는 경우에만 임신중절이 제한적으로 허용한다. 여기에서 말하는 2중효과의 원리를 요약하자면 (1) 그 행위는 그 자체만으로는 악이 아니어야 한다는 것, 즉 좋은 결과를 낳는다고만 해서 무조건 정당화되는 것은 아니며 근존적으로 악을 행해서는 안된다는 것 (2) 그 악은 좋은 결과를 낳는 수단일 수 없다. 즉 목적이 좋다고 수단을 모두 정당화 해주는 것은 아니라는 것이다. (3) 그 나쁜 결과는 단지 허용될 수 있다는 것이지 의도된 것이어서는 안된다. (4) 어떤 행위가 나쁜 결과를 야기함에도 불구하고 그에 상당한 균형잡힌 이유, 즉 선이 악을 능가하는 경우에만 허용될 수 있을 뿐, 여타의 경우에는 정당화되지 않는다.

그런가하면 우리나라의 경우 형법에서는 낙태를 범죄로 규정하면서도 1973년 제정된 모자보건법에서는 오히려 다음과 같은 조항들로 말미암아 실제적인 효과에 있어서는 낙태를 합법화하는 결과를 낳는 듯하다. 그 조항들은 (1)우생학적 혹은 유전학적 질환이 있는 경우, (2) 본인이나 배우자가 전염성 질환을 가진 경우, (3) 강간이나 준강간 같은 폭력에 의한 임신의 경우, (4) 근친상간을 통한 임신의 경우, (5) 모체에 심각한 위험을 불러올 수 있는 임신의 경우 등이다.

임신중절의 문제에 대한 기독교적 대안은 태아의 시점에 대한 논쟁에 휘말리기 보다는 그 적극적 대안의 모색에 집중된다. 가령 폴 램지(P. Ramsey)의 탁견에서 나타나는 것처럼 임신중절의 문제는 When의 문제가 아니라 How의 문제이다. 즉 '인간의 생명은 언제부터 시작되는가?'(When does individual human life begin?) 하는 현상적이고 기술적인 문제보다는 '태아와 산모, 또는 태아와 여타의 가치와의 관계를 포함하는 갈등의 상황을 어떻게 해결할 것인가?'(How do we solve conflict situations involving the fetus and the mother or other values?)하는 데 기본적인 관심을 표명한다. 그렇다고 태아의 지위에 관한 검토를 등한시하는 것은 아니지만 기본적인 관점에 있어서 해결을 위한 대안의 모색이 중요하다는 점을 강조하고 있는 것이라 하겠다.

기독교적 관점에서 볼 때, 임신중절문제의 과제는 다음과 같다. 인공유산은 살아있는 자들의 기득권에 의한 것이라는 점이다. 태아를 인간으로서의 참된 특성을 지닌자로 볼 수 없다는 사람들은 인간의 경계밖으로 태아를 밀어내고 만다. 옹호론자들은 태아가 아직은 인간이 아니라고 함으로써 논점을 흐리려 하지만, 이 문제에 있어서 중요한 것은 생명은 하나님이 주신 것이라는 관점에서 접근이 필요하다는 것이다.

다시말해 인간됨의 시점을 언제로 상정할 것인가의 문제가 아니라 그 시점 산정의 잣대인 '인간됨의 기준'이라는 것을 과연 누가 설정하였는가? 하는 점이 문제이다. 일반적인 옹호론자들의 논지를 따르면 이미 태어난 사람과 태아 사이의 갈등에 있어서 기득권자의 논리에 따라 태아의 운명이 결정되고 만다. 하지만 기독교는 전혀다른 차원에서 이 문제에 대한 해답을 구한다. 무엇보다도 중요한 것은 하나님의 뜻이요 그 적극적 해결책이다.

물론 플레쳐 같은 경우는 상황의 중요성을 인정한다는 명분으로 성폭행당한 소녀에게 참고 지내라는 말은 또다른 비인간화를 초래한다는 이유에서 일생을 수치심과 증오심으로 살기보다는 결단이 필요하다고 주장하기도 하지만 이것이 기독교의 입장을 대변하는 것이라고는 볼 수 없다. 기독교는 어디까지나 원칙적으로 생명의 소중함에 대한 인식을 기초로하는 해답을 가지고 있다고 보아야 할 것이다.

그리고 임신중절과 관련하여 인간배자(embryo)의 지위에 관한 문제와 性, 그리고 피임의 문제등에 대해서는 결혼의 테두리내에서의 피임을 수용하는 입장이다. 렘지는 극히 예외적인 경우로 직접적인 조치가 없으면 산모와 태아 모두가 생명을 잃게 되는 경우에만 임신중절을 허용하기도 한다.

한걸음 더 나아가 임신중절에 대한 이러한 견해의 차이는 근본적으로 세계관의 차이에서 기인한다고 할 수 있다. 우선 성관계와 생식을 하나님의 섭리에 지배되는 창조질서의 일부분으로 간주하는 입장에서는 임신중절의 문제에 대한 명확한 반대입장을 지니고 있다고 하겠다.

무엇보다도 인공유산은 여성의 문제일 수 있다. 여성이 일방적으로 비난받고 그 책임을 떠맡아야 한다는 것은 지극히 전근대적인 개념이다. 요는 책임적 윤리의 개념정립이 필요하다. 오히려 어려움에 처한 여성에게 일방적으로 임신중절을 금지한다는 것은 또다른 비인간화를 야기할 수 있으므로 그들이 기거할 장소와 입양 등등의 준비가 수반되어야 한다는 점을 지적하고 싶다.

3. 생명수호의 최전방에 선 기독교

● 기독교와 생명의 윤리

생명에 대한 관심이 증대되고 있다. 그러나 이것은 생명의 존엄에 대한 바람직한 현상들을 바라보면서 표현하는 관심이라기 보다는 생명의 존엄에 대한 위협으로부터 나온 일종의 위기의식의 표현이라고 해야 할 것 같다. 무엇보다도 과학기술의 발전이 야기한 역기능의 연장선상에서 우리는 생명문제의 심각성을 찾아 볼 수 있어야 하겠지만 과학기술의 발전 혹은 사회의 급격한 변동을 빌미삼아 고개를 들고 터져나오는 생명소외의 목소리 또한 경계해야 할 것이다.

　다행스러운 것은 생명존엄에 관한 논의가 특정학문만의 전유물이 아니라 다양한 분야를 통해 이루어지고 있다는 점이다. 특히 윤리학의 문제로 자리잡은 생명의 존엄에 관한 논의는 어느덧 우리주변에 보편화된 문제의 하나로 자리매겨지고 있다. 그러나 문제는 생명존엄에 관한 논의가 실제적으로 생명의 가치에 대한 논의라기 보다는 오히려 생명의료 분야의 새로운 상황을 정당화하려는 논의로 악용될 수 있다는 점이다. 인격성의 논의 역시 그 의도에 있어서 태아의 보호 및 생명의 보호를 위한 것처럼 여겨지면서도 결과에 있어서는 생명의 질적구분을 인정하는 효과를 보여주고 있다는 점에 특히 주목해야 할 것이다.

　현대사회의 다양한 문제들 가운데 무엇보다도 급선무가 있다면 그것은 생명에 관한 윤리적 반성이 되어야 할 것이다. 특별히 기독교 윤리는 생명의료 분야에서 발생하는 다양한 논제들에 대해 효과적인 대응논리와 깊은 차원의 윤리적 모색을 통해 생명존엄의 가치를 지키고 실천적인 대안을 마련해 나아가는 데 인색해서는 안될 것이다.

　생명의 가치는 그 누구도 부정할 수 없다. 그것은 생명의 주되신 하나님의 선물이기 때문이다. 그러나 불행하게도 생명에 관한 기술이 진보하고 그 수준이 향상되었다는 것은 생명존엄의 고양을 위한 일 보다는 생명의 질적 차이에 관한 지극히 현상적인 논의에 수단으로 전락하고 말았다.

　이러한 때에 기독교 윤리가 지향해야할 과제가 있다면 그것은 생명의 가치를 고양하고 이그러진 생명의 통전성을 회복시키는 것이라 하겠다. 하나님은 인간을 하나님의 형상(Imago Dei)을 따라 창조하셨고 그 생명을 조성하신 창조주로서 우리의 인격성여부나 정상인여부에 관심을 가지시는 것이 아니라 우리가 하나님의 피조물이며 하나님으로부터 나온 생명이라는 점에서 천하보다 귀한 영혼으로 여기신다는 점에 주목해야만 할 것이다. 이러한 의미에서 생명의 존엄성을 넘어서 신성함의

(sanctity)의 차원으로 격상시키는 일을 위한 과제는 일종의 정언명법으로 다가와야만 할 것이다.

예수 그리스도는 병든자와 눈먼자 그리고 절름발이를 멸절시키신 것이 아니라 오히려 그들을 치료해 주셨다는 점은 우리의 과제가 무엇인지를 보여주는 것이라 하겠다. 생명의 윤리를 위한 그리스도인의 일차적 과제는 우리의 가 지녀야 할 일차적인 과제는 생명의 주되신 하나님 앞에서 인격성의 기준을 찾는 것보다는 보다 고차원의 관점에서 생명의 가치를 재확인하는 일이 될 것이다. 예수 그리스도는 상한 갈대를 꺾지 아니하시며 꺼져가는 심지를 끄지 아니하시는 분이시며(마태 12:20)약점을 찾아내고 흠을 들추어 내기보다는 온전한 구원에 이르게 하시는 분이시기 때문이다.

이것을 보다 더 구체적으로 진술한다면 하나님의 형상으로서의 인간에 대한 존중과 함께 육체적 생명을 넘어 예수 그리스도를 통한 새 생명의 가치에 대한 확신으로 설명할 수 있을 것이다. 생사여탈의 권리에 대한 반성은 이러한 맥락에서 그 의의를 더욱 드러낸다고 할 것이다. 즉 인간은 인격성의 잣대로 측정될 대상도 아니며, 인격성이라는 자의적이고 편협한 범위에 포함되지 않는다는 이유만으로 인간에 의한 인간 생명의 질적 수준이 평가되고 그 권리가 박탈되는 것은 있을 수 없다. 다시말해 하나님이 주신 생명은 하나님의 것일뿐, 인간에게 그 처분의 권한이 주어져 있지않다. 인간은 그 생명의 존엄과 신성함을 위해 돌보는 일을 본분으로 삼아야만 할 것이다.

여기에서 우리가 짚고 넘어가야 할 사항은 생명의 문제가 의사와 환자 및 가족 등 관련당사자들만의 것이 아니라는 점이다. 가령 생명의료의 문제는 의료인의 직업윤리에 문제가 있다는 식으로 설명하는 것은 곤란하다. 의료인의 직업윤리도 문제이겠지만 생명의 존엄성을 지키고 그 가치를 드높이는 일은 우리들 모두의 몫이라 해야 할 것이다. 특히 기독교 윤리에서는 하나님이 주신 생명의 소중함과 하나님의 형상으로서의 인간존엄의 가치를 분명하게 인식시킬 수 있는 공동의 책임의식을 발휘해야만 할 것이다.

　기독교 윤리가 수행해야할 생명존엄을 위한 과제는 인격성의 잣대를 보다 세련된 형태로 제시한다거나 공리적 계산을 바탕으로하는 새로운 대안을 제시하는 것이라기 보다는 강도만난 사람을 정성으로 돌보아 준 사마리아인의 경우(누가 10:30-37)에서 볼 수 있듯이 선한 이웃이 되는 것이며 생명운동의 최전방에 서는 일이라 하겠다.

● 천하보다도 귀한 생명

　우리는 어느덧 다시 문제의 원점으로 돌아와 있다. 기술의 진보는 현대사호에 있어서 특히 의료문제와 관련하여 중요한 질문을 제기하였다. 신체기관의 이식, 임신중절, 생명연장기구, 유전공학등 여러 수단에 의해 인간의 생명과 삶의 질을 좌우할 수 있는 능력이 증대됨에 따라 참다운 삶이란 무엇인가를 묻는 새로운 상황의 한복판에 우리가 서 있는 것이다.

　성서는 인간은 남녀노소를 불분하고 권력자이거나 섹스의 상대, 사회적 이익의 산출이라는 여타의 동기에 의해서가 아니라 단지 그의 기원, 즉 인간이 하나님의 형상을 지니고 있다는 점에서 위대한 가치를 지닌 존재임을 천명한다.

　이러한 맥락에서 가장 중요한 것은 생명의 가치이다. 기독교에서는 생명은 하나님에게서 나온 것이며 생존 뿐만아니라 요람에서 무덤에 이르는 전과정의 희노애락과 성공과 실패 절망과 비젼의 전과정이 하나의 스펙트럼으로 하나님의 뜻에 속한다는 것이다. 따라서 생명의 영역에는 양자택일의 논리가 아니라 오직 존중과 보호만이 있을 뿐이다.

　우리가 해야 할 당위는 이것이다. 우리는 생명의 보존을 위해 침묵해서는 안된다. 기술의 발전이 인간에 대한 실험을 가속화하는 것 못지않게 인간 존엄을 지킬 방법 또한 무한하다는 것을 인식할 필요가 있다. 따라서 현대사회에 있어서 기독교 윤리는 우선 생명의 윤리가 되어야만 할 것이다. 그것도 단순히 생명의 연장을 고전적인 관점과 틀에서 무조건적으로 찬동할 것이 아니라 인간존엄을 부각시키는 단계에로까지 고양시키고 그것을 재확인시킬 책무를 지닌다. 그러므로 이와 관련된 문제는 참으로 인간다움의 조건이 무엇인가 하는 문제에 귀착한다고 하겠다. 우리는 무엇보다도 인간에게 생명을 부여한 하나님께 대하여 책임적으로 응답하여야만 할 것이며 생명운동의 기치를 드높일 시점에 서있다고 하겠다.

따라서 폴 램지는 인간생명의 신성함(sanctity)은 사회적 가치나 존엄성에 의존하는 것이 아니라 오로지 하나님이 우리를 존재에로 불러내었고 우리에게 생명을 부여하였다는 점에서 찾아야 한다고 주장한다. 말하자면 생명의 존엄성은 일종의 신성함의 차원에로 고양되어야 하며 인간생명의 가치는 궁극적으로 하나님이 인간에게 생명을 부여하였다는 데 그 기초가 있다고 하겠다.

한걸음 더 나아가 일부의 주장에서처럼 이것은 의료전통에 있어서 야기된 히포크라테스적 전통의 와해라는 현상적인 관점에서 풀어야할 문제가 아니라 근본적으로 하나님의 창조주되심과 인생의 생사화족을 주장하시는 주되심에 관한 인간의 신앙고백의 문제라고 하겠다. 요컨대, 기독교의 윤리적 관점에서 생명은 하나님의 것이며 무엇이 하나님의 뜻인지를 심사숙고하여야 할 대상이며, 그 실천적 대안의 모색에 있어서 언제나 생명의 신성함을 함양하는 길이 무엇인지를 책임성있게 되묻는 작업이 필요하다는 점에 주목해야만 할 것이다.

생각해 볼 문제

1. 다음 개념들을 자신의 말로 설명해보자.

▷ 뇌사

▷ 생사여탈권(生死與奪權)

2. 의료의 문제를 꼭 기술의 발전과 연관지어 설명해야만 할까? 다시말해 의료 전문가의 직업윤리와 관련하여 심각하게 검토되어야 할 부분은 없을까? 있다면 주로 어떤 부분이 문제가 될 수 있을까 설명해보자.

3. 임신중절, 장기이식 그리고 안락사의 문제가 근본적으로 안고있는 도덕적 부담은 무엇인가?

제 13 장

삶의 의미와 행복

생각 모으기 ————————————————————

　행복한 삶이란 무엇인가? 그것은 과연 얻을 수 있는 것일까? 기독교는 행복의 문제와
어떤 관계가 있으며 '축복'이란 어떤 개념인가?

▷ '행복'에 관한 개인의 단상을 정 리해보자	
▷ 기독교의 축복과 행복의 관계 는 무엇인가?	

　행복한 사람은 누구일까? 이번 과에서는 행복에 대한 기독교적 접근의 줄거리를 정리
하게 해줄 것이다.

1. 무엇이 인간을 행복하게 하는가?

● 인간이면 누구나 행복을

　행복을 원하는 마음은 누구도 부정하지 못할 보편적 욕구이다.` 그리고 인류의 역사에 있어서 행복에 관한 이야기는 각자의 생김새가 다르듯 천차만별의 다양성을 노정시켜 왔다. 혹은 쾌락에의 탐닉을, 그런가 하면 처세술을, 혹은 마음의 수양을 또는 무소유의 자기만족을 주장하면서 그것이 곧 행복이라고 주장해 왔다.

　행복은 우선 쾌락의 소산일 수 있을지 모른다. 대표적으로 우리는 에피쿠로스주의로 대변되는 쾌락주의를 즉각 떠올리게 된다. 하지만 에피쿠로스는 자신의 이름이 관능적이고 원초적인 감각적 쾌락에 탐닉하는 자들에게 사용되는 것을 몹시 불쾌하게 생각할 것이다. 적어도 그가 주장한 쾌락은 정신적인 것이며 장기적인 것이었기 때문이다.

　에피쿠로스의 이름을 제쳐놓는다 하더라도 여전히 육체를 즐겁게하는 쾌락의 향연은 많은 사람들의 호기심을 자극한다. 말초적이고 찰나적인 쾌락이 인생의 기나긴 여정에서 오는 스트레스를 해소하고 새로운 활력을 줄 수도 있다는 생각에서 그런지는 몰라도 에피쿠로스의 시대나 오늘의 시대나 가릴 것 없이 쾌락에의 열망은 식을 줄 모른다. 그러나 우리는 여기에서 윤리학의 원리인 쾌락주의의 역설(paradox of hedonism)을 염두에 둘 필요가 있다.

　즉 모든 일에 있어서 쾌락을 목표로 하는 사람일수록 오히려 반드시 쾌락을 누려야한다는 강박관념 때문에 오히려 쾌락을 목표로 삼지않는 사람들이 느끼는 쾌락보다도 적은 양의 쾌락을 누리게 될 것이라는 점에 유념해야 한다는 것이다. 다시말해 어떤 경우에서이든간에 쾌락을 얻어야만 한다는 관념은 찰나적인 쾌락마저도 놓치게 될 가능성이 높다고 할 수 있겠다.

물론 이 문제에 대해 쾌락주의자들에게는 나름대로 반론의 여지가 있어 보인다. 쾌락만이 유일한 선이라는 것은 자신들의 논리가 아니라는 항변도 가능할 것이며 쾌락은 언제나 그 자체로 평가되어야 한다는 점을 강변할 수도 있다. 즉 도덕적 평가의 대상이 되기 이전의 쾌락 그 자체만을 문제삼아야 한다는 관점이다. 하지만 이러한 이야기들을 학문적으로 십분 이해하고 인정한다손 치더라도 이런 저런 생각없이 단지 주어지는 쾌락에 탐닉하는 대중적인 쾌락의 지지자들은 여전히 쾌락만이 삶의 유일한 목적임을 강력히 옹호할 것이다. 이것이 문제인 셈이다.

그런가하면 행복은 또한 쾌락 이외의 인간 외적요인, 즉 운명적인 것일지도 모른다. 어떤 사람은 날 때 부터 행복을 보장받은 것처럼 보이는 환경과 여건을 타고난다. 그런가 하면 혹 어떤 사람은 주어진 것이 없어도 천성적으로 행복한 경우도 있다. 어찌보면 행복이란 획득되는 것이 아니라 마음의 문제인양 느껴지는 문제이며 운명에 대한 체념이나 인격의 성숙을 통해 얻어질 수 있는 것처럼 여겨지는 부분도 상당한 설득력을 지니고 있다.

하지만 우리의 마음은 자연스러워야 하는 법이다. 인격수양을 통해 마음의 동요를 없애고 현실과 세상에 대한 무감각의 상태에 들어가는 것이 행복일지 모르나 부자연스러운 금욕은 행복을 기약하기보다는 행복을 빗겨가는 것일 수 있다. 단적으로 말해 그것은 위장된 마음의 평화일지 모른다. 현실의 문제는 산적한 채로 남겨두고 세상만사에 무관심한다는 것이 과연 행복의 요건을 만족시킬 수 있을지…. 더구나 무감각의 상태라고 하는 것은 기괴한 자제력을 의미하는 것일 수도 있다.

이제까지의 이야기들은 단선적 의미의 관능적 쾌락주의, 그것보다 한 차원 높여 정신적 쾌락의 추구를 주장한 에피쿠로스주의, 그리고 절제와 금욕 및 무관심의 스토아적 행복론을 개괄적인 인상을 줄 수 있도록 정리해 본 것에 불과하다. 이러한 이야기들 이외에 행복에 관한 개인적인 견해차는 얼마든지 있을 수 있다. 행복은 결국 자신의 언어로 규정해야하는 문제가 될 수 있기 때문이다. 그러나 분명한 것은 행복론의 수효가 많다는 것은 어떤 의미에서는 인간이면 모두 행복을 추구한다는 자연적인 사실을 반증해주는 요소가 될 것이라는 점이다.

● 현대사회와 행복의 문제

행복의 문제는 고대와 중세를 거쳐 윤리학의 주요 관심사의 하나이었다. 행복론은 하나의 문제사를 이룰 정도로 저마다의 의견을 반영하는 지속적 관심사라고 하겠다. 과거 고대와 중세의 행복론이 주로 개인의 차원에서 행복의 문제를 다루어 왔다면 현대의 행복론은 개인의 행위로서는 해결할 수 없는 또다른 차원의 문제를 수반한다. 이와 관련하여 우리는 크게 두가지 요소를 고려하게 된다. 그 하나는 과학기술의 발달이 야기한 새로운 상황에서 행복의 문제가 여전히 유효한 것인지 하는 점, 또다른 하나는 개인의 행복과 아울러 사회전체의 행복을 증진시킬 길은 없는지 하는 문제이다.

우선, 현대인에게 있어서 행복의 문제는 여전히 유효한가? 물론 예외일 수 없다. 다만 현대인은 과학기술의 발달에 힘입어 과거의 사회에서는 상상할 수 없었던 수많은 물량적, 도구적 혜택을 누리고 산다는 점이 다를 뿐이다. 그러나 오히려 과학기술로 인해 인간은 총체적으로 몰락할 수 있는 위험에 노출되어 있다는 사실을 잊어서는 안될 것이다. 과거보다 훨씬 편리해진 사회속에서 우리는 문명의 이기를 누리며 그 혜택과 효과를 극대화하려고 하지만 지나친 소비와 무책임한 이기심으로 인해 환경오염과 생명개념의 위기를 초래하는 또다른 관점에서의 불행을 자초하고 있다는 점에도 관심을 기울여야만 할 것이다.

그런가하면 현대사회가 안고 있는 구조적 특성을 중심으로 정의로운 분배를 통해 행복의 총량을 극대화할 필요성을 절감한 사람들도 있다. 윤리학에 있어서 흔히 사회적 행복론, 혹은 윤리학적 이타주의로 분류되는 공리주의자들은 최대다수의 최대행복을 슬로건으로하는 목적론적 윤리설을 체계화시켰고 오늘의 사회에서 여전히 그 목소리를 높여가면서 자신들의 정당성을 주장하기도 한다.

공리주의자들은 특히 유용성(utility)에 촉각을 곤두세우면서 현대인에게 상당한 설득력을 지닌 행복의 이론으로 남아있다. 그들의 관심은 복지혜택의 분배과정에 정의로운 절차를 도입함으로써 행복한 삶의 수혜자를 늘려가고 양화가능한 행복의 정의로운 재분배를 통해 전체의 이익과 행복을 증진해야 한다는 점에 집중되어 있는 듯 싶다

논의의 맥락이야 무엇이든간에, 분명한 것은 현대인에게 있어서 행복의 문제는 고대인의 경우와 마찬가지로 여전히 강력한 도전장에 속하는 것이며 풀어야할 난제에 속하는 것이라는 점이다. 비록 외견상의 행복이 비약적으로 증가한 것처럼 보이지만 아직도 개인심성의 문제 그리고 구조상의 문제로 야기된 사회적 불행으로부터의 행복을 위시한 행복 그 자체를 향한 열망은 여전히 식을줄 모르는 과제로 남아있다.

2. 기독교의 행복론 : 아우구스티누스적 접근

● 우선 행복의 개념규정부터

행복에 관한 기독교의 대안은 인간과 하나님의 관계를 반영하는 구원과 은총의 문제에 직결된다. 우리는 특히 아우구스티누스적 접근방식으로 대변되는 기독교적 행복의 윤리를 검토해 봄으로써 현대인에게 있어서의 행복의 문제를 해결하기 위한 단초를 발견하고자 한다.

아우구스티누스의 행복론은 인간이 예외없이 행복을 추구한다는 전제로부터 출발한다. 이러한 부정할 수 없는 심리적 사실로부터, 아우구스티누스는 인간의 행복추구를 윤리학의 근본문제로 상정하였다. 그 사유의 구도에 있어서는 고전 윤리학을 따르고 있는 듯 하나, 인간을 실존적인 결핍의 존재로 상정하고 행복이란 실존적 불안을 궁극적으로 해결하는 안정과 영속적인 평화의 문제로 인식하고 있다는 점에서 아우구스티누스의 행복론의 특징을 찾을 수 있겠다.

행복에 관한 윤리학적 탐구에 있어서 아우구스티누스는 우선 행복의 조건을 규정한다. 행복론의 역사를 일별하면서 그는 다양한 행복의 개념들이 지속적으로 제시됨에도 불구하고 그 논의가 결말을 보지 못하고 있다는 점에서 인간의 불행이 반증되고 있음을 보았으며 진정한 행복의 조건을 규정해야 한다는 필요성을 절감했기 때문이다.

그는 먼저 행복론의 역사에 나타난 특징적인 요소들을 검토하고 그 한계점을 반박한다. 에피쿠로스주의와의 대결에서 아우구스티누스는 쾌락주의적 전제를 부정하고 쾌락과 행복이 구분되어야 한다는 점을 강조한다. 특히 쾌락만이 유일한 선이라고 하는 점에 반대하여 인간을 영속적인 안정에로 이끌어 주는 본래적 선은 정신적 쾌락의 개념까지도 넘어서는 진정한 행복의 개념으로 대치되어야 한다고 주장한다.

특히 에피쿠로스주의가 추구하는 아타락시아, 즉 평정심이라고 하는 것이 비록 관능적인 쾌락 보다는 인간이 의지해야할 쾌락은 정신적이고 인생전반을 고려하는 장기적인 쾌락이 되어야 하는 것이라고 주장하기는 해도 에피쿠로스주의에 근본적으로 전제되어있는 현세지향적 사고는 영원한 행복에 대한 관심에 이르지 못하였다는 점에서 반박되었다.

그런가하면 스토아 사상이 제시하는 행복의 개념에 대해 행복이란 상실될 염려가 없는 것이어야 한다는 점에서는 나름대로 의의가 있다. 그러나 내용적으로는 반박의 대상이었다. 특히 스토아 사상에서 전제하는

스토아적 결정론에 대해 아우구스티누스는 인간의 자유의지가 숙명론
적 필연성에 통제되지 않는다는 점을 들어 반박한다. 가령 에픽테투스
나 키케로가 주장한 바와 같이 현자는 외적조건에 좌우되지 않고 '인간
에게 속하는 것'과 그렇지 못한 것을 준별하여 헛된 시도를 일삼지 않
음으로써 격정에 휩쓸리지 않는 아파테이아를 누려야 한다는 것은 기만
적이라고 한다. 아파테이아의 상태에 있다는 것은 놀라울만한 자제력에
불과하기 때문이다.

아우구스티누스는 에피쿠로스와 스토아사상의 행복론이 인간을 위한
진정한 행복이라기 보다는 오히려 한계를 지니고 있는 가상적 행복이라
고 보았다. 그러한 행복의 규정들은 모두가 인간의 영원한 안식과 더할
수 없는 희락의 상태를 보장할 수 없는 것들이기 때문이다. 그들의 행
복론은 인위적이고 현세지향적이며 인간의 영원한 생명에 관한 문제를
도외시하는 절반의 행복론 혹은 유사 행복론일 뿐이라는 것이다.

아우구스티누스는 오히려 진정한 행복이란 영속적이며 불변하는 것
이어서 인간의 실존적 안정을 도모할 수 있어야 한다는 관점에서 진정
한 행복의 가능조건을 규정한다. 인간은 언제나 요동하며 안정없이 방
황하며 언젠가는 귀속될 죽음의 문제에 직면하여 그 실존적 통로를 찾
지 못해 안타까이 애쓰는 존재로 파악되었기 때문이다. 아마도 아우구
스티누스적 주장을 따라가자면 인간이 관능적 쾌락에 탐닉하거나 운명
을 신봉하는 것들은 모두가 그 원인에 있어서 인간의 불안정성에 기인
한다고 해야 할 것이다. 요컨대 인간은 자신의 삶의 불안과 죽음에의 공
포및 한계상황들을 벗어나고 망각하기 위해 여러가지 나름대로의 대안
을 찾고 있지만, 진정으로 인간에게 필요한 영원의 안정을 얻어 누리지
못했다는 것이 문제인 셈이다.

이러한 문제의식으로부터 아우구스티누스는 행복의 조건을 영원성과
불변성으로 규정하였다. 불안정하고 가변적이며 가사적(可死的)인 인간

을 행복하게 할 수 있으려면 안정되고 불변하며 영원한 것이어야만 하기 때문이다. 이러한 조건에 부합하는 대상을 찾아 누리는 것이야말로 상실되지 않는 영원한 행복을 보장하게 될 것이다.

이러한 행복을 찾으려는 과정에 도입된 것이 인식론적 접근과 시간론이다. 인식론적 접근을 통해 아우구스티누스는 인간의 행복이 확실성과 불변성을 지니는 것이어야 함을 강조한다. 인간이 찾아낸 행복 마져도 인간의 본성처럼 가변적이거나 불확실성에 가득찬 우연적인 것이어서는 곤란하기 때문이다. 그러한 것은 비록 행복이라고 이름지어 준다고 하더라도 오래가지 못하는 외견상의 우연성을 이내 드러내고 말 것이기 때문이다.

또하나의 통로는 시간론적 접근이다. 시간이란 무엇인가? 이 문제는 평소에는 잘 알고 있는 것 같지만 막상 질문을 받으면 대답하기 어려운 문제 중의 하나이다. 그것은 운동량의 측정단위일 수 있다. 고대인들의 생각은 대부분 그러했다. 하지만 아우구스티누스는 시간의 개념분석을 통해 물리적 시간개념을 넘어선다. 그에게 있어서 시간은 본성적으로 가변성을 보여준다. 현상계에 존재하는 것들은 시간성의 지배를 받는다. 즉 가변적이며 가멸적이다. 아우구스티누스는 시간의 가변성으로부터 불변적인 영원성을 생각하는 데로 나아간다. 그것은 행복이란 영원한 것이어야 하며 외적조건에 의해 좌우되거나 상실될 수 있는 것이어서는 안된다는 점을 부각시켜주는 것이기도 하다.

이렇게 본다면, 적어도 아우구스티누스에게 있어서 행복은 경제적 성취에 의해 취득될 수 있는 것이 아니다. 유산으로 부(富)를 누리든지 혹은 성실한 노동의 댓가고 얻은 것이든지 간에 경제적 번영 그 자체는 행복일 수 없다. 외형적인 조건이 될 수 있을 지는 몰라도 그것이 곧 행복이라고 할 수는 없다. 금전적인 행운은 언제든지 스쳐지나갈 수 있기 때문이다. 혹은 명예로 얻을 수 있는 것도 아니다. 명예는 순간적으로 불명예로 변할 수 있는 요소를 지니고 있기 때문이다. 그밖에 상식적으로 생각할 수 있는 행복의 후보들도 역시 마찬가지이다. 그것들은 근본적으로 시간성에 얽매여 있기 때문이다.

그렇다면 영원불변의 조건에 부합하는 행복은 과연 무엇인가? 이러한 기준에 부합하는 구체적인 대상은 영원불변의 존재로서의 하나님이다. 아우구스티누스는 하나님을 소유하는 것 혹은 하나님을 직관하는 것(visio Dei)이야말로 진정한 행복의 달성이라고 본다. 하나님은 변화무상한 존재자들의 궁극적인 존재근거이며 창조의 사역을 통해 만상에 존재를 부여한 충만한 존재의 원천이기 때문이다. 존재자체로서의 하나님은 시간적인 것들의 근저에 놓인 기초이며 그들이 궁극적으로 의존해야 할 목표이자 스스로 존재하는 자로서 다른 것의 원인에 의해 존재하지 아니하는 영원불변의 존재이다.

이러한 의미에서 아우구스티누스는 인간이 진정으로 행복해질 수 있는 요건은 시간성의 지배를 받는 가변적 영역을 넘어서 모든 변화와 생성의 근저이자 생명과 존재의 근원인 하나님에게 돌아가는 길 밖에 없다고 한다. 이러한 의미에서 아우구스티누스의 행복론은 곧 기독교의 구원론에로 연결된다. 나아가 아우구스티누스는 인간의 진정한 행복의 달성이 현세에서 이루어지는 것이 아니라고 한다. 그것은 영생의 개념을 포함하여 영원한 안식을 얻게하는 초월적 영역에서 가능하다고 한다.

● 행복, 덕, 그리고 악의 문제

행복을 얻기위해 인간이 할 수 있는 것은 무엇인가? 이것은 보통 덕의 문제와 연관된다. 일찌기 아리스토텔레스는 행복을 얻기위해 실천적 덕과 이론적 덕을 수행하여야 한다고 했으며 그중에서도 특히 이성에 의한 진리의 관조를 중시하였다. 아우구스티누스는 아리스토텔레스가 이론의 덕을 강조하였던 것과는 달리 인간의 자유의지에 주목한다. 지성(intelligens)은 인간에게 행복이 무엇인지를 보여 줄 수는 있으나 진정한 행복을 향해 인간을 이끌어 주는 힘이 부족하다고 보았다. 그는 이러한 기능을 특히 의지(voluntas)에서 찾았다.

아우구스티누스는 인간이 행복해 질 수 있는 것도 무엇을 의지하느냐에 달려있고 인간을 불행으로 이끄는 것도 역시 의지라고 보았다. 의지는 그 본성에 있어서 자유의지이기 때문이다. 다시말해 인간은 영원불변의 존재인 하나님을 향할 수도 있고 반대로 시간적이고 가변적인 것에 집착하여 영원한 것을 무시하거나 등한시 할 수도 있기 때문이다.

의지의 문제를 중심으로 행복에의 길을 설명하는 아우구스티누스의 방식은 사랑(amor)이라는 개념을 통해 보다 역동적으로 설명된다. 아우구스티누스는 특히 인간의 자유의지 중의 핵심요소를 사랑이라고 본다. 여기에서 사랑이라고 하는 것은 우리가 상식적으로 생각하는 감정적인 사랑에만 국한되는 것이 아니라 그것을 부분집합으로 하는 보다 포괄적이고 집약적인 의미를 지니고 있다. 로츠(J. Lotz)의 해석에 의하면 사랑이란 인간이 모든 심리적 에너지를 총동원하여 그 목표를 향해 집중하는 정신력을 의미한다. 다시말해 사랑이란 삶의 강한 추진력이요 동시에 집약적인 능력이다. 이러한 의미에서 아우구스티누스는 사랑의 중요성을 강조하고 인간이 무엇을 사랑하느냐에 따라 인간의 행복과 불행이 결정된다고 보았던 것이다.

사랑이란 그 자체로서는 중립적이다. 다만 그 방향이 문제이다. 의지와 사랑은 간혹 상호호환적으로 사용되기도 하며 구분없이 사랑이라는 용어가 주로 사용되는 경우도 있다. 이러한 의미에서 인간이 무엇을 의지하고 있느냐 하는 것은 곧 의지의 핵심요소인 사랑의 용어로 설명할 때 무엇을 사랑하고 있느냐의 문제가 된다.

그러나 사랑은 그 대상에 따라 질적으로 구분된다. 아우구스티누스는 가치의 질서(ordo)개념을 도입하여 사랑의 문제를 보다 명확히 설명한다. 그는 플로티누스적 유출설을 성서의 창조론에서 재해석하여 無로부터의 창조(creatio ex nihilo)를 주장한다. 창조론은 곧 가치론적 논거가 된다. 아우구스티누스는 하나님이 창조를 통하여 존재자들에게 존재를 위계적으로 부여하였다고 보았다. 따라서 저급한 것과 고급의 것, 가변적인 것과 영속적인 것이 구분된다. 즉 시간과 영원의 영역이 구분된다. 창조된 모든 것은 영원한 존재로부터 가변적이고 시간적인 존재를 부여받았다. 피조물들은 언제라도 無로 돌아갈 수 있는 것들이기 때문이다.

이러한 맥락에서 저급한 것을 사랑하면 그 사랑은 저급해지고 영속적인 것을 사랑하면 그 사랑은 진정한 행복을 향해 인간을 이끌어 주는 것이라는 주장이 이해되어야 할 것이다. 이것은 다시 사랑의 유형을 구분하는 설명방식을 취한다. 목적으로서 향유(frui)해야 할 것과 수단으로서 사용(uti)해야 할 것이 구분된다. 이러한 구분에서 향유한다는 것은 목적으로 사랑한다는 것이요 사용한다는 것은 수단으로 사랑하는 것이라는 설명이 가능해진다.

만일 향유할 것을 향유하고 사용할 것을 사용한다면 그 사랑은 질서 있는 사랑, 곧 애덕(caritas)이 될 것이며 그 역은 악덕(cupiditas)이다. 이러한 의미에서 아우구스티누스가 제시하는 행복추구의 진정한 덕은 카리타스이며 이것은 영원불변의 존재인 신을 향한 사랑을 의미하는 것으로서 사랑의 질서(ordo amoris)혹은 질서있는 바른 사랑이라고도 불리운다.

카리타스와 달리 쿠피디타스는 인간을 불행에로 이끈다. 그것은 저급하고 현세적이며 시간의 제한을 받아 상실될 수 있는 대상에 집착하여 영원한 존재를 향유하지 못하거나 극단적으로는 향유의 대상을 사용하려는 무질서한 사랑이다. 아우구스티누스에 따르면 쿠피디타스는 인간을 영원불변의 행복에로 나아가지 못하게 한다. 이것이 모든 악의 근원이다. 아우구스티누스는 마니교적 이원론을 극복하고 악이란 외적 대상 혹은 형이상학적 실체가 아니라 인간내부의 부패함에서 유래하는 것이며 자연악과 사회의 구조악도 결국은 자유의지의 남용이라 할 쿠피디타스가 원인이라고 한다. 이러한 의미에서 악은 행복추구의 저해요소로 간주하고 악론 역시 행복론적 전제에 부속되는 것으로 해석된다.

아우구스티누스는 이것을 의지의 남용이라고 하며 가치의 질서를 왜곡시킨것으로 본다. 이것은 단지 이론적인 문제가 아니라 인간의 실존적 현실이다. 즉 인간은 본래 쿠피디타스의 상태에 놓여있으며 행복을 얻기위한 카리타스의 가능성도 결국은 하나님의 은총이라는 초자연적 요소를 도입할 때 설명될 수 있다.

● 균형잡힌 가치관으로서의 기독교 행복론

아우구스티누스의 행복론은 우리에게 균형잡힌 가치관을 제시하여 진정한 행복이 무엇인지를 보여준다. 일반적으로 우리는 가시적인 영역에 있는 것만이 전부라고 간주하는 경향이 있으나 오히려 인간의 진정한 행복은 시간적인 논리의 지배를 받는 가변적 영역에 있지 않다는 것을 확인한 셈이다.

또한 기독교의 행복론은 현상세계의 문제를 도외시하거나 그것을 정죄하는 금욕주의에 치닫지도 않는다. 오히려 그 적절한 이용과 평가를 통해 영원한 것을 얻기 위한 수단으로, 혹은 잠정적인 행복의 조건으로 간주한다. 이것은 달리말해 현실적인 삶의 중요성과 아울러 그것이 시간적인 특성을 지니고 있음으로 인해 우연적이고 가변적인 것이라는 점을 일깨워준다. 나아가 영원한 것, 혹은 초월의 세계에 대한 관심을 고취하고 인간이 나아갈 길을 제시해 준다.

보다 중요한 것은 기독교의 행복론이 쾌락주의와 운명론적 사고를 넘어 영원불변의 존재인 하나님을 소유하기 위해 나아가야 함을 주장한

데 있다. 이것은 곧 기독교의 구원론과 연관되는 교량이며 은총의 개념
은 바로 이점에서 그 중요성을 확인하게 될 것이다.

　기독교는 인간이 가변적이고 시간적인 존재요 영원한 존재의 근원이
신 하나님의 피조물임을 망각하지 않는다. 게다가 인간이 자신에게 주
어진 의지의 자유를 남용함으로써 전적타락, 전적부패의 존재로 전락했
음을 기억하며 오로지 그리스도를 통한 구원만이 인간에게 영원한 행복
을 기약하는 절대적 조건이 된다는 사실에 주목한다. 바로 이것이 행복
에 관한 기독교적 대안의 단초인 동시에 결론이다.

3. 기독교의 가치관

● 기독교적 가치관과 인간

　최근 윤리학과 교육계에서 인성교육의 필요성에 관한 이야기가 성찬
을 이룬 적이 있었다. '자기 상실의 시대' 혹은 '비인간화의 시대'라는
표현들은 현대사회가 겪고있는 인간성의 위기를 대변해 주고 있다. 이
시대를 살아가는 현대인에게 있어서 진정으로 필요한 급선무의 과제가
있다면 그것은 비인간화의 요소들을 극복하고 제거함으로써 진정한 자
아를 회복하는 일이라 하겠다. 인성교육은 바로 이러한 관점에서 그 궤
를 같이한다.

　인성교육의 개념은 최근 우리 교육계에서 활발히 사용되는 용어로서,
인간다운 품성을 함양하거나 고양시키는 교육이라고 정의될 수 있겠다.
여기에는 매우 포괄적인 내용이 다루어져야 하는 과제를 지니고 있지
만, 혹자는 인성교육의 첩경을 도덕교육에서 찾고 그중에서도 가치관교
육의 중요성을 제기하는 흐름이 있다. 그들은 지식교육의 한계를 극복

하기 위한 대안으로 공동체를 위한 교육, 나아가 도덕교육을 통한 문제의 해결을 꾀하여야 한다는 관점을 유지한다. 특히 주지주의적 도덕교육을 넘어 합리적인 삶의 방식과 인간다움의 가치를 고양시키는 내용을 교육의 그릇에 담아야 한다는 주장으로 요약되기도 한다.

우리의 이 강좌와 밀접히 연관지어 볼 때, 이것보다도 더 정확하게 오늘의 문제를 인간의 문제와 연관지어 설명하려 한다면 그것은 아마도 '인간화'의 문제라고 할 수 있을 것이다. 특히 기술의 발전과 고도의 산업화 이후에 다가오는 인간의 문제에 있어서 중요한 것은 기술의 발전이 과연 행복을 증진시키고 그 내용을 알차게 하는 것이었는가에 관한 반성이다. 이 문제와 관련하여 우리는 특히 현대과학이 이룩한 고도의 발전을 인류의 행복증진에 기여하도록 활용할 수 있는 지혜와 올바른 가치관의 정립이 필요하다는 점에 주목하여야 할 것이다.

이러한 의미에서 우리는 기독교적 행복론의 남은 이야기의 하나로 기독교적 가치관에 대한 이야기를 해보려고 한다. '가치'(value, Wert)라고 하는 용어는 경제학의 용어로 먼저 사용되었고 이것이 윤리학의 영역에서 체계적으로 다루어진 것은 그리 오래되지 않았다. 19세기에 등장한 가치론(axiology)이 그것이다. 여기에서 전개된 가치상대론과 가치절대론, 혹은 가치유명론과 가치상대론의 구분은 가치에 관한 철학적 반성의 맥을 형성한다. 쉽게 설명하자면, 무엇을 가치있는 것이 되게하는 성질은 그 자체로 실재하는 것인가 혹은 가치를 판단하는 사람의 주관적 감정과 의욕에 따른 것인가 하는 문제로 요약될 수 있다.

특히 '좋다'와 '나쁘다', '옳은'과 '그릇된'이라는 가치는 윤리학의 근간을 이루는 도덕적 가치들이다. 이러한 행위의 의무와 규범에 관한 것들이 윤리학의 논의거리라고 할 수 있겠다. 그리고 쾌락, 행복, 자기완성 등 적극적 가치의 개념은 입장에 따라 서로 다른 규범체계를 야기한다. 이것은 하나님, 권력, 자유, 평화 등의 경우에도 마찬가지이다.

기독교는 모든 가치의 근원을 하나님에게서 찾는다는 점이 가장 두드러진 특징이라고 할 수 있다. 적어도 기독교적 가치관이라는 용어를 사용하려면 하나님을 최상의 가치로 환원하고 모든 가치가 하나님으로부터 파생된다는 점을 인정하는 것이 기본적이라 하겠다. 즉 하나님은 모든 善의 善, 곧 최고선(summum bonum)으로 간주된다.

이렇게 본다면 기독교 윤리가 전제하고 있는 가치이론은 궁극적으로 기독교의 신앙고백과 그 궤를 같이한다. 하나님은 스스로 있는 자(Ego sum qui sum)이시며 존재자체(ipsum esse)이시다. 그에게서 眞, 善, 美, 永遠 등등의 가치들이 초월적으로 일치한다. 그에게 초월의 능력이 귀속된다. 이 능력으로부터 인간을 포함한 세계가 창조되었다. 그것도 무로부터!(creatio ex nihilo) 요컨대, 기독교적 가치관은 모든 가치의 절대적, 궁극적 근원이신 하나님에 대한 신앙고백으로부터 출발하지 않으면 안된다.

우리는 이러한 가치관을 가장 적절히 설명해 준 아우구스티누스의 관점, 즉 시간과 영원의 구분에 대해 이미 살펴본 바 있다. 그는 '그 자체로 목적이 되는 것' 혹은 '향유해야 하는 것'(frui)과 그것을 위해 '수단으로 사용해야 하는 것'(uti)을 준별했다. 이것은 기독교의 가치관의 단면을 너무도 정확히 보여준다.

기독교에 있어서 인간의 존재목적은 오직 하나님의 영광을 위해서(soli Deo gloria)라고 선언했던 종교개혁자들의 슬로건도 일맥상통한다. 인간을 비롯한 피조물의 그 어느 것도 삶의 궁극목적이 될 수 없다. 다만 창조주이시며 가치의 궁극적 원천이신 하나님을 위한 것이라는 전제에서만 피조물은 의의와 가치를 인정받게 된다.

이제 우리의 관심을 현대사회의 특징에 연관지어보자. 인간이 기술의 발전으로 제아무리 그 능력을 극대화하고 한계요소들을 정복하는 새로운 상황에 놓여있다고 하더라도 기독교적 관점은 변하지 않는다. 그것은 지독한 율법주의나 근본주의적 사고를 의미하지는 않는다. 오히려 기독교의 관심은 인간이 어느정도나 힘을 지니고 있는가의 문제가 아니라 그것을 어떻게 무엇을 위해 사용하고 있는가의 문제에 맞추어진다.

하나님을 정점으로 하는 기독교의 가치관은 힘의 용도와 그 한계에 대한 반성을 수반하고 있다는 의미에서 우리 시대에 있어서도 여전히 타당한 관점으로 남아있다. 여기에 기독교의 인간화 개념을 위한 단초가 있다. 폴 레만을 위시한 많은 윤리학자들이 인간의 인간화를 부르짖으며 그 의미를 모색해 온 것이 사실이다. 혹은 마르크스적 뉘앙스를 지니는 사람들도 있었고 휴먼의 요소를 지나치게 강조하는 부류도 있었다.

그러나 기독교가 제시하는 인간화의 개념과 가치관은 어디까지나 하나님을 중심으로하는 성서적 가치관의 테두리를 벗어날 수 없다. 인간의 인간됨을 진정으로 빛나게 하는 것은 권력이나 경제적 번영 혹은 사회발전에 있는 것이 아니라 궁극적으로 하나님에게 있기 때문이다. 더구나 그리스도를 통한 새로운 존재에로의 부르심과 구원은 기독교적 인간이해의 핵심이며 관건이라 하지않을 수 없다. 그리스도를 통해서만 인간은 상실된 자유와 하나님의 형상(Imago Dei)을 회복할 길을 얻기 때문이다. 이것을 다른 말로 표현한다면 예수 그리스도를 통해 구원을 얻고 새로운 존재로 거듭나는 모든 과정에 진정한 인간회복의 길이 있다는 내용으로 요약할 수 있겠다. 그것이야말로 죄로 인해 상실한 인간의 본래적 모습을 되찾는 길이기 때문이다.

● '느낌'과 '개성'은 도덕과 무관한가?

말그대로 남은 이야기를 해볼까 한다. 가벼운 이야기를 너무 어렵게 하는 경우가 될 지 모르겠다. 하지만 행복을 일종의 느낌이라 생각하는 부류도 있을 수 있다는 점에서 본다면, 반드시 첨언되어야 할 부분임에 틀림없다. '느낌'이라는 것, 그리고 '개성'이라는 것은 특히 새로운 세대를 특징짓는 용어라고들 한다. 한편으로는 우리주변에 보이는 행동을 해석하려 하지도 말고 의미를 부여한다거나 그것을 평가하려고 하지도 말라는 권고가 있다. 그냥 좋은 것이고, 그것이 곧 개성을 살릴 수 있는 것이라면 그것대로 좋은 것 아니냐하는 이야기이다. 하지만, 어떻게 보면 그런 말들 자체가 일종의 가치평가라는 점을 생각해 볼 필요가 있다. '예쁜', '못생긴', '느낌이 좋은', '싫은' 등등의 말은 이미 하나의 평가이다. 그것은 특히 주관적인 문제에 속한다. 누가 옆에서 충고할 필요도 없고 어떤 가치관에 얽매이거나 틀에박힌 소리 듣는 것을 거부한다는 것도 분명 하나의 주관적 가치평가를 의미한다.

가령 대상을 보거나 생각하는 개인이 좋으면 좋은 것이고 싫으면 싫은 것이라는 식의 발상은 전통적인 관습에 따라 살아온 기성세대에게는 눈살을 찌푸리게 하는 일이요, 도무지 마음에 안드는 행동들일 수 있다. 어떻게 자기주장이 그렇게 강하고 자기감정을 직선적으로 표현하는지 이해할 수 없는 분들도 계신다. 그래서 이런 질문도 나옴직하다. '신세대에게 과연 도덕이 의미있는 것일까?' 분명한 것은 이런 생각을 하는 사람들 역시 일종의 가치평가를 내리고 있다는 점이다. 다만 그들의 기준이 서로 다를 뿐이다. 왜곡된 의미의 포스트 모던해 보이는 모든 것은 곧 빗나간 것이라고 치부하는 것도 그들 나름대로 가치평가의 기준을 지니고 있다는 것을 의미한다. 그들의 도덕적 요구수준이 높거나 혹은 다를 뿐이다.

흔히 말하기를 우리사회에 도덕이 땅에 떨어졌다느니, 가치관이 왜곡되었다느니 하는 용어들을 자주 듣는다. 왠만하면 무슨 일이든지 사회적 관심을 불러일으킬만한 사건과 사고가 나면 한결같이 사회병리현상이라든지 도덕성의 부재라는 진단을 내리기 일쑤이다. 하지만 모든 것을 싸잡아서 도덕적 미성숙으로 몰아부치는 것은 다소 무리가 있어 보인다. 표현방식의 차이에서 오는 오해의 소지도 고려해 볼 수 있어야 한다. 즉 느낌에 따라 판단하고 개성을 추구한다는 것이 꼭 나쁘다고 하는 것은 아니다. 그렇다고 전통적인 가치관에 따라 사는 것이 지나치다는 것도 아니다.

하지만 개인의 느낌이나 개성을 중심으로하는 가치판단이 상대주의 혹은 무규범이라고 하는 오류를 낳을 수 있다는 점에도 주목해야만 할 것이다. 내가 좋으면 된다는 식의 판단은 지나친 개인주의를 야기할 수 있으며 자칫 도덕적 냉소주의나 가치 상대주의에 떨어지기 쉽다. 적어도 사회라고 하는 공동체에 섞여 살아간다는 관점에서 우리는 이타적이거나 자기희생적인 행위는 하지 못할찌라도 자신의 행위로 인해 남에게 불이익을 주는 일만은 삼가해야 하리라 본다. 이러한 의미에서 우리는 우리들의 느낌이나 개성도 중요하지만 보편타당성의 문제도 동시에 고려할 줄 알아야만 하겠다.

특히 보편화가능성(universalizability)이라는 말은 윤리학에 있어서 대단히 중요한 요소이다. 만일 우리의 행위가 보편적 타당성을 인정받을 수 없거나 해를 끼치는 행위일 경우에는 더더욱 문제가 아닐 수 없다. 물론 흄(D. Hume)의 관점에서 도덕감(moral sense)에 대한 이야기를 할 수도 있겠지만, 칸트(I. Kant)적 관점에서 본다면 도덕판단들은 감각에 기초하지 않는다. 그것은 일종의 선천적 판단이며 '--이어야만 한다'는 정언명법의 형태로 나타난다. 그 준칙의 하나는 우리로하여금 '보편적 입법자인 것처럼' 행위할 것을 요구한다.

그런가하면 공리주의자들은 특히 사회적 유용성(utility)의 문제에 민감한 반응을 보인다. 그들이 주장하는 최대다수의 최대행복이라는 주장은 인간의 행위가 도덕적일 수 있으려면 행위의 결과가 공리(公利)를 증진하는 것이어야만 한다. 공리주의적 관점에 비추어 본다면, 우리는 최소한 느낌이나 개성을 앞세우는 개인적인 선입견이나 주관적 판단이 도덕의 영역에 해당하는 것이라고 할 수는 없지 않을까.

만일 유행처럼 자주 쓰이는 단어, 즉 '느낌'이나 '개성'이 도덕적 상대주의 내지는 회의론에 빠지지 않는다면, 그것은 상당한 의의를 지니게 될 것이다. 느낌이나 개성이 도덕으로부터의 일탈을 의미하는 것이 아니기를 바란다. 느낌은 가치중립적인 것일 수 있으나 그것이 남에게 피해를 주는 것이라면, 혹은 충동에 의한 행위나 방종에 흐르게 된다면 그것은 문제이다.

자아중심적인 특성을 염려하는 목소리들이나 개인주의와 방종을 가미한 행태에 대한 염려에 귀 기울이는 지혜가 필요하다고 본다. 다시말해 사려깊은, 그리고 지혜있는 생각과 판단과 행위가 아쉽다. 사실은 그것이 도덕의 단초일 수 있다. 이성적으로 행동한다는 것은 순간순간 주어지는 느낌이나 충동에 따르는 무원칙의 삶이 아니라 일관성있는 삶, 곧 성실성을 추구한다는 것과 통한다. 그것이 곧 덕스러움의 단초가 되기도 한다. 그리고 우리시대의 과제인 사람다움과 인간화의 첫걸음이기도 하며 행복한 인간의 모습을 재음미하게 하는 단초이기도 하다.

● 경건과 절제

잔소리 같은 이야기이겠지만 짚고 넘어갈 사항이 하나 더 있다. 하나님 앞에서 경건하게 살아야 한다는 이야기이다. 적어도 우리가 기독교 과목을 수강했다고 하면 관점의 변화 혹은 문제의식이 새로워져야만 할 것이다. 특히 비인간화의 장벽을 극복하고 인간다운 삶을 이루기 위한 조건으로 제시되고 있는 생명과 환경문제에 관한 인상이 달라져야만 한다는 이야기를 하고싶다. 이미 우리가 살펴보았던 문제이기는 하지만, 뇌사인정의 문제나 사형제도 폐지에 관한 이야기들, 혹은 환경보전에 관한 이야기들을 들을때면 무언가 시급한 대책이 필요하다는 생각이 앞서게 마련이다.

특히 생명에 대한 존엄, 아니 그것을 넘어 생명의 신성함에 대한 관심이 증대되어야만 하겠고 환경문제를 위한 관심 역시 시급히 제고되어야 할 부분이다. 우리는 이러한 실천적인 문제에 대해 막연한 위기의식으로만 일관할 것이 아니라 우리가 할 수 있는 재활용과 아껴쓰기 같은 작은 실천이 진정으로 필요한 시기가 아닐 수 없다. 이것을 전반적으로 묶어 설명할 수 있는 운동이 있었다. 이른바 경건과 절제의 운동이다.

경건이란 하나님을 두려워하는 자세(God fearing)이며 하나님 중심으로 살자는 것이다. 인간중심, 물질중심이 아니라 하나님을 삶의 중심에 모시고 행위의 기준과 규범으로 삼아 실천하며 노력하는 삶이 되어야 한다는 것이다. 그것은 곧 기독교 윤리가 지향하는 하나님 중심의 가치관 혹은 하나님 중심의 윤리와 일맥상통하는 것이기도 하다. 경건은 하나님과의 관계 뿐만 아니라 이웃과 자연과의 관계까지도 바르게 하며 범사에 유익케 할 것이다.

절제란 단순히 아껴쓰는 것만을 의미하는 것이 아니다. 그것은 일종의 자기제어(self-control)이다.즉 소비만능과 향락, 그리고 이른바 한탕주의로 특징지워지는 시대에서 또다른 삶의 방식을 적용한다는 것이다. 그것은 퇴각을 의미하는 것이라기 보다는 새로운 생활운동이며 윤리적 실천운동의 기준이다. 소비가 미덕이라는 말은 대단한 암시효과를 지니고 있다. 그것은 단순히 경제적 행위에 있어서 뿐만아니라 황금만능과 물질위주의 삶을 낳을 수 있기 때문이다.

말하자면 경건과 절제의 슬로건은 일종의 도덕성 회복의 차원에서 이해되어야 한다. 그것은 하나님 앞에서의 겸허한 자기반성과 하나님이 주신 환경에 대한 인간의 온당한 몫을 다한다는 뜻이기도 하다. 생명은 소모되는 물리적 현상에 그칠 수 없고 환경은 착취의 대상일 수 없기 때문이다. 하나님을 두려워하는 삶은 생명에 대한 관점을 그 신성함의 영역으로부터 인위적 조작이나 결정이라고 하는 새로운 영역에로 변경시키지 않는다. 뿐만아니라 절제의 삶은 덜쓰고 아끼는 것으로부터 낭비를 없애고 나아가 환경에 대한 무분멸한 남용을 제어하게 될 것이다.

　필자가 경건과 절제의 슬로건을 새삼 소개하는 것은 단순한 일과성 캠페인에 대한 복고를 위한 것이 아니다. 보다 넓은 맥락에서 그것은 도덕성 회복운동이다. 하나님 중심의 가치관을 실천하는 삶과 되살림에 대한 관심을 고취하자는 것이다. 그것은 또한 하나님의 뜻을 따라 살려는 오늘의 문제를 위한 기독교적 대안이 될 것이다.

생각해 볼 문제

1. 다음 용어들을 자신의 말로 설명해보자.
▷ 행복과 쾌락

▷ 행복과 운명

2. 기독교가 말하는 행복의 조건을 자신의 용어로 소화하여 요약정리해보자.

3. 인간의 진정한 행복을 위해 하나님에게 돌아가야한다는 것을 기독교적 전제
를 인정하지 않는 사람에게 어떻게 설득할 수 있을까? 공리주의와 행복의
문제가 오히려 더 호소력이 있다면 이에 대한 기독교적 해답은 무엇일까?

제 14 장

교회와 사회 : 개인윤리와 사회윤리

274

대부분의 경우, 기독교는 교회 안에 갇혀있다는 오해를 받기 쉽다. 이 말의 뜻은 아마도 다음 두가지 중의 하나일 것이다. 우선 교회 안에서는 순한 양같이 지내던 사람이 직업현장에 가면 신앙도 양심도 없는 사람으로 돌변하는 경우에 사용하는 뜻도 있겠고 다른 하나는 기독교 신앙이 지나치게 개인위주의 기복성을 지니는 것이어서 사회의 문제들과는 담을 쌓아둔 것처럼 여겨진다는 경우에도 해당될 듯 싶다. 기독교는 과연 교회 안에 갇혀있는가?

▷ 기독교가 사회를 향하여 할 수 있는 일과 반드시 수행해야할 과제는 무엇이라 생각하는가?	
▷ 사회문제라는 표현을 많이 접하게 되는데, 그 뜻은 무엇인가? 매스컴에 오르내리면 사회문제가 되는 것인가?	
▷ 개인의 인격성숙과 사회정의의 문제는 어떤 관계에 있는가? 개인 + 개인 = 사회인가? 혹은 사회는 개인과 무관한 별개의 영역인가?	

이번 과에서는 기독교의 사회윤리적 관점을 정리하기 위한 기본적인 시각에 대하여 학습하게 될 것이다. 교회와 사회, 개인구원과 사회구원은 어떤 관계에 있는가? 그것이 문제이다.

1. 사회윤리란 무엇인가?

● 개인과 개인의 모임이 사회인가?

현대사회의 윤리적 문제들은 그 규모와 해결의 모색에 있어서 온정주의적 접근이나 개인윤리적 사유의 확대적용으로 해결할 수 없는 고유한 논리와 상충하는 집단간의 알력을 내포하고 있다. 집단과 집단간의 갈등, 그리고 국가간의 알력은 역사에 있어서 그치지 않는 사회적 문제이다.

그러나 대부분의 경우 개인윤리와 사회윤리를 구분하지 않고 개인의 도덕성이 함양되면 그것이 곧 사회문제를 해결하는 데에로 연결될 수 있으리라고 쉽게 생각하려는 경향이 있으나 이는 현대사회의 문제가 지니고 있는 특성을 순진한(naive) 관점에서 파악하려는 데에서 기인한다고 하겠다. 더구나 사회윤리가 무엇인가 하는 문제에 관해 이들의 사고를 적용해보면 사회적인 파급효과를 지니고 있는 문제들을 다루는 것이 곧 사회윤리라는 도식적인 사고에 기울 수 있으나, 이것은 사회윤리에 대한 단견에서 나온 것이라고 할 수 밖에 없다.

사회에는 사회 나름의 논리가 있으며 사회 문제는 사회적 방법으로 분석하고 접근할 필요가 있다. 여기에서 우리가 말하고자 하는 '사회적'이라고 하는 것은 개인의 도덕성에 연계된 문제를 포함하여 보다 포괄적인 개념으로 이해되어야 한다. 그것은 사회가 지니고 있는 문제들의 근원을 체제나 구조의 문제로 고려한다는 것을 의미한다.

가령 쓰레기 매립장 건설을 둘러싸고 발생하는 님비(NIMBY: Not In My Back Yard)현상의 경우, 단체행동을 하는 사람들이 개인윤리가 잘못된 사람들이기 때문이라고 볼 수는 없다. 그들 중에는 개인적인 도덕적 성품이 탁월한 사람도 있을 것이고 충분히 합리적인 양식을 지닌 시민윤리에 충실한 사람도 있을 것이다. 이런 경우의 님비현상을 무엇이라고 설명할 것인가? 그들의 문제는 개인윤리적 차원에서 혹은 심정적 차원에서 온정을 베푸는 데에 인색하여 생긴 것이 아니다. 그들을 몰아세운 것은 오히려 집단의 이익을 고려하고 보호한다는 명분, 곧 집단이기주의(collective egoism)에서 기인한 것이라고 보는 것이 타당할 것이다. 아울러 이러한 문제의 해결은 행정공무원이 양보해서 해결될 수 있는 성질의 것이 아니라 집단의 이익과 공익간에 발생한 갈등을 합리적으로 조정해야하는 일종의 구조적인 문제라고 하는 점을 간과해서는 안될 것이다. 사회윤리라고 하는 말을 쓰는 경우는 이러한 예에 해당한다고 하겠다.

● 사회정의: 어떤 합리성? 누구의 정의?

사회윤리의 문제를 개인윤리와 구분지으려 함에 있어서 그 주제 역시 차별성을 지니고 있다. 개인윤리가 인격의 완성을 목표로 하는 것이라면 사회윤리는 분배정의와 사회적 도덕성을 함양하는 문제에로 귀착한다. 특히 사회윤리에서는 사회문제의 해결을 위한 사회철학적 관점을 가미하여 구조와 제도요인에 관한 논의를 수반한다.

일찍이 아리스토텔레스는 분배정의와 시정적 정의를 근간으로하는 정의론을 제시한 바 있다. 그의 논의는 '각자에게 각자의 몫을 주는 것'이라는 슬로건으로 요약되었고 사회윤리학에 있어서 최대의 관심사를 표명한 것으로 간주되어 왔다. 특히 분배정의의 문제는 오늘날 사회구조의 문제와 더불어 사회윤리학의 중심적인 주제가 되어있다.

현대윤리학에 있어서 사회정의론의 대표주자로 인정받는 롤즈(J. Rawls)의 경우, 그의 논의는 사회계약론적 접근을 통해 사회의 본성을 이해하고 공리주의적 관심에 자유와 평등의 의미를 부각시키는 방향으로 사회문제에 대한 해결의 실마리를 찾고자 하였던 점이 두드러진다.

롤즈에게 있어서 사회정의의 문제는 계약당사자들의 이해관계와 직접적인 관련이 있다는 점에서 이른바 원초적 입장(original position)이 중요한 논의 대상이 된다. 그는 사회정의를 논하기위해서 계약당사자들은 그들의 인종이나 성별, 계급과 재산등에 영향을 받지않는 공정한 논의를 위해 이른바 무지의 베일(the veil of ignorance)을 쓰고 있어야 한다는 흥미있는 이야기를 진행시킨다.

이러한 원초적 입장으로부터 정의의 두 원칙, 즉 자유의 원칙과 평등의 원칙이 도출될 수 있으리라는 것이 롤즈의 생각이다. 롤즈에 따르면 자유의 원칙이란 양심, 언론, 신체의 자유등 시민적 자유가 기본권으로서 최대한 인정되고 보장되어야함을 보여준다. 그리고 평등의 원칙에 있어서는 이른바 '최소수혜자'(the least advantaged)라고하는 또하나의 흥미있는 개념이 도입된다. 즉 사회 경제적 정의를 수립함에 있어서 분배의 원칙은 평등을 중심으로하는 것은 분명하지만, 가장 혜택을 받지 못했던 자들에게 보상적 차원에서의 이익이 되도록 분배하는 경우에는 차등을 인정한다는 것이다.

롤즈가 제시한 사회정의의 원칙들을 평가함에 있어서 가장 핵심이 되는 것은 롤즈의 정의론이 공정으로서의 정의(Jusice as fairness)에 입각한 자유주의적 평등주의라고 하는 점이 될 것이다. 시민적 자유와 경제정의를 축으로 하는 그의 사회정의론은 현대의 고전이라 불리울만한 영향력과 의의를 지니게 되었으며 무엇보다도 그가 사회의 문제를 개인윤리적 접근에서가 아니라 사회적 방법으로, 즉 사회구조에 대한 근본적인 토의 및 사회철학적 논의를 수반하고 있다는 점에서 사회윤리의 새로운 토대를 마련하였다고 하겠다.

그러나 롤즈에 의해 제안된 사회정의의 원리가 국가의 권력을 강화시키고 온정적 간섭주의에 귀착한다는 관점에서 노직(R. Nozick)의 비판이 시작된다. 롤즈에 대한 카운터파트너로 고려되는 노직의 경우에 있어서도 마찬가지로 사회구조에 관한 논의는 중요한 요인으로 포함된다.

278

노직은 시장경제체제의 특성을 유지하면서 소유권리(Entitlment)의 정당성을 옹호하는 관점을 취한다. 그에 따르면 정의는 원초적 취득과 그 전이의 과정이 정당하다면 타당한 것으로 인정될 수 있다. 말하자면 그는 특히 사적 소유의 권리를 강력히 옹호함으로써 시장경제체재의 옹호자를 자처하고 나선 셈이다.

2. 기독교와 현실주의적 사회윤리

● 개인구원과 사회구원

사회정의에 관한 논의가 일반적으로 제기하고 있는 문제, 즉 사회구조와 연관된 분배의 문제에 대한 도덕철학적 반성은 현대윤리학의 가장 주목받는 주제의 하나이다. 이러한 사회정의의 문제에 대해 기독교의 관점은 역시 각자에게 각자의 몫을 돌려야 한다는 대원칙을 인정하고 있지만 그 내용과 접근방식에 있어서 차별성을 지니고 있다.

기독교의 사회윤리를 논하는 과정에서 항상 거치게 되는 문제는 개인구원과 사회구원의 문제이다. 가령 사회적 불평등과 분배의 불균형에 관한 관심을 고려해보자. 사회정의는 과연 어떤 경로를 통해 실현 될 수 있을 것인가? 우선 개인이 선해져야 한다는 입장을 생각해볼 수 있다. 즉 구원받은 사람의 수효가 늘어가고 한사람 한사람이 도덕적으로 선해진다면 결국 사회문제의 해결이 가능해질 것이라는 논리이다. 다른 한편에서는 개인의 문제보다는 사회의 분배구조에 문제가 있다는 관점을 제시할 것이다. 이러한 문제에 대해 결론부터 제시한다면 사회의 문제를 해소하기에는 어느 한쪽의 입장도 절대적으로 잘못된 것이라고 할 수도 없고 어느 한쪽이 일방적인 승리를 거둘 것이라는 관측도 섣불리

제시될 수는 없다. 오히려 개인의 도덕성과 사회의 도덕성이 동시에 함양되고 개선되어야만 할 것이다.

이러한 관점에서 우리는 기독교의 사회윤리가 지니는 특성을 라인홀드 니버(R. Niebuhr)의 관점에서 찾아보고 그의 이론이 지니는 의의와 한계및 대안을 찾아보고자 한다. 니버의 사회윤리는 이러한 현실의 문제를 기반으로 하는 기독교 현실주의(Christian realism)로 특징지워진다. 그의 논의는 산업사회에서 발생하는 다양한 갈등과 이권다툼의 문제를 해결함에 있어서, 무엇보다도 개인윤리와 사회윤리를 구분하여야 한다는 점을 강조한다.

『도덕적 인간과 비도덕적 사회』(Moral Man and Immoral Society)라고 하는 흥미있는 책제목에서 볼 수 있듯이, 니버는 인간이 개인과 개인의 관계에서는 자기를 희생하고 다른 사람의 이익을 자기의 이익 보다 우선시 할 수 있다는 의미에서 도덕적일 수 있으나 집단의 문제가 되면 개인과 개인의 관계를 덧셈으로 더하기 한 것보다 더 심각한 이기심이 나타난다는 점을 역설한다. 이것을 그는 집단이기주의(collective egoism)이라고 부른다. 즉 사회의 문제는 개인윤리적 사유를 확장적용해서 해결될 수 있는 것이 아니라 근본적으로 차원을 달리한다는 것이다. 사회문제는 사회적 방법으로 해결해야한다는 주장은 바로 이러한 의미에서 이해되어야 한다.

이러한 맥락에서 개인윤리와 사회윤리가 구분되어야 할 필요성을 역설하였던 라인홀드 니버(R. Niebuhr)의 착안은 집단과 집단의 문제 혹은 국가간의 문제에 있어서 이해관계와 힘(Power)이라고 하는 요소들에 대한 분명한 인식의 필연성을 일깨워 주었다. 특히 집단이기주의의 집요함은 사회정의의 실현에 있어서 현실주의적 접근의 중요성을 보여주었다고 하겠다. 소위 기독교 현실주의라 일컬어지는 그의 사회윤리는 감상적인 차원에서 혹은 개인윤리의 연장선상에서 사회문제에 대한 순진한(naive) 기대들이 직면하고 있는 위험성을 폭로해 주었다.

● 기독교 현실주의(Christian Realism)

사회윤리에 있어서 "현실주의"(realism)라는 용어가 지칭하는 것은 사회 정치적 상황에 있어서 자기이익(self-interest)과 힘(power)이라고 하는 요소들을 신중하게 고려하는 경향성을 말한다. 니버는 이러한 접근방식을 통해 사회윤리에 있어서 절대주의적 접근과 상대주의적 접근이 직면하게 될 실패를 추종하지 않고 양극단을 지양함으로써 사회문제에 대한 사회윤리학적 접근의 가능성을 제시한다.

니버에게 있어서 사회문제를 해결하려는 절대주의는 마르크스주의에서 찾아 볼 수 있다. 그러나 이 절대주의는 유토피아니즘에 떨어지고 만다. 니버는 마르크스주의에는 환상에 가까운 낙관주의가 도사리고 있음을 지적하고 마르크스주의의 지나친 감상주의와 유토피아 사상이 기독교의 통찰력으로 견제되어야 한다고 생각하였다.

한편으로 지나치게 낙관적인 자유주의를 중심으로 하는 접근은 사회문제에 관한 도덕적 냉소주의에 귀착하기 쉽다는 점을 지적한다. 이러한 맥락에서 니버는 사회적 정치적 현실을 무시하고 맹목적인 이상과 사랑을 주장하는 감상주의를 배격하려 하였다.

이러한 양극단을 지양하여 니버는 제3의 접근을 제안한다. 그것은 소위 기독교 현실주의라 일컬어 지는 것으로서 구조적인 악의 실재와의 대면을 그 중심에 두고 있다. 이러한 이론의 배경에는 그의 사회문제에 대한 남다른 착안이 있었다.

그는 사회윤리와 개인윤리의 구분의 필요성을 역설하고 사회문제는 사회적 방법으로 접근해야 한다는 탁견을 제시하여 사회정의나 계층간의 알력의 문제와 같은 문제들에 대한 접근이 감상적이거나 혹은 지나치게 냉소적인 방향으로 흘러가서는 안된다는 점에서 현실주의적 접근방식의 중요성을 역설하였다. 그의 사상은 기독교 윤리학에 있어서 중요한 변수일 뿐만아니라 현대 윤리학의 방향설정에도 지대한 영향을 주어 분배정의 등의 문제가 반드시 사회적 구조의 문제와 결부되어 그 해결책이 모색되어야 한다는 점을 일깨워 주었다고 하겠다.

이러한 기독교 현실주의의 철학적 연원을 니버는 아우구스티누스에게서 찾는다. 무엇보다도 산업사회에서 나타나는 제반 사회적 문제들을 취급하면서, 니버는 필연적으로 인간과 신의 관계, 그리고 인간과 인간의 관계를 문제삼지 않을 수 없었다. 요컨데 니버의 사회윤리는 인간이해를 그 기초로 삼고 있었다. 그는 인간의 합리성에 대한 신뢰를 근간으로하는 접근방식 보다는 탐욕스러운 자아사랑의 실체를 간파하였다. 특히 집단간의 문제에 개입되는 힘(Power)과 자기이익의 추구라고 하는 요소는 이러한 인간이해에서 귀착하는 사회문제의 필수적인 근원으로 제시되었다.

니버는 자신의 이러한 인간이해가 죄의 문제, 사회정의와 평화의 잠정성 등에 관한 탁견을 보여준 아우구스티누스에게서 이미 독창적으로 전개되고 있었음에 주목하였다. 이러한 의미에서 사회윤리에 대한 현실주의적 접근의 중요성을 보다 명확히 규명하기 위해 니버의 아우구스티누스 해석을 면밀히 검토해야할 과제가 부여된다고 하겠다.

● 아우구스티누스 - 니버적 관점

현실주의의 사상적 연원은 투키디데스 혹은 아우구스티누스에게까지 소급할 수 있을 것이다. 니버자신의 평가에서 볼 수 있듯이 아우구스티누스는 서양사에 있어서 최초의 위대한 현실주의자로 불리운다. 니버는 그의 현실주의의 기초를 인간 본성과 죄, 그리고 구원이라는 예언자적 희망에 관한 아우구스티누스의 관점에 두고 있다.

아우구스티누스는 계시종교가 그리스 - 로마철학과 만나면서 이루어진 새로운 상황속에서 시민사회의 문제를 포괄적으로 취급한 최초의 저술가이다. 그는 『신국론』에서 사회적 현실(reality)에 관한 독창적인 설명을 제시한 바 있다. 고전적 시대에는 이성이 모든 비이성적인 요소들 위에 군림할 때 폴리스의 정의와 질서가 성취되는 것으로 여겨왔다. 그러나 아우구스티누스는 이와 달리 인간의 이성을 의존한다기 보다는 인간의 이기심에 관한 성서적 통찰을 수용하여 인간 자아에 자리잡고 있는 악의 문제를 심각하게 고려하였다는 점에서 그 차별성을 찾을 수 있겠다.

아우구스티누스는 인간의 합리성을 존중하려는 고전적 이론을 거부하고 인간의 탐욕과 사악한 야심으로부터 발생하는 악의 요소를 주목하였다. 그는 우선 인간에 대한 이원론적 이해를 거부한다. 인간은 자연적인 본성과 영혼의 연합이다. 그리고 이 자아는 단순한 정신 그이상의 것으로서 그 자신의 목적을 위해 정신을 사용할 수 있는 능력을 지니고 있다.

아우구스티누스가 보기에 인간은 진리를 이해할 수 있는 지성과 함께 사랑(caritas)의 능력인 자유의지를 지닌 중간적 존재로 창조되었다. 인간에게 있어서 도덕성의 근본은 지적 인식이나 외적 행위에 있는 것이 아니라 내적 의지에 있었다. 그러나 인간은 자유의지를 남용함으로써 악이라고 하는 흠집을 지니고 말았다. 이것이 상존하는 악의 근원이었다. 아우구스티누스의 어린시절부터 마니교와의 만남, 그리고 플라톤 철학과의 만남 이후 기독교에로의 회심에 이르는 그의 생의 체험에 대한 고백에서 악의 문제에 관한 심각성이 드러난다.

아우구스티누스는 악에 관한 설명에 있어서 형이상학적 설명을 거부하고 악이란 인간의 자유의지에서 비롯한 것이라는 입장을 견지한다. 특히 마니교에서 악에 관한 해법으로 제시한 이원론은 도덕적 책임귀속의 논리에 모순을 노출시켰다. 인간이 행하는 악을 인간 자신의 의지와는 관계없이 악한 신의 강요에 의한 것이라고 하는 설명은 神의 善을 보존하기에 타당한 이론인듯 여겨지지만 실제로 논리적 모순을 범하고 있다는 것이다. 즉 인간 그 자신이 도덕적 행위의 원인이 되지 못한다면 도덕적 책임의 귀속은 무의미해지고, 나아가 악한 신의 존재를 상정하여 세계를 이원론적으로 설명하는 것은 허구에 불과하다는 입장이다.

아우구스티누스는 또한 악에 관해 인간에게 부여된 질료, 즉 육체를 그 원인으로 제시하는 플로티누스적 해결책을 거부하고 존재하는 한 모든 것은 신의 피조물이므로 선하다는 관점을 견지한다. 악의 원인을 초월적 악신의 강요나 혹은 존재의 유출에 있어서 저급의 단계에 속하는 질료라고 상정하는 것은 모두 악에 관한 형이상학적 해법에 속한다고 하겠다. 아우구스티누스의 관점에서 본다면 이러한 설명방식은 모두 악에 관한 명료한 해명을 불가능하게 한다.

악의 문제에 관한 해법에 있어서 아우구스티누스가 귀착한 것은 악의 원인을 인간 내부에서 찾는 것이었다. 아우구스티누스는 악의 개념을 형이상학적인 것이 아니라 윤리학적 영역에로 전환시킨다. 그는 인간에게 부여된 자유의지를 악의 원인으로 상정한다. 자유의지는 근본적으로 중간적 선에 불과하지만, 마땅히 지향해야 할 질서를 어기어 고차원의 善의 향유(frui)를 거부하고, 사용(uti)의 가치만을 지니는 저급한 것을 탐하는 데에서 비롯된다. 다시말해 영원불변의 존재인 하나님을 사랑(caritas)하기보다는 저급한 것들을 탐하는 것(cupiditas)을 말한다. 아우구스티누스는 이것을 빗대어 교만이 죄의 시작이라고 규정한다.

아우구스티누스는 죄를 통해 동료 인간에 대한 우위를 주장하려는 인간의 욕망과 자랑하려는 욕구가 쏟아져 나왔다고 한다. 그에 따르면 인간의 저차원적 욕구들의 무정부 상태와 자신의 이기적 욕구들을 공동선위에 놓으려는 극복할 수 없는 경향이 현 질서의 두드러진 특징이다. 그것은 하나님에 대항한 인간의 첫 반란에 뿌리를 두고있는 영원한 반란의 상태이다. 이러한 반란의 원형이 아담에 의해 자행되고 신비한 방식으로 그의 모든 후손들에게 원죄로 유전된다. 그 결과 인간이 선을 추구하는 데 있어서 향유했던 자유는 억압과 강제를 산출했다. 강제는 사유재산, 노예제, 정부 그 자체와 같은 시민사회의 전형적 제도들에서 명백하게 나타났다.

니버는 아우구스티누스가 이러한 인간이해를 바탕으로 인간의 공동체를 위협하는 악이란 이기심에서 비롯된 것으로 설명하였다는 점에 주목한다. 특히 탐욕스러운 자아사랑이 그 원인으로 제시된다. 때로 이것은 교만 혹은 우월감(superbia)이라 불리우며 현대적인 개념을 적용하자면 아마도 자아중심성(egocentricity)이라고 할 수 있을 것이다. 이러한 자아중심성이야말로 니버가 주목하는 집단이기주의 혹은 사회적 알력의 원인으로 설명된다.

● 신의 도성(Civitas Dei)과 지상의 도성(Civitas terrena)

인간의 자아중심성 혹은 자기애가 미치는 사회적 영향에 관한 아우구스티누스의 설명은 지상의 도성(civitas terrena)의 구성원에 관한 설명에 나타난다. 지상의 도성은 하나님을 경멸하고 자신을 사랑하는 무리들의 모임이다.

두 가지 사랑이 두 도성을 건설하였다. 심지어 하나님까지도 멸시하는 자기사랑이 지상의 도성을 만들었고, 자기를 멸시하면서 하나님을 사랑하는 사랑이 하나님의 도성을 만들었다…… 지상의 도성에서는 자기 몸이나 마음이나 혹은 이 두가지 모두에게 유익한 것만을 추구했고, 심지어는 하나님에 대해 알 수 있던 자들마저도 교만에 지배되어 자기들의 지혜로 스스로 높다 하면서 "우둔하게 되어 썩지 아니하는 신의 영광을 썩어질 사람과 금수와 버러지 형상의 우상으로"바꾸었다.(신의 도성 14

권 28)

아우구스티누스의 두 도성의 구별은 개별적 도성들의 경계를 초월하여 있으며 어떤 특정한 국가와도 동일시되지 않는다. 또한 신의 도성은 진정한 미덕에 의해 이끌리는 유덕한 사람들이 지상에 살고 있는 한 이미 지상에 존재한다는 의미에서, 사고와 언어에서만 존재하는 플라톤의 이상국가와 혼동되어서도 안된다.

나아가 神의 도성(civitas Dei)과 지상의 도성(civitas terrena)은 긴장관계에 있다. 현실적으로 신의 도성과 지상의 도성은 마치 밀과 가라지처럼 혼재되어 있으며, 역사의 종말에 신의 도성은 천상의 예루살렘으로 변할 것이며 그곳에서 영원불변의 존재인 신에 대한 사랑이 넘치는 영원한 안식이 있을 것이다. 신의 도성에 속하는 자들은 현실의 세계에서는 순례길에 해당하는 삶을 산다고 할 수 있다.

아우구스티누스는 그의 『신의 도성』(De civitate Dei)에서 두 도성의 구분을 통해 인류역사 전반에 걸쳐 나타나는 통찰력을 제시했다. 이 저작은 세상의 현실적인 악으로부터의 도피를 권하는 책이 아니라 현세의 어쩔 수 없는 삶의 테두리 안에서의 사회윤리를 제시한 것이라 하겠다. 가인과 아벨사이의 긴장으로 표현되는 그의 역사철학은 이 세상에서 저 세상적으로 살아가는 존재 즉 해외로 떠도는 시민(civitas peregrina)의 사회윤리를 제시하였던 것이다.

아우구스티누스의 신의 도성과 지상의 도성의 구분은 단순한 사회통합의 이론을 제시할 정치학적 배려에 의한 것이었다기 보다는 역사철학적 조망에 의한 것이었다고 할 것이다. 그의 통찰력은 완전한 정의가 실현되는 신의 도성과 엄연한 정치현실이 존재하는 지상의 도성간의 관계를 고려함으로써 현실주의적 사회윤리의 토대를 마련하기에 충분하였다. 이것은 그가 신의 도성과 지상의 도성이라는 이원적 가치체계를 채택하였다기 보다는 영원한 완성인 신의 도성의 절대성에 비교하여 지상의 도성에 나타나는 정치적 현실을 그 불완전성을 폭로하는 데 기여했다고 볼 수 있다.

특히 폭정과 허세, 그리고 무엇보다도 사치와 뒤섞인 부패등을 묵인할 수 없는 아우구스티누스 당대의 정치현실은 그에게 지상의 나라에 대한 현실주의적 관점을 강화시켜주었다. 아우구스티누스의 지상의 도성에 관한 묘사는 모든 인간공동체에 노정되는 긴상과 알력, 그리고 이익의 경쟁과 공공연한 갈등을 포함한다. 지상의 도성은 항상 적대적인 세력들 간의 알력이 상존하며 언제라도 폭동의 위험이 도사리고 있는 곳이다.

더구나 쉴새없이 이어지는 영토확장의 정복전쟁과 지배욕에 의한 침략의 행위들은 강도질과 다름이 없다고 여겨졌다. 아우구스티누스는 선언하기를 지상의 공동체는 바다의 규모가 크면 클수록 그만큼 더 위험해 지는 것과 마찬가지로 위험천만해진다. 이러한 현실주의적 편린들이 최소한의 그리고 가장 원초적인 공동체인 가정으로부터 가장 높은 단계로 지구촌의 차원에서 통합된 공동체에 이르기까지 평화와 사회통합을 유지하기가 얼마나 지난한 것인지를 기억하게 해 준다.

이러한 관점에서 아우구스티누스의 현실주의는 키케로가 국가(commonwealth)란 정의의 계약에 근거를 두고 있다는 개념에 도전하게 하였다. 아우구스티누스가 보기에 국가는 어떤 의미의 정의에 의한 것이라고 하기보다는 차라리 공통된 이해관계 또는 집단의 이해에 따라 결속되어 있는 것일 뿐이다. 그리고 이러한 국가는 권력(power)의 강제 없이는 스스로를 유지할 수 없다는 것을 지적하였던 점에 주목할 필요가 있다.

● 정의와 평화의 잠정성, 초월적 완성의 희구

아우구스티누스는 개인에 있어서나 집단에 있어서 집요하게 나타나는 이기주의를 직시하고 인간의 죄악에 의하여 지상의 도성에서의 평화와 정의가 잠정적이고 불완전한 것이라는 점을 직시했다. 이것은 지상의 평화를 전혀 부정하는 입장이라기기 보다는 그 본질적인 잠정성에 주목하였던 것이라 하겠다.

이것을 보다 세밀히 설명하기 위해서는 아우구스티누스의 덕에 관한 가르침을 살펴볼 필요가 있다. 그는 고전적 방식을 따라 정의란 시민을 시민답게 하고 모든 시민들에게 도시의 목적이나 공동선(common good)이 무엇인지를 보여주는 덕이라고 규정한다. 정의는 시민사회의 초석이며 모든 인간사회의 통일성과 존엄성은 정의가 실현되고 있느냐의 여부에 달려있다. 이처럼 정의는 인간사이의 관계를 규제함으로써 사회의 공동선과 평화등의 사회가 획득하는 다른 모든 이익들의 전제조건이다.

보다 구체적으로, 아우구스티누스는 플라톤적 노선을 따라 정의의 의미를 재음미한다. 정의는 이성에 따라 모든 사물들의 올바른 질서를 처방한다. 육체는 영혼에, 저차원의 욕구는 이성에, 그리고 이성 그 자체가 신에 의해 지배받을 때 정의롭다. 사회에 있어서 이러한 정의로운 위계질서는 유덕한 사람들이 신의 영원법에 의해 지배될 때 나타난다.

『자유의지론』에서 이점은 더욱 분명해진다. 아우구스티누스는 정의의 최고규범인 영원법과 그 적용으로서의 세속법을 명확히 구분한다. 영원법은 모든 사물들을 완전하게 질서지우는 법으로서 신 자신이 인간에게 각인시켜 놓은 법이다. 따라서 영원법은 시대와 상황을 막론하고 동일하며 예외가 없다. 그러나 세속법은 시간과 장소의 상황에 따라 다양할 수 있다. 그리고 이러한 변항으로 나타나는 다양한 세속법들이 한 도시를 다른 도시로부터 구별짓고 각 도시에게 통일성과 특성을 부여한다.

그러나 세속법은 영원한 가치를 추구하는 유덕한 자들을 위한 법이라기 보다는 오히려 시간에 따라 가변적인 재화를 탐내며 강제력이 있어야만 그나마 최소한의 정의를 이루어내게 되는 불완전한 자들을 위한 법이다. 따라서 이러한 세속법이 구현하는 정의는 완전한 정의의 모상이나 희석에 불과하다. 말하자면 세속법은 인간들에게 유덕해질 수 있는 단서를 제공할 뿐, 그 이상의 기능을 수행하지는 못한다. 그것은 인간 내면의 이기적인 동기의 문제나 가식의 문제를 다룰 수 없기 때문이다. 따라서 세속법은 덕의 외형만을 산출할 뿐이다. 진정한 의미에서의 덕 자체를 산출해 내기 위해서는 영원법에 의해 보완될 필요가 있다. 그리고 이러한 영원법이 실현된 완전한 정의는 신의 도성에서만 발견된다.

일견 아우구스티누스가 법이론에 관한 한, 키케로의 이론을 따르고 있는 듯하지만 실제로 그의 신의 예지에 관한 사상은 근본적인 차별성을 지니게 한다. 그는 정의가 완전하게 수립되기 위해서는 사후의 삶에 관한 전제가 없어서는 불가능하며, 공적을 따라 상벌을 가하는 선견지명이 있는 정의로운 신의 존재를 필요로 한다고 했다. 숙명 혹은 필연을 전제로 하는 키케로에 반대하여 아우구스티누스는 신이 모든 일이 발생하기 전에 이미 알고 있음을 주장한 것이다.

더 나아가 아우구스티누스는 키케로를 인용하면서 시민사회 또는 공동체(commonwealth)를 정의로움에 대한 공동의 승인과 이해관계의 일치에 의해 결속된 모임이라고 한다. 정의가 없는 공동체는 유지될 수 없다. 그러나 특히 정의에 관해 아우구스티누스의 입장은 고전적 덕 윤리의 전통을 이어받으면서도 신의 도성에서의 완전성을 기준으로, 지상의 도성에서의 정의 실현의 불완전성을 고발한다. 엄밀히 말해 그에게 있어서 지상의 도성에는 정의보다는 불의가 팽배해 있다. 아우구스티누스가 보기에 정의가 사회에서 거의, 아니 아마도 결코 발견되지 않는다.

인간이 수립한 정의와 법에 대한 아우구스티누스의 견해는 무엇보다도 최후의 제국이며 이교도의 찬란한 정치적 업적의 축소판인 로마에 대한 판단의 기초가 된다. 키케로는 고대 로마 공화정의 예를들어 로마의 옛 영예를 되찾기를 권하였으나, 아우구스티누스가 보기에 로마는 진정한 정의와 법이 자리잡지 못했다. 더 나아가 아우구스티누스는 그들의 악덕을 폭로한다. 특히 로마가 다른 민족들에게 자행한 경우들은 이 악덕의 실체를 보여준다. 그들에게는 그 어떠한 정의도 없었고 일종의 거대한 강도떼와 다를 바 없다고 한다. 다만 다른 점이 있다면 그 범죄의 규모와 징벌의 면제라고 하는 점에서 일 뿐이다.

이점에서 아우구스티누스는 로마제국이 구원의 섭리(economy of salvation)에서 특별한 역할을 할당받았고 전세계를 하나의 정부와 법에 편입시킴으로써 기독교의 보편화를 위한 준비의 역할을 수행했다는 기존의 기독교의 입장과 다소 다른 면이 있다. 로마인들의 업적은 단 두 가지 목적에 봉사할 뿐이다. 즉 인간의 욕망의 깊이와 인간의 업적이 지니고 있는 하루살이와도 같은 자기파괴적인 성격을 일깨워 준다. 또한 기독교인들로 하여금 로마인들이 세속적인 보상을 위해 인내했던 것을 보고, 영원한 보상을 얻기위하여 보다 더 치명적인 희생도 각오해야 한다는 점을 각성시켜주었다는 점에서일 뿐이다

아우구스티누스가 보기에 본질적으로 고대 로마인들의 열정의 대상은 유덕한 것이 아니라 기껏해야 다른 도시들보다 다소 우월한 시민적 덕을 소유하고 있었다는 것 뿐이다. 실제로 뛰어난 인물이 되고자 하는 것도 국민에게 봉사하고자 하는 소망에 의한 것이 아니라 개인적인 영광에 대한 갈망에서 나온 것임을 간과해서는 안될 것이다. 근본적으로 그들의 행위는 이기적 동기에 의해 실행되었기 때문에 영웅적 미덕이라고 평판이 자자했던 것은 사실은 겉보기에 화려한 악덕에 불과했다.

따라서 아우구스티누스가 보기에 원초적 정의의 상태는 이미 죄에 의해 붕괴되었고 현실에 나타나는 정의는 지극히 불완전하며 잠정적이다. 그에 따르면 인간의 정의는 근본적 결함을 가지고 있다. 시민사회는 기껏해야 억압적 행동을 통해 인간사이의 상대적 평화를 유지시킬 뿐이다. 정의는 인간의 과업도 공동운명도 아니다. 정치적 구원을 포함한 인간의 구원은 철학으로부터 오는 것이 아니라 하나님으로부터 온다. 인간적 정의보다는 하나님의 은총이 사회의 진정한 결속력이요 진정한 행복의 근원이기 때문이다.

이것은 평화에 있어서도 마찬가지이다. 평온한 질서라고 규정되는 평화가 없다면 어떠한 사회도 번영하거나 심지어 생존할 수 조차도 없다. 아우구스티누스에게 있어서 땅의 도성에서의 삶은 완전한 것일 수 없다. 신의 도성에서만 우리가 지상에서 찾는 것을 약속받기 때문이다. 우리의 진정한 평화는 신의 도성에서 즐기는 영원한 평화 뿐이다. 지금 이생에서 즐기는 평화는 모든 사람에게 공통된 것이거나 또는 우리에게 특유한 것이거나 간에 행복을 실제로 즐긴다는 것보다는 불행을 위로하는 것에 불과하다.

다만 순례 도중에 있을 동안 천상의 도성도 지상의 평화를 이용하며 신앙과 경건을 해하지 않는 것이라면 가능한 한 지상의 평화가 천상의 평화에 이바지하게 한다. 그러나 본질적으로 지상의 도성에서의 평화는 완전한 평화가 아니라는 점에 주목해야 한다. 지상의 도성에서의 평화는 전쟁과 집단 간의 갈등 및 알력이 그치지 않는 한, 완전해 질 수 없다. 비록 영원한 평화에 대한 희구는 사라지지 않으면서도 근본적으로 이기심과 영웅심에 의한 정복전쟁을 통해 달성되는 잠정적이고 불완전한 것에 불과하다는 점을 간과해서는 안될 것이다.

이러한 맥락에서 세상의 평화는 전쟁을 통해 얻어지는 것이라고 했던 아우구스티누스의 말을 명심해야 할 것이다. 일시적인 평화를 거부해서

도 안되고 그것을 최종의 완성된 평화로 받아들여서도 안된다. 신의 도
성에서의 평화는 이 세상 도성의 미약하고 불확실한 평화를 사용할 수
도 있고 변화시킬 수도 있다. 그러나 그것은 세상의 평화가 하나님의
영원한 평화와 혼동되지 않을 때에만 가능하다. 니버는 이러한 맥락에
서 아우구스티누스의 정의와 평화에 관한 사회윤리의 근저에 깔린 현실
주의적 사고의 흔적을 발견하였을 것이다.

3. 기독교적 사회윤리를 향하여

● 기독교 현실주의에 대한 회고

니버의 현실주의적 해석은 아우구스티누스의 사회윤리에 대한 현대
적 적실성의 논의를 위한 토대를 마련하여 주었다. 그는 아우구스티누
스의 현실주의적 착상의 가치를 인정하면서도 한편으로 아우구스티누
스의 관점이 너무 지나쳐서 현실을 변혁시켜 나아갈 윤리적 근거를 마
련하지 못했다고 지적한다.

니버는 먼저 아우구스티누스를 서양사에 있어서 최초의 위대한 현실
주의자로 예찬한다. 무엇보다도 아우구스티누스가 『신국론』에서 사회적
알력과 긴장관계의 현실을 직시하고, 자기중심적 이기심의 완고함을 그
원인으로 상정하였던 점에 고무받았다. 즉 아우구스티누스가 인간의 뿌
리깊은 자기중심성에서 죄의 근원을 보았고 그 힘의 현실적 영향력에
주의를 기울였다는 점에 주목했다는 점이 중요하다.

이러한 관점은 니버의 기독교 현실주의 구상의 중요한 요소이자 밑거
름이 되었다. 그의 사회윤리에는 아우구스티누스적 인간이해가 전제되
어 있다. 니버는 인간의 독특성에 관한 진정한 이해에 이르는 길은 기
독교적 인간개념에서만 찾을 수 있다는 점을 거듭 강조하면서 아우구스

티누스를 회상한다. 그는 아우구스티누스의 현실주의가 우리들로 하여
금 인간의 원죄와 권력에의 욕망에 관한 기억을 되살리게 한다고 보았
다.

이러한 맥락에서 니버의 인간이해는 크게 세가지 측면에서 정리된다.
첫째, 인간이 신의 형상(Imago Dei)을 지니고 있다는 관점에서 인간의
초월성이 강조된다. 두번째로 인간은 죄인이라는 점 그리고 세번째로
인간이 피조물이라고 하는 관점이다. 이로부터 인간이 죄인이 되는 것
은 인간 자신의 한계를 수용하지 않는 데서 기인한다는 설명이 가능해
진다.

니버가 보기에 인간은 피조물로서의 한계성과 함께 자기초월의 가능
성을 지니고 있다. 특히 인간의 초월의 능력은 인간의 자유의 기반이다.
인간의 자유는 창조적 미래와 피괴적 종말을 동시에 지향할 수 있다는
점에서 양면성으로 난다. 그렇다고 그것이 인간을 이원론적으로 이해하
게 하는 근거가 되는 것이 아니다. 이러한 이중적 능력은 모두 근원이
동일하다. 요컨데 타락신화에 대한 아우구스티누스적 해석이 도덕적 종
교적으로 공헌한 것은 인간본성에 대한 현실주의적 해석에 있다고 하겠
다. 이러한 의미에서 니버의 아우구스티누스 해석은 그의 사회윤리구상
의 중요한 요인 중의 하나로 작용한 것으로 볼 수 있다.

그러나 아우구스티누스에 대한 니버의 평가는 현실에 대한 처방의 모
색에 있어서 다소 색조를 달리한다. 니버가 보기에 아우구스티누스의
현실주의는 다소 과도하여 현실을 변혁시킬 근거를 마련하는 데 미흡했
고 사회윤리적 대안의 제시가 미약했다. 니버는 비록 절대적인 완성의
의미는 아니더라도 정의를 실현할 수 있는 현실적인 가능성의 근거를
모색해야 한다는 관점을 유지한다. 예를들어 아우구스티누스가 인간에
의한 인간지배를 가정하는 정권과 노예제를 구분하지 않았던 것이나 혹
은 집단의 이해에 의해 결속된 것으로 간주되는 국가와 강도떼를 구별

하지 않은 점도 다소 지나친 사고에 의한 것이었다고 하겠다.

그럼에도 불구하고 전체적인 흐름에 있어서 니버의 아우구스티누스 해석은 매우 긍정적이다. 그는 아우구스티누스의 현실주의적 사고에 비록 다소간의 지나침이 있다고 하더라도 이제껏 알려진 그 어떤 사상가보다도 신뢰할만한 지침을 제공해 주었다고 극찬한다.

필자가 보기에 니버의 아우구스티누스 해석은 현실주의적으로 채색된 사회윤리의 틀을 형성하기에 합당한 근거를 충분히 마련할 수 있었다고 여겨진다. 아우구스티누스의 인간이해의 요점을 수용하고 지상의 도성에서의 정의와 평화의 불완전성과 잠정성의 논리를 간파한 것은 니버의 뛰어난 안목에서 나온다. 그러나 니버의 해석은 아우구스티누스를 반드시 현실주의자로만 보아야 하는 가의 문제에 직면할 때 다소 궁색한 부분이 없지 않다.

아우구스티누스의 사회윤리에 대해서 다양한 해석이 제시되어 왔다. 니버가 제시한 현실주의적 해석을 비롯하여 근대적 정치학의 예표로 해석되기도 한다. 또는 창조적 정치학(creative politics)이라는 표제를 달아준 코크란(C. Cochrane)의 해석 등 아우구스티누스의 사회사상은 해석의 입장에 따라 찬반을 달리해 왔다. 이러한 의미에서 아우구스티누스의 윤리학은 특정한 하나의 입장에 속한다고 보는 것 보다는 일련의 접근방식(a set of approaches)의 종합으로 보는 것이 타당할 것이다.

무엇보다도 덕 윤리에서의 문제제기는 아우구스티누스의 사회윤리에 대한 해석상의 또다른 문제가 남아있다는 점을 암시해 준다. 예를들어 말하자면 맥킨타이어(A. MacIntyre)의 덕 윤리에 관한 논의는 니버식의 접근이 간과하고 있는 아우구스티누스의 사회윤리의 또다른 측면을 보게한다. 그는 아우구스티누스의 정의에 관한 사색이 아리스토텔레스를 필두로 하는 고전적 덕 윤리의 연장선상에 있다는 점을 전제한다. 맥킨타이어는 아우구스티누스가 제시한 덕 이론이 지니고 있는 몇가지 차별성을 지적할 수 있다고 한다. 아리스토텔레스의 덕 이론은 폴리스의 평등한 자유민을 대상으로 하는 것이었으나 아우구스티누스는 신의 도성이라고 하는 전제를 도입함으로써 덕의 지평을 인간 보편의 문제로 확장시켰다는 점, 또는 덕의 목록에 있어서 그리스적인 관용 보다는 신 앞에서의 겸허(humilitas)와 같은 새로운 덕목이 소개되고 있다는 점 등이다.

사실, 아우구스티누스의 사회윤리적 구상의 시작은 기독교에 대한 비방에서 자극받은 것이었다. 그는 신국론을 중심으로하는 사회윤리적 사유에 있어서 플라톤적 사유와 아우구스티누스 당대의 키케로의 공화국 정의를 이용하였다. 이를 통하여 그는 기독교 윤리가 존재론적으로 정초되고 영원불변의 존재에 의해 보응되는 상벌체제를 갖추고 내적으로는 정의의 덕에서 실현되는 윤리임을 주장한다. 한편으로는 이러한 맥락에서, 적어도 아우구스티누스는 덕 윤리의 사회적 적용이 불가능함을 절감하고 오히려 인간의 삶에 있어서 현실에 대한 통찰력을 키울 수 있었을 것이라는 해석도 가능하리라 본다.

물론 덕 윤리적 관점을 견지하는 맥킨타이어의 아우구스티누스 해석에도 다소 간과된 부분이 내포되 었는 것은 사실이지만 맥킨타이어가 제안한 덕 윤리적 관점은 아우구스티누스의 사회윤리에 대한 니버식의 현실주의 일변도의 해석에 다소 무리가 있다는 점을 일깨워 주기에 충분하다. 앞으로의 연구를 통해서는 이 부분에 대한 보완적 논의가 필요할 것으로 여겨진다.

● 개인구원과 사회구원은 별개이어야 하는가?

아우구스티누스가 제시한 사회문제에 대한 해결책은 현존하는 사회에서 획득가능한 것이 아니다. 그것은 본질적으로 정치를 넘어선 영역(trans-political) 즉 도덕적 종교적 통찰의 장에 속하는 것이라 하겠다.

아우구스티누스의 현실주의의 장점은 모든 규모의 사회적 통합의 단계의 기저에 놓여있는 권력현실을 기술할 수 있다는 것이다. 그가 제안한 것은 사회 내의 갈등은 인간의 유한성에서 연유하는 부정직과 교만의 죄와 무관하지 않다는 점이다. 즉 아우구스티누스는 권력과 이기주의의 집요함을 강조하였던 것이다.

아우구스티누스의 이러한 통찰력이 니버에게 강력한 호소로 작용한 것은 아마도 사회권력형태에서 나타나는 특권층과 지배계급의 이기심에 깃들어 있는 위험성을 직시하였다는 점에 있을 것이다. 그러나 니버는 한 걸음 더 나아가 이러한 현실주의가 도덕적 냉소주의나 상대주의에 빠지지 않기 위해서는 사랑의 규범이 제 몫을 할 수 있도록 고려해야 한다는 점에 착안한다. 니버에게 있어서 사랑의 법은 정의라고 하는 규범의 원천일 뿐만아니라 정의의 한계를 노정시켜주는 전망으로서, 정의의 모든 근사치 속에 작용하고 있다. 인간의 불완전한 세계속에서는 사랑의 법에 대한 근사치적 접근(approximations)이 있을 뿐이다.

필자는 이러한 맥락에서 앞서 도입부에서 제기한 문제를 다시금 음미하고자 한다. 즉 사회윤리에 있어서 현실주의적 접근의 중요성의 문제이다. 지금까지 살펴본 바와 같이 현실주의는 엄존하는 권력과 자기이해라고 하는 현실을 직시하고 집단과 집단, 국가 간의 갈등에 도사리고 있는 집단이기주의라고 하는 힘의 요소를 간과해서는 안된다는 통찰을 가능케 했다. 이러한 의미에서 아우구스티누스-니버적 사회윤리의 특성을 기독교 현실주의 혹은 사회윤리에 있어서 현실주의적 접근의 중요성이라고 요약할 수 있을 것이다.

그것은 사회윤리가 인격의 성숙을 이룩한 도덕가(moralist)의 양적 증가에 의존하지 않는다는 점을 의미하는 것이며 사회의 권력구조와 집단의 이해관계라고 하는 중요한 변수들을 항상 고려하면서 현실을 직시할 때 그 해결의 실마리를 마련할 수 있다는 점을 의미하는 것이기도 하다.

그러나 우리는 여기서 한 걸음 더 나아가 구조적인 접근 혹은 사회윤리학적 마인드의 소지도 문제이거니와 이와 병행하여 인간의 도덕적 성숙의 문제를 간과해서도 안된다는 호소를 귀담아 들을 필요가 있다고 본다. 진정한 사회문제의 해결은 분명 지상의 도성에서는 성취될 수 없다는 점에는 동의할 수 있을 것이다. 하지만 사랑과 정의의 변증법으로 표현되는 니버식의 접근과 아울러 아우구스티누스의 윤리의 중요한 요소의 하나인 시민으로서의 덕성의 함양의 문제가 동시에 고려된다면 사회문제의 보다 통전적인 해결을 기약할 수 있으리라 본다.

니버가 지적한 바와 같이 감상적인 접근은 사회문제에 대한 올바른 대안을 적절히 산출할 수 없는 도덕적 냉소주의에 떨어지기 쉽다. 반면 지나친 낙관주의적 사회윤리 구상은 인간의 능력에 대한 절반의 평가에 기초하는 것으로서 유토피아니즘으로 전락할 수 있다. 이점에서 니버의 관점은 역사와 사회를 보는 탁견에 해당한다고 할 수 있을 것이다.

권력과 자기이익의 추구라고 하는 요소는 분배정의나 집단간의 분쟁에 나타나는 부정못할 현실이다. 이것을 인식하는 것만으로도 사회문제에 대한 적절한 통찰을 지니는 셈이다. 감상적이고 온정적인 간섭을 통해 사회문제의 해결을 도모하려는 것은 사회문제의 이면에 깔려있는 탐욕스러운 자아사랑의 위험성을 직시하지 못한 소치이다.

다만 우리가 결론삼아 제안하고자 하는 것은 적어도 온당한 의미에서의 사회윤리는 분명한 현실인식을 주장하는 아우구스티누스-니버적 사회윤리를 모델로 하면서 동시에 제도의 합리적 운영과 그 개선의 필요성을 인식하기 위한 인간내부의 개혁을 수반한 보다 통전적인 사회윤리가 필요하다는 보완적 대안의 가능성이다.

우리는 아우구스티누스의 사회윤리에 관한 니버의 현실주의적 해석에 사회적 시각의 각성이라고 하는 장점과 아울러 간과된 부분이 공존하고 있음을 보았다. 그리고 바로 이점에 주목하고자 한다. 개인윤리와 사회윤리의 구분이 일차적으로 중요하다. 그러나 개인윤리와 사회윤리를 구분한다는 것이 결코 도덕을 이분법적으로 구획지어 사회적 시각에만 고정시킨다는 의미는 아닐 것이다.

　진정한 의미에서 사회적 도덕성의 진보는 사회적 방법으로 문제해결을 시도하는 것 못지 않게 개인의 윤리적 성찰과 도덕성의 함양이 수반되어야 한다는 점을 간과해서는 안될 것이다. 이러한 맥락에서 오늘날 사회윤리의 새로운 과제를 음미할 때가 되었다고 하겠다.

생각해 볼 문제

1. 다음 용어들을 자신의 말로 설명해보자.

▷ 개인윤리와 사회윤리

▷ 집단이기주의(collective egoism)

2. 개인윤리의 이상과 사회윤리의 목표는 각각 무엇인가?

3. 기독교의 사회정의론은 그 내용이 명확히 규정되어 있지않은듯 싶다. 니버가 말하는 힘의 균형과 견제라는 관점에서 사회정의의 문제를 설명해보자.

부 록

인물로 엮어본 기독교 역사

베드로(Peter: ? - 65)

반석이라는 뜻의 베드로라는 이름은 그의 신앙고백 이후에 붙여진 것으로 알려진다. 그의 본명은 시몬이었으며, 갈릴리 어부이었던 그는 예수의 부르심을 받아 제자가 되었고 여생을 복음사업에 헌신하였다. 베드로가 처음부터 예수의 믿음직한 제자이었던 것은 아닌 듯 싶다. 그는 갈릴리 호수에서 어로작업을 하던 중에 "나를 따라 오라" 하시는 예수의 말씀에 이끌리어 '사람낚는 어부'로 부르심을 받게 되었다. 그는 예수의 전도여행에 줄곧 동행하였고 결정적으로 가이사랴 빌립보의 길목에서 "너희는 나를 누구라 하느냐" 하시는 예수의 질문에 담대하게 신앙을 고백한다. "주는 그리스도이시요 살아계신 하나님의 아들이시니이다"(마16:16) 이 신앙고백의 기초 위에 교회를 세우시겠다고 약속하신 그리스도의 말씀처럼 초대교회가 시작되었을 때 그는 교회의 대표격에 해당하는 지도력을 발휘하였다. 그러나 교회의 기초는 베드로라는 개인이 아니라 그의 신앙고백이었다는 점을 명심할 필요가 있다. 그는 신앙고백이 있은지 얼마 안되어 십자가의 수난을 겪으러 가시는 예수를 가로막아 고난의 현장에 가지 말도록 청원하는 어리석음을 보여주는 한낱 인간일 뿐이었다. 감람산에서 기도하시는 예수 곁에서도 그는 잠을 자고 있었으며 예수의 박해현장에서 세 번씩이나 예수를 부인하며 도망하는 신세가 되고 말았다. 그는 혈기를 잘 부리는 사람이면서 동시에 대단히 고난을 함께 할만한 믿음이 부족한 겁쟁이였다.

베드로가 수석제자 혹은 위대한 사도(Apostle)라고 불리우는 보다 근본적인 이유는 신약성서 사도행전에 나타난 오순절 마가의 다락방 성령강림 사건 이후부터이다. 자연인 시몬은 겁약하였지만 성령의 충만함을 힘입은 베드로는 더 이상 고난을 두려워하지 않는 위대한 사도로 거듭나서 그의 설교를 듣고 하루에 삼천명이나 회개하고 돌아오는 기적적인 일을 행하였으며 앉은뱅이를 일으켜 세우는 신유의 능력도 행사하였다. 그는 초대교회의 정신적 지주였으며 극심한 박해의 시기에 복음을 위해 순교하는 담대한 사람으로 변하여 있었다. 그의 장렬한 순교에 얽힌 이야기는 우리에게 깊은 감명을 전해준다. 주님을 세 번이나 부인하였던 부끄러움에 십자가에 거꾸로 매달리어 순교하였다.

바울(Paul: 1 - 65 ?)

　'바울이라 불리우는 사울'은 세계선교를 위해 선택된 하나님의 그릇이었으며 기독교 신학에 있어서 최초의 자리를 차지한다고 할 수 있다. 그는 유대인의 민족적 경계선을 넘어선 모든 사람을 위한 복음을 선포한 최초의 인물이며 다른 그 어떤 사도들보다도 많은 수고를 하였던(고전15:10)인물이다. 그는 본래 유대교의 골수분자로 성장했고 초대교회를 핍박하는 사람이었지만 다마스커스로 가는 길에 환상중에 예수를 만난이후 삶의 방향을 급선회하여 세계복음화를 위한 사도로 쓰임받았다. 그는 일생을 바쳐 이방지역에 하나님의 구원을 전하였으며 교회들을 세워 구원의 영토를 급속히 확장시킨 최초의 선교사요 능력의 전도자였다.

　그는 복음의 선포자요 교회들의 설립자이며 위대한 신학자로 기억된다. 신약성서의 대부분을 차지하는 그의 서신들은 조직신학을 위한 논문으로 발표된 것은 아니지만 기독교의 교리와 신학을 체계화하는 충분한 기초가 되었다. 이 서신들을 통하여 바울은 당시의 교회들이 처한 상황에 대하여 하나님의 권면을 전하는 동시에 복음이 지니고 있는 심오한 의미를 효과적으로 선포하였다. 그는 무엇보다도 자유에 관한 언급에 많은 관심을 쏟았다. 유대적 율법의 정신과 하나님의 복음을 대비시키면서 구원은 율법을 통해 이루어 지는 것이 아니라 죄의 고백과 참회를 통해 하나님이 우리를 인정하시는 선물이요 은혜임을 강조하면서 바울은 예수 그리스도의 십자가의 신학을 전개한다. 바울에 따르면 그리스도의 십자가는 인류의 죄를 대속하기 위한 고난의 십자가이며, 그리스도의 고난을 통해 인간을 의롭게하는 길이 열리게 되었음을 선포한다. 다시말해 인간의 율법적 공로주의를 통해서는 하나님의 의를 충족시킬 수 없으나 그리스도의 십자가를 통해 인간을 향한 하나님의 의가 실현되었음을 선포하면서 그리스도에 대한 신앙을 통하여 죄로부터 자유로워지는 새로운 피조물이 될 수 있다는 것이 바울신학의 요체이다.

　바울은 모진 고난과 역경을 헤치며 3차에 걸친 선교활동을 통하여 하나님의 복음을 전하였으며 '복음에 빚진 자'로서의 삶을 장렬한 순교로 마감하였다고 전해진다. 전해지는 이야기에 따르면 그는 로마에서 참수되는 극형을 당하기까지 하나님의 복음을 위해 모든 것을 헌신하였다고 한다.

요한(John : 예수의 제자)

신약성서에는 요한복음을 비롯하여 요한 1, 2, 3서와 함께 요한계시록이 요한의 이름으로 올라와 있다. 물론 요한의 저작에 관한 여러 가지 시비가 있는 것도 사실이지만 그의 이름으로 알려진 서신과 묵시록은 초대교회에서 광범위하게 수용되었고 대단한 영향력을 지닌 이름으로 통용되었다. 제4복음서인 요한복음에서는 로고스 기독론을 비롯한 심오한 신학의 배경을 지닌 복음이 선포되고 있으며 사랑의 사도라 불리울 만큼 수많은 사랑의 교훈이 그의 서신들에 나타난다. "사랑하는 자들아 우리가 서로 사랑하자"고 반복적으로 역설하였던 그의 서신에는 하나님의 사랑에 대하여, 성도간의 사랑에 관하여 인상깊은 메시지로 가득차 있다. 아마도 노(老)사도는 사랑의 진정한 실천을 기대하면서 동일한 메세지를 계속하여 반복하였으리라 추측하는 것이 보통이다. 그의 명의로 기록된 성서들 중에 신약의 유일한 묵시문학이자 신약의 마지막 책이 되어있는 요한계시록은 요한이 밧모섬에 유배되어 환상중에 받은 말씀들이라고 기록되어 있으며 그리스도인들에게 새 하늘과 새 땅에 대한 소망을 심어주는 종말론적 묵시록에 해당한다.

요한의 최후에 대해서는 명확하게 알려진 바 없지만 전해지는 이야기대로라면 그는 초대교회의 사도들 중에 가장 오랫동안 생존하면서 신앙의 지도자 역할을 수행했고, 복음을 전한다는 이유로 유배된 밧모(Patmos)섬에서 기름가마에 던져지어 장렬히 순교한 것으로 알려진다.

이그나티우스
(Ignatius of Antioch:?- 125)

사도들의 순교 이후 기독교는 교부(敎父)들에 의해 영도되었다. 시기적으로 가장 먼저 생각할 수 있는 부분은 속사도시대(續使徒時代)의 교부로서 그들은 예수와 사도들에 대한 생생한 기억을 가지고 교회를 이끌던 열정적인 지도자들이었다.

이그나티우스는 안디옥교회의 지도자(監督)로 교회의 통일성과 감독의 권위에 대하여 그리고 순교의 영광스러움에 대하여 강조하였다. 신학적으로는 다소 성서적인 내용과 거리가 있는 부분을 포함한다는 평을 받고 있는 이그나티우스는 사상가라기 보다는 교회의 지도자였다. 그는 교회의 책임적 인물로서 교회의 조직이 채 형성되지 못하여 빈약한 상태에 있었던 당시의 상황에서 가현설과 유대주의로부터의 혼란과 유혹을 막아내며 신앙의 순수성을 유지하려고 혼신의 힘을 쏟았다.

이그나티우스는 '보편적 교회'(Universal Church: 라틴어의 전통을 따라 표기된 바로는 Catholic Church)라는 말을 최초로 사용하였다고 알려져 있다. 그는 전 세계의 모든 교회가 통일성을 지니고 있으며 본질적인 의미에서 하나임을 강조하였다.

동시에 순교의 길을 마다하지 않았다. 그는 이렇게 고백한다. "내가 그리스도의 제자가 되는 길을 방해할 것은 아무것도 없다. 불이여 오라, 험한 십자가여 오라. 맹수와 싸워 뼈들이 조각나고 팔다리가 갈갈이 찢기우며 나의 온 몸이 부서지더라도 굴하지 않으리. 무엇이든 오라, 오직 나는 예수 그리스도를 향하여 가는 길을 포기하지 않을 것이다."

이그나티우스는 극심한 박해속에서도 굴하지 않는 신앙을 통해 하나님께 영광이 될 것임을 선언하였고 125년 트라야누스 황제 당시 사자를 풀어 기독교인을 처참히 살해하는 현장에서 장렬히 순교하였다.

이레니우스
(Irenaeus: 130-200)

초대교회의 지도자 폴리갑(Policarp)의 제자인 이레니우스는 교회의 목회자로서 사도들의 신앙을 계승하려 노력하는 동시에 기독교 신학의 기초를 세우고자 하였다. 그의 노력들은 기독교의 신앙이 개별적인 다양성을 지닌 것이라기 보다는 전체로서의 하나의 신앙이며 교회역시 하나임을 강조한 것이라 하겠다. 그는 사도들의 신앙도 하나이며 누구나 막론하고 신앙을 지닌 자는 한 형제임을 강조하면서 교회연합 및 일치운동의 기초라 할 수 있는 교회의 일치성을 강조하였다.

또한 교회의 전통과 성령의 역사에 대한 강조는 이레니우스의 중요한 관점중의 하나였다. 그는 교회가 물려받은 전승과 유전의 소중함을 강조하면서도 제도주의나 율법주의에 기울지 않고 교회의 진정한 모습은 신앙의 전승을 그리스도에게서 이어받은 것이며 이는 또한 성령의 역사를 통하여 언제나 새롭게 되어야 한다는 점을 강조하고 있다.

이레니우스는 특별히 당시의 이단사상인 마르시온주의자들에 대한 반박에 초점을 맞추고 있었다. 마르시온주의자들은 구약성서가 잔인한 신의 모습을 그리고 있다는 등의 이유를 들어 구약의 권위를 약화시키고 누가복음과 바울서신만을 진정한 복음서이며 그리스도는 가현적으로 나타났다는 등의 주장을 통해 기독교를 흔들고 있었다. 이레니우스는 성경을 신앙의 기초이자 기둥이라고 생각하여 복음서의 수가 문제가 아니라 그 각각의 복음서들은 하나님의 말씀으로서의 통일성을 지니고 있다는 점을 강조하는 동시에 구약은 권위가 없다는 마르시온주의자들의 도전에 반대하여 신구약성서의 조화를 보여주고자 노력하면서 성서의 중요성과 그 권위를 강조하였다.

터툴리안
(Tertullianus:150-212)

로마 주둔군의 중대장을 지낸 아버지에게서 난 터툴리안은 로마의 시민답게 법률과 문학 및 헬라어와 라틴어에 능통한 직업적 법률가였고 그리스도인이 된 이후 교회의 지도자로 헌신하였던 라틴(Latin)교부이었다.

터툴리안은 방대한 신학적 저술을 산출했으며 라틴신학의 아버지로 불리울 정도로 그의 영향력은 지대한 것이었다. 신앙에 의해 구원을 얻는다는 교리를 비롯한 라틴신학의 기초가 될만한 이야기들이 그의 저작들을 통해 소개되고 있으며 구속론 중심의 기독론은 동방교회의 성육신 중심의 기독론과는 대조적이었다고 하겠다.

고전문화에 대한 그의 유명한 말, '불합리하기 때문에 믿는다'(credo quia absurdumn est)는 표현은 신앙과 학문의 경계선을 긋는 것처럼 보이는 말, '에테네와 예루살렘이 무슨 상관이 있는가?'(Quid Athenae Hierosolymis?)라는 표현과 함께 그의 신학사상을 요약해준다. 그는 그리스철학과 기독교신앙과의 연관성을 추구하였던 여타의 사상가들과는 달리 그리스철학을 적대적인 것으로 간주하고 있었다. 그의 이러한 태도는 기독교의 특성을 보다 선명하게 보여주는 것이기도 하다. 즉 지식과 신앙의 관계를 설정함에 있어서 신앙보다는 지식을 우선시하려던 당시의 일부 경향에 쐐기를 박고 플라톤의 철학이나 영지주의자들과 연관된 여러 가지 도전들을 효과적으로 반박할 수 있으리라 생각하였던 것 같다.

터툴리안의 관점은 '예수 그리스도에 대해서는 사색이 필요 없으며 복음에 대해서는 학문적 탐구가 필요없다'는 주장으로 나타났으며 나아가 로마문명과 로마사회전체에 대한 일종의 적대감을 표시하는 것이었다고 볼 수 있다. 그는 복음이 그리스 철학이나 여타의 학문에 의해 오염되는 것보다는 순수한 신앙의 전승을 이어가는 것이 더 중요하다고 보았던 듯 싶다.

어거스틴
(Augustinus: 354-430)

*아우구스티누스로 발음하는 것이 원칙이지만 어거스틴이라는 발음이 보편화되어있는 것도 사실이다)

교부시대를 결산하고 중세의 문을 열어준 어거스틴의 영향력은 서구사회에 깊숙히 스며들어 있으며 가히 서양의 스승이라는 명칭에 부합한다고 하겠다. 어거스틴의 사상은 그의 생애에 대한 반추와 함께 고찰되어야 한다. 그의 신학과 철학은 생의 체험을 토대로 영원한 진리를 연관짓는 실존적인 특성을 지니고 있기 때문이다. 특히 그의 어머니 모니카의 헌신적인 기도는 어거스틴을 위대한 하나님의 사람으로 만드는

데 결정적으로 기여했다. 그는 진리에 대한 지적 호기심이 남달리 강하였으며 세계의 고난과 악에 관한 심각한 질문을 항상 달고 다녔다. 이 문제에 대한 해답을 얻기위해 그는 극단적 이원론을 골간으로 삼는 마니교에 심취하기도 했고 아카데미아 학파의 회의론에도 빠져들었으며, 실제로 방탕한 사생활을 통해 쾌락에 탐닉하기도 했다.

탕자에서 성자로 변신한 인물이라고 알려진 아우구스티누스의 결정적 삶의 전환점은 예수 그리스도와의 만남이었다. 그는 암브로시우스의 소개로 읽게된 '호르텐시우스'를 통해 플라톤의 철학과 플로티누스적 사유를 통해 물질적 이원론의 마니교적 사고를 극복하고 영원한 진리의 세계에 대한 소망을 새롭게 발견할 수 있었으며 기독교의 진리에 대한 고심으로 번민하던 그에게 들려온 소리 "집어라, 읽어라"(tole, lege)하는 음성은 로마서의 말씀과 만나게 하였으며 어두움의 일을 벗고 빛의 자녀답게 살기로 다짐하게 하였다. 그의 여생은 하나님의 교회를 위한 신학자요 설교

자요 영적 지도자로서 헌신되었다.

그의 방대한 저술가운데, '고백'(Confessiones)과 '신의 도성'(De Civitate Dei)은 불후의 명작으로 기억된다. '고백'에서 어거스틴은 자신의 삶을 회고하면서 인간의 죄성을 철저하게 고발하며 하나님을 향한 새로운 여정의 필요성을 강조한다. 그는 특별히 시간에 관한 질문을 통하여 인간이 시간적이고 한시적인 것으로부터 영속적이고 불변하는 것을 향하여 나아가야 하며 인간의 참된 안정과 행복은 영원하신 하나님의 품안에 거하기 전까지는 기약될 수 없음을 강조한다. '신의 도성'은 최초의 역사철학서로 불리울 만큼 세계역사에 대한 철학적 조망을 담고 있다. 비록 현실은 밀과 가라지가 섞여 있는 것처럼 지상의 도성에 속한 사람들과 신의 도성에 속한 사람들이 혼재하고 있지만 역사의 마지막은 통쾌한 신의 도성의 승리가 도래할 것이라는 그의 역사철학은 기독교의 직선적 역사관의 주춧돌인 동시에 서양문화에 깊이 파고들어간 영향력있는 저서로 평가된다.

안셀무스
(Anselmus: 1033-1109)

기독교의 시대라고 불리울만한 서양의 중세는 많은 종교적, 문화적, 학문적 발전을 일구어 내었다. 중세문화의 꽃이라 불리우는 스콜라(Schola) 철학은 중세의 지적 흐름을 주도하는 중심세력이었다. 스콜라 초기의 신학자요 철학자이었던 안셀무스는 기독교의 교리를 신학적으로 섬세하게 담아내는데 크게 기여하였다.

안셀무스의 경구, "나는 이해하기 위하여 신앙한다"(credo ut intelligam)는 표현에서 엿볼수 있는 바와 같이 안셀무스는 교회가 가르치는 것이 신앙으로 수용되어야 하며 그 진리는 지성을 통하여 논증될 수 있을 뿐만아니라 이성의 뒷받침으로 더욱 분명해진다고 여긴 듯 싶다.

'왜 하나님이 인간이 되어야 했는가'(Cur Deus Homo est)하는 저서를 통하여 안셀무스는 죄로 인해 분리된 하나님과 인간이 다시 연결되기 위해서는 죄의 대가가 치루어 져야 하며 그 일은 죄없는 인간, 즉 이 땅에 성육신 하신 예수 그리스도를 통하여 이루어 진다는 속죄설을 주장하였으며, 이는 보상설 혹은 만족설이라 불리우기도 한다.

무엇보다도 안셀무스의 명성은 그의 본체론적 신 존재증명에서 찾을 수 있다. 그는 신을 '최고완전자'로 설명한다. '더이상 큰 것을 생각할 수 없을 정도로 큰 존재'인 하나님은 인간의 사유안에서만 존재하실 뿐 아니라 사유를 넘어서는 영역, 곧 현실에도 존재하신다는 그의 신 존재증명은 논리적이고 개념적이 관점에서 신을 증명한다는 의미에서 a priori한 신 존재증명의 선구로 간주되기도 한다. 동시에 그의 신존재증명은 궁극성의 관점에서도 설명될 수 있다. 즉 신은 모든 완전성의 완전성, 곧 절대완전자이며 궁극적인 선의 원천이라는 관점이다. 여기에서부터 신은 모든 존재의 완전성이요 궁극적 원천이라는 이야기가 따라나올 수 있을 것이다. 물론 그의 신존재증명은 당시 몇몇 수도사들의 반론도 있었지만, 대개의 경우 유신론적 종교철학에 반영되고 있는 신존재증명의 고전적인 형태로 간주된다.

프란치스코
(Francis of Assisi:1181-1228)

'평화의 기도'로 잘 알려진 청빈한 삶의 상징 아씨시의 프란치스코는 중세 수도원운동의 일면을 보여주는 동시에 중세적 영성의 진면목을 엿보게 한다. 프란치스코는 부유한 포목상의 가정에 태어나 유복하고 혹은 방탕한 생활을 이어가다가 큰 병을 앓고 난 이후 그리스도를 만나 회심하게 되었고 성서의 말씀대로 자신의 소유를 팔아 가난한 자들에게 나누어 주고 그리스도를 따르는 걸식수도사를 자처하였다. 그의 영혼은 지극히 순수하여, 심지어는 새들에게까지 설교하였다는 이야기가 전해진다.

프란치스코는 당시의 수도원 운동이 세속적인 형태로 변질되어 도시에 내려와 음식을 구걸하면서 영적 성숙보다는 추한 모습을 보여주는 것과는 달리 학문보다는 몸으로 봉사하며 직접 실천하는 데 주력하였으며 청빈을 기치로하는 새로운 수도원운동을 실행에 옮겼다.

일생을 말씀의 실천과 청빈한 수도생활에 헌신하였던 그는 중년에 수도생활의 깊은 영적 묵상중에 그리스도의 환상을 보았고 그의 손에 그리스도가 십자가에 달려 고난받은 못자욱의 흔적이 나타나는 신비한 체험을 하였던 것으로 알려지고 있다.

"주여 나를 평화의 도구로써 주소서

미움이 있는 곳에 사랑을,
다툼이 있는 곳에 용서를,
분열이 있는 곳에 일치를,
의혹이 있는 곳에 신앙을,
오류가 있는 곳에 진리를,
절망이 있는 곳에 희망을,
어둠이 있는 속에 빛을,
슬픔이 있는 곳에 기쁨을 심게하소서
위로받기보다는 위로하고,
이해받기 보다는 이해하며,
사랑받기 보다는 사랑하게 하소서
우리는 줌으로써 받고,
용서함으로써 용서 받으며,
자기를 버리고 죽음으로써 영생을 얻기 때문입니다."

토마스 아퀴나스
(Thomas Aquinas: 1225-1274)

중세의 결산은 토마스 아퀴나스에게서 찾아야 할 것이다. 그의 신학과 철학은 중세문화의 꽃이며 저수지라 할 만큼 방대하고 심오하며 체계적인 완성도를 지니고 있으며, 아리스토텔레스의 철학을 수용하고 기독교의 전통을 이어받아 이른바 종합의 방법을 통하여 중세의 스콜라철학을 완성한 위대한 사상가로 꼽힌다. 특별히 그의 '존재와 본질에 관하여'(De Ente et Essentia)와 '신학대전'(Summa Theologiae)은 불후의 명작으로 꼽는다.

신학과 철학에 관한 그의 입장은 모든 논의들을 종합하고 결론짓기에 충분하다. 토마스에 따르면 신학과 철학은 모두 하나님에 관한 연구라는 점에서 공통분모를 지니고 있다. 다만 그 출발점에 방법론에 있어서 신학은 계시된 진리로부터 출발하여 신앙을 통하여 완성되는 영역에 있으며 신의 본성과 삼위일체에 관한 논의등은 모두 신학의 고유한 과제이다. 철학은 자연적 이성을 따라 신의 존재증명을 비롯한 이성적 영역에서의 신에 관한 논의를 담당한다고 할 수 있다.

특별히 '신학대전'은 중세의 기독교 신학을 총결산하는 의미를 지니고 있으며 신존재증명의 다섯가지 방법으로 유명하다. 그가 제시하는 첫번째 방법은 운동으로부터의 증명으로서 생성변화운동하는 모든 것의 궁극적 원인으로서의 부동의 원동자(不動의 原動者 The unmoval mover)를, 두 번째 방법인 원인과 결과의 계열로부터의 증명은 모든 것은 제일원인(The first cause)을, 세 번째

방법인 우연으로부터의 증명은 우연적인 모든 존재의 기저에 있을 것으로 가정되는 필연적 존재(The necessary being)를, 그리고 완전성의 정도로부터의 증명인 네 번째 방법은 최고완전자를, 마지막 다섯 번째인 목적성으로부터의 증명은 마치 오케스트라의지휘자와도 같이 궁극목적이 되는 존재를 각각 신 존재 증명의 결론으로 상정한다.

토마스의 일생에 있어서 기억할만한 마지막장면은 그의 나이 40이 되던해에 환상중에 만난 예수와의 대화이다. "너는 나를 위하여 많은 저술들을 남기어 주었다. 내가 너에게 무엇을 해주기 원하느냐?" 하는 그리스도의 질문에 토마스는 "당신 뿐입니다"라고 대답하였고 이 일이 있은지 얼마 지나지 않아 영원한 안식에 들었다고 한다.

마틴 루터
(Martin Luther:1483-1546)

마틴 루터는 프로테스탄트 종교개혁의 아버지로 불리운다. 1483년 11월 10일에 루터가 태어난 곳은 싹소니(Saxony) 지방의 아이스레벤(Eisleben)이었다. 그는 중산층에 속하는 비교적 부유한 가정에서 태어났다. 본래 루터는 중세기 로마 캐토릭의 충성스러운 신자였으며, 독일 에르후르트(Erfurt) 대학 출신으로 여기서 학사와 석사를 마쳤다. 부친의 요구에 따라서 계속하여 법학을 공부하다가 1505년 2월 갑자기 학업을 중단하고 본래 자신이 추구하고 싶었던 구도의 길인 수도원을 찾았다.

수도사 생활을 거쳐 그는 드디어 1507년 사제 서품을 받았고, 모교인 에르후르트 대학에서 가르치기 시작했다. 루터는 1512년에 신학박사 학위를 마치고 뷔텐베르그 대학의 교수가 된다. 특히 그가 수도원에서 체득한 깊은 '영성 생활'과 '성서 연구'의 성과들은 후에 그로 하여금 복음주의적 기독교에로의 획기적 약진을 하는데 결정적 영향을 주었다.

1517년 루터는 급기야 95개 조항의 선언서를 뷔텐베르그 교회의 문에 내어걸고 당시 타락한 로마 캐토릭에 항거했다. 그의 이러한 행동은 반란이나 파괴를 향한 것이 아니었다. 도리어 당시 학문적 토론을 위해서 주제를 내어 걸던 흔히 유행하는 전통적 방식에 불과한 것이었다.

그러나 루터의 신학적 명제들과 가르침은 그후 프로테스탄트 신앙의 규범이 되었다. 그것은 곧 "오직 믿음으로만 은혜의 구원을 얻는다"와 "오직 성서만이 크리스쳔의 신앙과 행동의 궁극적 권위를 지닌다"는 두 가지 원리이다.

그의 종교개혁 운동은 16세기 유럽의 신학 사상을 개혁했고, 교회를 정화했으며, 신자들로 하여금 성서를 이해하도록 만들어 주었다. 목회자요, 학자며, 신학자였던 루터는 기독교 역사의 대단원을 새로 출발시켰고, 오늘에 이르기까지 복음주의 기독교는 그의 개혁 정신을 계속해서 계승하고 있다.

요한 칼빈
(John Calvin : 1509-1564)

전 유럽을 뒤바꾼 종교 개혁자요, 위대한 성경 교사인 칼빈은 스위스 제네바(Geneva)의 목사였다. 1509년 7월 10일 프랑스 피카디지방 노연(Noyon)에서 태어난 그는 법관인 부친의 계획에 따라서 사제가 되기 위한 준비로 파리(Paris) 대학을 졸업했으나, 계획을 바꾸어 다시 올렌스(Orleans) 대학으로 가서 법학을 수학하게 되었다.

당시 프로테스탄트 신자에 대한 캐토릭 교회의 학대가 증폭되자 칼빈은 법학의 무기력함을 인식하고 다시 신학과 성서 연구에 주력하면서 큰 영적 각성을 얻게 된다. 1534년 캐토릭에 의한 공적인 박해가 시작되자 칼빈은 스위스 바젤(Basel)로 이주하게 된다. 그는 1536년에 이르러 유명한 책『기독교 대강요』를 집필했는데, 이는 프로테스탄트 교회의 고전적 교과서 역할을 하게 되었다.

그는 거의 인생을 고향을 떠나서 활동한 인물이다. 설교가요, 성경 교사며, 신학자며, 목회자이고 또한 개혁가였던 칼빈은 마치 토마스 아퀴나스(Th. Aquinas)가 그러했던 것처럼 박학다식한 종합론자로 알려져 있다. 많은 사람들이 그를 '만물 박사'라고 부르는 것은 그의 사상이 넓고 심오하기 때문이다.

칼빈은 정직하며 겸손한 인격의 소유자였다. 자신에 대해서는 매우 엄격하여 스스로 자기를 부추겨 세우는 그러한 '자기 환상'을 지니지 있지 않는 독실한 사람이였다. 특히 칼빈이 어거스틴과 루터에게서 배운 '하나님에 대한 비젼'은 리챠드 박스터, 죤 번연, 죠지 횟휠드, 죠나단 에드워드, 촬스 스퍼젼 등과 같은 복음주의 전도자들에게 계승되었고, 윌리엄 케리와 같은 개척자적 선교사를 만들어 냈다. 특히 그의 신학 사상과 목회 지침은 오늘의 '장로교회'를 탄생시켰다. 실로 '칼빈 사상'은 초기의 미국 사회 형성에 크게 이바지 했으며, 칼빈에 대한 이해가 없이는 사실 근대 서구 문화를 이해하기 힘들다.

블레쥬 파스칼
(Blaise Pascal : 1623-1662)

파스칼은 마치 희랍의 플라톤이나, 이태리의 단테, 그리고 영국의 세익스피어와 같은 프랑스의 인물이다. 비록 그가 40세 이전에 사망했고, 질병으로 늘 병약했음에도 불구하고 17세기 뿐만 아니라, 지금까지도 명성을 얻고 있는 것은 참으로 놀라운 일이다.

파스칼은 1623년 프랑스 클레몽-페랑에서 태어났다. 이미 16세에 그는 기하학, 물리학, 응용 역학 그리고 수학 이론에 매우 중요한 공헌을 했다. 그의 지속적인 관심은 과학적 진리의 탐구였다. 파스칼의 논쟁을 담은 '편지'(Provincial Letters)를 가리켜 볼테르(Voltaire)는 '프랑스에 나타난 첫번째 천재의 작품'이라고 극찬하기도 했다.

로마 카토릭 배경을 지녔음에도 불구하고 그는 '인간의 죄된 본성'에 대한 자각과 '예수 그리스도의 은혜'를 구하는 보기 드문 기독교 신앙인이다. 파스칼의 생애 속에서 그의 신앙적 관심을 지속적으로 끌고 있었던 한사람이 있었다. 그가 곧 5세기 기독교 사상가인 어거스틴이었다. 특히 어거스틴의 은혜에 관한 교리와 엄격한 도덕적 요청에 대한 가르침은 파스칼로 하여금 전 가족이 그대로 실천하도록 만들었다.

파스칼은 자기 생애의 마지막에 이르러 한가지 소원이 있었다. 그것은 다름아닌 기독교 신앙을 변증하는 책을 저술하는 것이었다. 그는 기독교 변증서를 계획하고 쓰다가 완성을 못하고 사망했는데, 그의 노트를 모아서 사후 출판한 책이 그 유명한 『팡세(Pensées)』라는 명상록이다.

이 책은 어거스틴의 『고백록』에 견줄만한 작품이다. 그는 인간은 하나님을 믿는 신앙에로 도약해야 한다고 이렇게 말한다 : "교만한 인간이여, 네 자신이 얼마나 큰 모순인지 인식하라. 무능한 이성이여 스스로 겸손하라. 그리고 네가 알지 못하는 너의 참된 상태를 너의 주님으로부터 듣고 깨달으라. 하나님께 들어라!"

죠나단 에드워드
(Jonathan Edwards:1703-1758)

죠나단 에드워드는 미국 동부 뉴 일글랜드의 지성과 미국 신학의 역사에서 빼어 놓을 수 없는 핵심적인 인물이다. 그는 1703년 미국 뉴 일글랜드 지방의 한 경건하고 탁월한 퓨리탄(Puritan) 가정에서 태어났다. 그의 부친은 코넥티컷(Connecticut)주의 이스트 윈저(East Windsor) 교회의 목사였다.

그는 어릴적부터 과학적 탐구와 철학적 사색에 있어서 남달리 큰 진보를 나타내 보이기도 했다. 특히 그의 『마음에 관한 노트』라는 글은 당대 영국의 관념주의 철학자였던 죠지 바클레이(G.Berkley,1685-1753)의 사상과 유사하게 견줄 만한 것으로 평가 된다.

조숙한 천재요, 칼빈주의 신학자며, 철학자이기도 한 그는 일찌기 17세에 기독교로 회심했다. 에드워드는 1720년에 예일(Yale) 대학을 졸업했고 4년 후 부터는 모교에서 가르치기 시작했다.

메사추세츠 노트햄톤 교회의 목사에서부터 천연두 주사로 갑자기 사망하기까지 에드워드는 당시 미국 '대 부흥 운동' 뿐만 아니라, 이신론(理神論)을 대항하여 칼빈주의를 방어하는 일에 주도적 역할을 담당했다. 17/18세기 영국에서 발생한 이신론은 하나님께서 세상을 창조하신 뒤로는 이 세계에 직접적으로 관여하지 않는다고 보는 주장으로, 신앙을 이성 안에 한정시키려는 사상이었다. 많은 저작을 남긴 에드워드는 뉴 저지(New Jersey) 대학의 학장도 역임했다.

에드워드는 목회적 통찰, 인격적 성화, 그리고 지적 능력을 겸비한 인물로 높이 손꼽히고 있다. 그는 경건한 '가슴'과 지적 '머리'를 완벽하게 통합하고 있는 교회 역사상 매우 보기 드문 지도자임에 틀림이 없다. 복음주의적이고 개혁교회적인 신앙을 담아 낸 그의 저작들은 교회 역사상 매우 값있는 유산이 아닐 수 없다.

요한 웨슬리
(John Wesley : 1703-1791)

감리교회의 시작은 요한과 촬스, 두 웨슬리 형제에 기원한다. 이들은 함께 모교인 옥스포드(Oxford) 대학 안에 '신성 클럽'(Holy Club)을 조직하고, 이를 통해서 영국 사회 안에 철저하고도 경건한 새로운 신앙 운동을 전개한 것이다.

이 감리교 운동은 처음에 영국 성공회 안에서 시작되었고, 그야말로 타락했던 당시 영국 사회를 구하는 성과를 낳았다. 이들의 사망 이후 감리교주의 (Methodism)가 영국 성공회에서 분리되기 시작하면서, 이 감리교 운동은 전 미국으로 크게 확산되었다.

한 때 미국 죠지아 주의 선교사로도 있었던 요한 웨슬리는 1738년 5월 24일 영국의 한 작은 거리 '올더스게이트'의 교회에서 얻은 '구원의 확신'을 통해 구체적인 복음주의적인 '내적 회심'을 체험한다. 즉 그는 어떤 사람이 로마서에 대한 루터(M.Luther)의 서문을 읽는 것을 듣고 마음이 이상하게 뜨거워지는 것을 느꼈다. 이때 그는 예수 그리스도를 통해서만 구원을 얻을 수 있다는 확신을 얻은 것이다.

그 후 요한 웨슬리는 거의 18세기 말까지 영국 거리의 구석 구석을 다니는 '노방 전도'에 힘쓴다. "세계가 나의 교구다"라고 부르짖던 그는 자기 생애의 전부를 복음 전도를 위해 타고 다니는 말(馬) 위에서 보냈다고 한다. 눈이 오나 비가 오나 그는 약 250.000마일 이상을 순회 전도에 바쳤다. 또한 그는 수많은 설교집과 탁월한 신학 저작들을 많이 남겼다.

요한 웨슬리가 남긴 말 중에 유명한 구절이 있다. 하나는 "모든 것보다 최상의 것은 하나님께서 나와 함께 계심이다" (The best of all is God with us)이고, 다른 하나는 "세계는 나의 교구이다"(I look upon all the world as my parish)이다. 바로 이 두 구절이야 말로 요한 웨슬리의 열정과 신앙을 쏟아 낸 말들이고, 감리교회의 구령(救靈) 정신을 그대로 담아 낸 말들이다.

윌리엄 윌버포스
(William Wilberforce:1759-1833)

16세기 이래로 유럽의 해상국가들이 서아프리카에서 잡아 온 흑인을 노예로 사고 파는 무역을 자행하고 있었던 때이다. 소위 흑인 노예들은 유럽의 경제를 위해서 중요한 몫을 차지하고 있었다. 대서양을 건너서 벌거 벗겨진 채로 묶여 배를 타고 팔려오는 흑인들은 극한 노동과 착취에 시달리다가 죽어 갔다.

이 문제에 대해서 신앙을 가진 지성들의 반대가 일기 시작했다. 필라델피아의 안토니 베네젯(A. Benezet), 서 인도에서 온 영국인 캡틴 제임스 람세이(J. Ramsay), 영국인 퀘커 교도인 토마스 클락손(T. Clarkson) 그리고 앞서 말한 요한 웨슬리 등이 노예 해방을 부르짖으며 강력한 문서 운동을 하고 있었다.

그런데 한 영국 요크(York)의 국회 의원인 윌리엄 윌버포스가 노예해방을 부르짖으며 나선 것이다. 윌버포스는 1759년 8월 24일 헐(Hull)의 한 항구 마을에서 태어났다. 그는 어릴 적 부친을 여의고 신앙심이 돈독한 친척집에서 자라서, 사립학교를 졸업하고 캠브리지(Cambridge) 대학에서 수학했다. 후에 영국 수상을 지낸 윌리엄 피트(William Pitt)도 이 때의 친구다. 그는 1784년 겨울에 프랑스 여행시 친구와의 토론중에 그리스도를 영접하게 된다. 그 후 그는 기독교 신앙을 통하여 노예 무역은 반드시 중지되어야만 한다고 믿게 되었다. 그리고 단지 국회에서만 이 문제에 제동을 걸 수 있다는 것을 확신했다.

그는 국회와 법률계, 언론계의 중진들을 포섭하여 노예무역 반대 운동을 전개해 갔다. 드디어 1807년 2월 23일 국회에서 노예 무역의 금지가 결정되었고, 미국에서도 같은 해에 결정되었다. 윌버포스는 당대의 '영국의 양심'이었으며, 동시에 '복음주의의 크리스천'의 지도자였다.

316

윌리엄 케리
(William Carey : 1761-1834)

윌리엄 케리는 그야말로 '근대 선교'의 아버지이다. 소위 근대 선교 운동은 인류사 안에 나타났던 그 어떤 운동 보다 가장 세계적 운동에 속한다. 즉 이 선교 운동은 서구 유럽에만 제한되어 있었던 기독교를 끌어내어 세계에서 가장 거대한 종교로 만드는데 공헌했다.

윌리엄 케리는 영국의 한 가난한 직물공의 아들로 태어났다. 따라서 그는 공식적인 교육의 혜택을 제대로 받지 못했고, 십대

에는 구두 제조 견습공을 지내기도 했다. 그러나 그의 꿈은 단지 숙련공이 되는 것이 아니라, 보다 큰 것이었다. 그는 견습공으로 있으면서 신약성서 연구와 희랍어 공부에 힘썼고, 근교에 있는 한 교회에 가서 강의까지 하게 되었다.

구두 제조공이요, 설교가였던 케리의 꿈은 놀랍게도 해외 선교에 눈을 돌리기 시작했다. 후에 학교에서 강의만 하며 지내는 동안 지리학에 대한 관심을 키워, 비기독교 국가에 대한 통계를 확인할 수 있었다. 그후 그는 1785년에 모울톤(Moulton) 침례교회의 목회자가 되었고, 1786년 영국 놋햄톤(Northampton) 교회에서 열린 대규모 회의에서 외국 선교의 중요성을 제안하여 큰 반응을 얻었다. 이렇게 하여 당시 독립된 선교 기관도 없었던 시절 윌리엄 케리는 순수한 선교에 대

한 열정 만으로 선교사가 된 것이다.

전도자요, 교회 개척자며, 교사이고, 번역가이면서 동시에 선교 실무자로 활동한 윌리엄 케리는 인도(India)에 가서 40년 이상을 사역했다. 그는 실로 타 문화에 대한 인식이 거의 부족한 시절, 아무런 통계나 지표도 없이 선교 사역을 수행해 낸 탁월한 해외 선교의 개척자이다. 윌리엄 케리가 당시 해낸 타 문화 선교를 위한 사회적, 교육적 선교 프로그램은 지금도 해외 선교의 전략에서 빼 놓을 수 없는 중요한 요소가 되고 있다.

죄렌 키엘케골
(Søren Kierkegaard:1813-1855)

실존주의(existentialism)의 아버지로 알려진 키엘케골은 '실존 철학'과 '실존 신학' 그리고 '실존 심리학'에 지대한 영향을 끼친 인물이다. 예컨대 초기의 칼 바르트(K. Barth), 폴 틸리히(P. Tillich), 마틴 하이데거(M. Heidegger) 등의 작품 속에 키엘케골의 정신은 계속 살아 숨쉬고 있는 것이다.

키엘케골의 젊은 시절은 갈등의 시기였다. 1509년 그는 부유하지만 엄격한 루터파 경건주의 신봉자인 아버지 밑에서 태어났다. 따라서 그는 언제나 극단적인 자기 반성적인 생활에 익숙하고, 일종의 죄 의식 같은 것에 사로 잡혀 우울한 생활을 지냈다.

특히 그의 멜랑꼴리(melancholy)는 짧은 시기에 다섯 형제와 자매들의 죽음을 겪게 되면서 심해졌다. 그의 우울증은 급기야 사랑하는 레기나 올젠(R. Olsen)과의 약혼을 파기하기까지에 이르른다. 사랑하기에 다가 갈 수 없는 '아이러니'에 대한 실존적 체험은 그로 하여금 철학적으로 역설(paradox)의 인식에 다가서게 하였다.

여기에서 그는 인간이란 누구도 대신해 줄수 없는 '실존적 존재'임을 주창하게 된 것이다. 그는 문학, 철학, 신학과 관련된 작품뿐 아니라, 단지 담론 형식으로 된 설교문이나 헌신적 명상록 등도 남겼다.

키엘케골의 목적은 현대 크리스쳔들을 본래적인 신앙으로 갱신시키려는 데 있다. 키엘케골이 지적한 당시의 문제점 두 가지를 살펴보자. 하나는 모든 덴마크인들은 자동적 크리스쳔이므로 이런 식의 무기력한 기독교는 극복되어야 한다는 것이고, 다른 하나는 역사적 기독교에 대한 사변적이고 자유주의적인 해석을 중지시키는 일이었다. 키엘케골은 크리스쳔이라면 철학적 체계가 아니라, 예수 그리스도의 권위에 뿌리를 내려야 한다고 주장한 것이다.

칼 바르트
(Karl Barth : 1886-1968)

칼 바르트는 20세기의 가장 위대한 신학자로 꼽힌다. 바르트의 정신적 뿌리에는 보수적인 개혁교회의 배경이 자리하고 있다. 그는 1886년 5월 10일 스위스 바젤(Basel)에서 태어났다. 그는 부친이 신약성서와 교회사 교수로 있는 베른(Bern) 대학에서 수학했다. 그 외에 그는 베르린, 튜빙엔, 말붉 등에서 공부를 계속했다. 학창 시절 그는 스승들을 따라서 당시 풍미하던 독일의 자유주의적 프로테스탄트 신학에 깊게 빠져 있었다.

1908년 목사 안수를 받고 제네바 대학의 조교를 거쳐, 자펜빌(Safenwil)이라는 작은 광산 마을의 목사로 부임하였고, 그곳에서 그는 종교사회주의의 이상을 가지고 노동운동에 가담하기도 했다. 그러나 세계 1차 대전의 경험을 통해서 그는 소위 자유주의적 환상을 버리고, 비로서 '하나님의 말씀'과 씨름하기 시작했다. 즉 성서로 다시 눈을 돌리기 시작한 것이었다.

따라서 바르트는 하나님을 하나님의 자리에 돌려드리고 인간은 인간의 자리로 돌아와야 한다고 주장하였다.

바르트는 1919년에 『로마서 주석』을 저술했고, 다시 1922년에 제2판 수정을 내면서 당시 유럽을 휩쓸던 자유주의 신학에 감히 반기를 들었다. 즉 역사-비판적 방법을 거절하고, 하나님의 초월성과 은혜를 강조한 것이었다.

1929년 그는 괴팅엔(Göttingen) 대학의 교수로 초빙받았고, 뮨스터(Münster) 대학을 거쳐 본(Bonn) 대학의 교수를 역임하게 된다. 본에서 그는 유명한 책 『교회교의학』의 저술을 시작했다.

그러나 고백교회의 지도자로써 '바르멘 신학선언'(Barmer Erklärung, 1934)을 작성하고, 나치스에 항거하던 바르트는 히틀러에게 쫓겨 독일을 떠나 스위스 바젤 대학에서 나머지 학문의 꽃을 피우게 된다. 바르트의 복음주의적 신학 사상은 '신-정통주의' 라는 이름으로 기독교 역사 속에 자리매김을 하게되었다.

디트리히 본회퍼
(Dietrich Bonhoeffer: 1906-1945)

독일 루터파 신학자인 디트리히 본회퍼 목사는 히틀러와 싸운 20세기 신학과 지성과 양심을 대표하는 인물이다. 1906년에 독일에서 태어난 그는 신경과 의사 부친을 둔 가정에서 자랐다. 베르린 대학에서 신학을 전공한 그는 베르린에서 박사학위를 받고 그곳에서 교수로써 강의했다.

그는 2년간 미국에 있는 동안 켐브리지 회의를 통해서 신앙의 세계적인 안목을 터득하게 된다. 그는 히틀러를 돕는 일부 독일 교회(Deutsche Christen이라는 특정 그룹의 교회)가 그리스도를 배반하고 있다고 판단하고, 반인륜적인 히틀러와 나치즘을 제거하는 운동에 가담하게 된다.

그의 신학 사상은 기독론과 윤리에 집중되어 있다. 그는 나치스의 유대인 박해를 문제로 삼으면서, 세계 평화를 위한 기독교 공동체 이상을 추구하게 된다. 본회퍼 역시 고백교회의(Konfessionelle Kirche) 일원이 되어서 독일 개신교를 나치화하려는 히틀러의 죄악에 대항한 것이다.

뜻을 같이 하던 그의 처남 도나니(Hans v. Dohnanyi)는 히틀러에게 먼저 처형을 당했다. 미친 운전사가 차를 몰고 사람들을 죽이고 있는데 목사로서 장례식만 치를 수 없다고 생각한 그는 미친 운전사를 차에서 끌어내려야 한다고 마침내 신앙적인 결단을 하게 되었다. 그러나 히틀러를 제거하는 음모에 가담했던 본회퍼는 사전에 발각되어 1945년 4월 9일 순교를 당하게 된다.

본회퍼의 생애와 사상은 세계의 많은 크리스천들에게 영향을 끼쳤다. 특히 남 아프리카나 남미의 해방신학에 지대한 영향을 주었고, 모양과 장소는 달라도 일체의 억압에 대항하며 고투하는 사람들 모두에게 귀감이 되었다.

본회퍼는 결코 정치에 관심한 것이 아니었다. 도리어 그는 예수를 진정으로 따르려는 사람들은 어떻게 살아야 하는가 하는 신학적 고민을 온 몸으로 살아간 신앙 지성인인 것이다.

예배(채플)에 관한 기본적인 이해

대부분의 경우 기독교 이념으로 설립된 학교(mission school)에는 예배 시간이 배정되어 있다. 이것을 흔히 채플(Chapel)이라고 한다. 이 말의 사전적 의미는 왕궁에 부속된 사제가 집례하는 예배라는 뜻을 지니고 있었다. 하지만 넓은 의미에서 왕궁에서의 예배 뿐만아니라 병원이나 학교 혹은 복지기관등에서 교육적인 목적이나 환자위로의 목적으로 시행되는 모든 예배를 채플이라고 지칭하고 있다.

특히 교육기관에서의 채플은 정규 교과목의 하나로 채택되어 기독교인이나 비기독교인을 구분하지 않고 필수과목으로 이수케 함으로써 기독교 문화를 소개하고 기독교에 쉽게 접할 수 있도록 다양한 방법을 동원하여 건학이념인 기독교 정신을 알리고 체득하도록 배려하고 있다. 굳이 종교를 강요한다기 보다는 기독교에 대한 폭넓은 이해의 장을 마련하고 한주간에 한번씩이라도 겸허하게 자신을 성찰할 수 있는 기회를 제공한다는 관점에서 접근한다면 그다지 큰 부담은 없으리라 본다.

대학에서의 채플이 제대로 시행되기 위해서는 지성인다운 예의바른 자세와 자발적이고 능동적인 참여가 필요하다고 하겠다. 극히 드문 경우이기는 하지만 본인이 지니고 있는 종교와의 갈등을 이유로 채플시간을 등한시하거나 유별난 행동을 통해 일종의 저항을 일삼는 행위는 지성인다운 모습이라 할 수 없다. 로마에서는 로마의 법을 따르는 것이 옳기 때문이다. 뒤집어 놓고 본다면 기독교인들이 여타의 종교이념으로 설립된 대학에 입학한 경우, 그 대학이 부과하는 종교예식과 종교과목을 수강해야하는 것과 다를 바 없다. 그런가하면 채플의 핵심이라 할 수 있는 설교(메세지) 시간을 고의적으로 잠을 자거나 다른과목의 레포트를 작성하거나 혹은 눈에 들어오지도 않는 신문을 억지로 보는 척하면서 애써 외면하려 할 필요는 없다고 본다. 그것은 교수로서의 교목과 학생으로서의 수강생 사이의 예의에도 어긋날 뿐만아니라 당사자에게도 괴로운 시간으로 인식될 것이기 때문이다. 그러므로 채플이 의미있는 과목으로 수용되기 위해서는 채플의 근본취지를 숙지하고 협조하는 자세가 수반되어야만 할 것이다.

□ 예배(채플)의 참 뜻

예배(禮拜)라는 말의 우리말 뜻은 '神을 신앙하고 숭배하면서 그 대상을 경배하는 행위 및 그 양식'이라고 정의되어 왔다. 영어의 worship이라는 말은 앵글로색슨어인 'weorthscipe'에서 나온 것으로 가치(worth)라는 말과 신분(ship)이라는 말의 뜻을 가진 합성어이다. 이 말을 좀더 구체화시킨다면 "하나님께 최상의 가치를 돌리는 것(to ascribe Him supreme worth)"이란 뜻이 된다. 이러한 표현은 성서의 여러 곳에서 사용되고 있다.

로버트 레이번(Robert G. Ray-burn) 교수는 성서에 나타난 예배의 용어들의 뜻을 종합하면서 예배의 기본요소를 다음과 같이 설명한다. 첫째로 기독교 예배는 신실한 신앙인이 하나님의 영화로우신 존엄성을 인식하고 살아 있는 하나님 앞에 자신을 굽어 엎드리는 것이어야 한다고 했다. 이때에 비로소 인간은 하나님께 경외와 찬양과 감사와 존귀를 드릴 수 있기 때문이다. 두번째로 예배자들은 예수 그리스도가 보여 주었던 대로 순종하는 종의 자세로 하나님께 자신을 내어놓아야 한다고 말하고 있다. 이것은 예수께서 십자가의 희생을 감수하시는 자세를 본받아야 한다는 사실을 강조한 것이다.

말하자면 예배(채플)는 최선의 마음가짐과 최선의 자세로 하나님을 향하여 경의를 표하는 시간이다. 기독교 대학에서 채플을 시행하는 이유에는 여러 가지가 있겠지만 그중에서도 대학의 건학이념을 따라 하나님 앞에 대학의 모든 구성원들이 한 마음으로 겸손히 자신을 성찰하며 보다 나은 내일을 준비하고 오늘의 과업에 최선을 다하려는 각오를 다지게 하는데 있다. 나아가 채플은 기독교가 제시해주는 새로운 세계관과 삶의 방향에 관한 안목을 터득하고 기독교를 보다 진솔하게 이해하도록 함으로써 인간과 종교, 인간의 내밀한 삶의 문제들을 종합적이고 반성적이며 철학적인 관점에서 음미하게 하는 중요한 시간이다.

대학채플에 참여하는 모든 구성원은 바로 이러한 의미에서 채플을 그 어떠한 강의시간보다도 진실하고 겸허하며 엄숙하게 임하여야 하는 의무를 안고 있다. 기독교 대학의 채플은 학칙이 규정하는 필수과목이라는 이유에서 보다는 열린자세와 배움의 자세로 자발적인 참여와 협조를 요청하고 있다. 만일 자발적인 참여가 기대될 수 없는 상황이라고 판단되는 순간이 온다면 이것은 채플을 운영하는 교목실 뿐만아니라 지성인임을 자부하는 대학생 스스로의 불편과 수치를 자초하는 결과가 되고 말 것이다. 가령 '잔머리 굴리기'라는 표현이 적합할 듯 싶은 대리출석, 고의적인 지각, 우격다짐식의 항의 등등의 서글픈 일들이 드러나기 시작하면 채플의 운영취지를 살리기 위한 교목실의 노력도 그만큼 강도를 더하게 될 것이며 인격적이고 개방적인 채플의 운영보다는 다소 부담스럽고 불편한 여러 가지 제재를 가할 수밖에 없는 상황이 연속되고 말것이기 때문이다.

부디 바라기는 기독교 대학의 모든 구성원들이 강요나 의무감에서 드리는 채플보다는 함께 어우러지는 채플을 일구워낼 수 있을 정도의 의식의 성숙이 이루어졌으면 하는 바램이다. 채플을 피할 수 없다면 억지를 쓰는 것보다는 열린 자세로 함께하는 모습이 현명한 지성인의 선택이라 여겨지기 때문이다.

□예배(채플)의 구성요소

예배의 전통은 크게 구교(카돌릭)의 전통과 개신교적 관점으로 구분될 수 있다. 그중에서도 예배라는 용어를 사용하는 경우는 대부분 개신교에 해당한다. 특히 루터와 칼빈을 위시한 종교개혁자들의 전통을 따르는 개신교의 예배는 교회마다 학교마다 다소간의 차이가 있는 것도 사실이지만 대략 다음과 같은 순서들을 공통적으로 채택하고 있다.

① 가장 먼저 그리스도인들이 예배를 위해 모여 경배와 찬양을 드리는 부분이 있다. 이는 하나님을 향하여 드려야 할 경배에 해당한다. 여기에는 찬송가의 제창과 대표자의 기도(교수들의 윤번제 기도), 그리고 성가합창단의 찬양 등이 포함된다.

② 예배의 중심이 되는 것은 하나님의 말씀을 경청하는 부분이다. 성경봉독과 설교(메세지 혹은 말씀선포라고 표현됨)가 여기에 해당한다. 개신교 예배에 있어서 가장 주목해야 할 부분은 어찌보면 바로 말씀의 선포이다. 이 순서는 단순한 교양강좌나 특강, 혹은 대중연설을 늘어놓는 시간이 아니다. 우리시대와 우리 대학, 그리고 오늘의 지성인을 향한 절대자의 말씀이 교목과 설교자를 통해 전달되는 소중한 시간이다. (물론 절기나 상황에 따라서는 드라마 메시지나 찬양집회, 혹은 영상메세지 등이 시행되기도 한다. 그러나 근본의도는 변경되지 않는다. 즉 설교자를 통한 언어 메시지, 연극인을 통한 행위 메시지, 복음가수들에 의한 찬양 메시지 등등은 모두 하나님의 말씀을 전하는 통로요 수단이라는 점에서 동일한 의미를 지닌다. 그중에서도 가장 본질적인 수단을 꼽으라면 단연 설교자를 통한

언어 메시지일 것이다.)

③ 예배의 마지막 부분은 축복과 파송의 순서이다. 이 부분은 채플의 종료를 의미하는 것이 아니라, 예배를 통하여 받은 은총을 간직하고 세상 속으로 파송받아 나가는 엄숙하고 거룩한 책임을 확인하는 시간에 해당된다. 이 순서는 메세지에 대한 재다짐과 아울러 전통을 따라 안수된 성직자 (교목)의 축복기도(축도)로 구성된다.

대부분의 경우, 채플에 참여하는 수강생들에게는 찬송을 함께 부르고 대표자의 기도를 묵상하며 기도의 마지막에 '아멘'으로 동의하는 일, 그리고 성경을 찾아 읽으며 설교자의 메시지를 경청하는 것 정도가 채플시간에 해야할 일들의 전부라고 할 수 있다. 특히 설교는 시간적으로 채플의 절반가량을 차지한다고 할 수 있으며, 채플을 수강하는 대학의 모든 구성원들은 이 시간에 모든 관심을 집중할 필요가 있다. 설교하는 교목은 한 사람의 교수로서가 아니라 하나님의 말씀을 전달하는 실로 막중한 책무를 감당하고 있기 때문이다.

채플의 설교는 지겹고 귀에 들어오지 않는다는 뜻에서 '설교' 늘어놓는 시간이 아니라 우리시대와 대학을 향하여 주시는 하나님의 말씀을 대신 전달하는 시간이며 엄숙하고 심각하게 경청되어야 할 메세지이다. 설교시간에 모든 청중은 설교자가 전하려는 하나님 말씀의 의도는 무엇이며 오늘의 상황에 비추어 볼 때 나에게는 과연 어떠한 의미를 전해주고 있는지를 세심하게 헤아려야만 할 것이다. 아울러 설교자의 메시지를 바탕으로 자신을 성찰하며 새로운 희망과 비전을 발견할 수 있도록 청중은 다른 그 어떤 시간보다도 긴장하여 설교자의 메시지에 초점을 맞추고 설교자와 함께 시선과 사유를 공유하며 그 뜻을 충분이 이해하려는 노력이 요망된다고 하겠다. (참고로 대학채플의 주요순서들을 보면 다음과 같다)

대학채플

묵상기도 .... 다 함 께
개회찬송 .... 다 함 께
기　도 .... 담당교수
성경봉독 .... 집 례 자
찬　양 .... 성가합창단
말씀선포 .... 교　목
(혹은 초청강사)
설교후기도 .... 설 교 자
채플소식 .... 집 례 자
결단찬송 .... 다 함 께
축　도 .... 교　목

□ **기독교의 주요절기**

성탄절 (Christmas)

기독교의 절기들은 주로 예수 그리스도의 생애를 기점으로 정해졌다. 따라서 서양력과는 다소 차이가 있는 교회력은 예수 그리스도의 탄생을 가장 먼저 기념한다. 성탄절은 인류의 구원을 위해 이 땅에 아기의 모습으로 오신 예수 그리스도의 탄생을 기념하는 절기로서, 5주간의 기다림의 기간(待降節)을 앞세운다. 성탄장식과 여러 성탄행사는 화이트 크리스마스라는 용어를 비롯한 즐기기 위하여 있는 것이 아니라 예수 그리스도가 베들레헴의 말구유에 탄생하신 성탄 절기를 기념하기 위한 것임을 기억하고 그 본래 뜻을 되찾는 것이 중요하다고 하겠다. (대학에서는 동계방학기간인 관계로 채플에서 특별행사를 시행하지 못하지만, 각자의 삶에서 기독교에 대한 깊은 이해를 바탕으로 예수 그리스도의 성탄을 기념할 수 있었으면 좋겠다.

부활절(Ester Day)

기독교는 인간의 모습으로 베들레헴 말구유에 탄생하신 예수 그리스도는 33년의 짧은 생애를 통하여 하나님의 나라에 대한 교훈과 회개의 중요성을 설교하였고 십자가에 달려 돌아가신 이후 3일만에 부활하셨다는 사실을 굳게 믿으며 또한 그렇게 고백한다. 이러한 의미에서 부활절은 십자가의 수난을 넘어 사망의 권세를 이기고 다시 살아나신 예수 그리스도를 기념하는 절기이다. 부활절은 40일간의 고난 명상주간인 사순절(四旬節)을 기간동안 금식 혹은 기도회 등을 통하여 그리스도의 십자가와 그 수난에 동참한 그리스도인들로 하여금 부활하신 예수 그리스도의 승리에 동참하게 하는 뜻 깊은 행사들로 이루어진다. 이 기간에는 전통적으로 그리스도의 일생을 회고하는 성가합창제(칸타타)를 비롯하여 드라마와 각종 행사를 시행하며, 무덤을 이기고 나오신 예수 그리스도를 상징하는 부활절 계란을 분배함으로써 그 뜻을 널리 알리는 일드이 행해진다.

추수감사절(Thanksgiving Day)

추수감사절은 신앙의 자유를 찾아 미국에 이주한 청교도들의 관습을 따르는 것으로 알려져 있지만, 본래는 한 해동안의 건강과 안전을 회고하면서 하나님의 은혜에 감사하는 절기라 할 수 있다. 대개 11월 3주간을 추수감사절로 지내는 것이 보통이지만, 최근에는 민족의 명절인 추석을 전후하여 추수감사예배를 드리는 경향도 생겨나고 있다. 추수감사절에는 일반적으로 햇곡식과 과일을 비롯한 농산물을 예물로 바치고 떡을 함께 분배하면서 한해동안의 하나님의 은혜를 기리며 감사하는 것이 보통이지만 그렇다고 해서 추수감사절을 농경사회에만 타당했던 절기라고 생각하는 것은 잘못이다. 추수감사절의 유래에서 볼 수 있는 것처럼 언제 어디서나 하나님의 사랑과 은혜를 감사하며 살아가려는 자세를 재다짐하는 절기가 바로 추수감사절이기 때문이다.

□ 채플 설교 지상중계

채플 메세지. 하나

가죽을 가죽으로 바꾸는 존재

여호와께서 사단에게 이르시되 네가 어디서 왔느냐 사단이 여호와께 대답하여 가로되 땅에 두루 돌아 여기 저기 다녀왔나이다 여호와께서 사단에게 이르시되 네가 내 종 욥을 유의하여 보았느냐 그와 같이 순전하고 정직하여 하나님을 경외하며 악에서 떠난 자가 세상에 없느니라 네가 나를 격동하여 까닭 없이 그를 치게 하였어도 그가 오히려 자기의 순전을 굳게 지켰느니라 사단이 여호와께 대답하여 가로되 가죽으로 가죽을 바꾸오니 사람이 그 모든 소유물로 자기의 생명을 바꾸올찌라 이제 주의 손을 펴서 그의 뼈와 살을 치소서 그리하시면 정녕 대면하여 주를 욕하리이다 여호와께서 사단에게 이르시되 내가 그를 네 손에 붙이노라 오직 그의 생명은 해하지 말찌노라. (욥기 2:2-6)

설교 : 김 광원 목사

인간을 어떻게 이해하느냐에 따라서 그의 삶은 크게 달라질 수밖에 없습니다. 아리스토텔레스(Aristotle)는 인간을 사회적 동물로 이해했고, 그의 이해는 고전적인 서구 사회의 근간을 이루어 왔습니다. 또한 근대사상의 선구자인 데카르트(R. Descartes)는 인간을 이성적 존재로 이해하여 17세기 이후 서구적 합리주의 사회의 뿌리를 정초 시켰습니다. 반면에 마르크스(K. Marx)의 호모 파베르(Homo Faber)는 현대 세계의 이데올로기를 갈라놓는 분기점을 이룩하기도 했습니다. 현대의 세계 양차대전 이후 폐허가 된 인류의 고뇌에 응답하려던 현대 기독교는 실존주의자 키엘케골(S. Kierkegaard)에 힘입어 근대의 낙관주의적 인관관을 대폭 수정하면서, 다시금 인간을 구원받아야 할 죄된 존재로 서둘러 재 규명하기도 했습니다. 그 후 현대정신은 지속적으로 인간을 다양하게 재조명하면서 오늘의 사회까지 이르렀던 것입니다. 실로 우리가 인간을 어떻게 이해하느냐 하는 문제는 결코 탁상공론이 아닌 것이 분명합니다.

흥미롭게도 욥기 2:2-6에 보면, 하나의 특이한 인간관이 등장합니다. 이는 곧 사탄이 보는 인간관으로서, 인간이란 "가죽으로 가죽을 바꾸는 존재"이며, "소유물로 자기 생명을 바꾸는 존재"라는 것입니다. 가죽은 당시에 없어서는 안될 소중한 재산에 속합니다. 따라서 인간은 자기의 소유를 축으로 해서 산다는 뜻입니다. 본문에 나오는 사탄이야말로 어느 때 어느 누구보다도 인간을 가장 잘 꿰뚫어 보고 있다는 점에서 큰 관심의 대상이 아닐 수 없습니다. 일찍이 사탄은 인간의 탐욕을 주제화하고 있는 것입니다. 빈부의 양극화, 극단적 소비주의, 그리고 환경오염 등 오늘 우리 사회의 난제들 역시 그 문제의 뿌리가 바로 여기에 있는 것 아닐까 사려됩니다.

가죽을 가죽으로 바꾸는 존재란 곧 '결코 손해 안보는 존재', 나아가서는 '이익만을 따라 사는 존재'를 말해 줍니다. 여기서는 대의 명분이나 가치 그리고 인격 등이 자리잡을 공간이 거의 없습니다. 더욱이 자유이니, 정의이니 그리고 이웃을 향한 배려이니 하는 것들이 사실에 있어서 배제된 폐쇄영역 입니다. 차가운 상업주의와 냉혹한 이해관계는 급기야 우리 사회 속에 황금의 우상화를 만들어 내었고, 이런 구조 속에서는 이득이 된다면 죽어도 하고, 안해야 할 일도 서슴없이 해내는데 문제가 있습니다. 손해가 된다면 죽어도 손 안대고, 해야할 일도 무책임하게 도피합니다. 인간이란 존재는 종국에 가서는 소유의 확보 때문에 자기의 생명까지도 바꿔치기 하는 존재라고 사탄은 야유하고 있는 것입니다. 사탄이 본 인간은 생명을 소유물로 환원하는 존재입니다.

사실 따지고 보면 영원할 것을 잠정적인 것으로 대치하는 존재가 바로 부끄러운 우리 자신이며, 거룩한 것을 속된 것으로 대치하려는 속성이 우리의 가장 솔직한 죄된 모습이기도 합니다. 차라리 생명은 내어 주어도 내 손에 쥔 것은 죽어도 못 내어놓겠다는 것입니다. 그러나 내가 죽을 수 없으니 네가 죽어줄 수밖에 없다는 결론에 쉽게 도달하게 됩니다. 이쯤 되면 존재는 이미 소유 앞에 무릎꿇어 버린 것이 되고, 급기야는 자기의 생존을 위해서 서슴없이 타인의 생명을 제물로 삼고 말게 될 것이 분명합니다.

이제 여기서 우리는 탐욕을 사회적인 문제로 고발하고 나선 두 사람의 생각을 따라가서 살펴보기로 하겠습니다.

첫째는 프랑크푸르트 학파의 한 사람이며, 사회심리학적 조명을 도구로 사용하여, 현대 산업사회의 문제를 탐욕의 문제로 제기한 에릭 프롬(E. Fromm)입니다. 그에 따르면, 산업 사회에 살고 있는 현대인은 재산을 힘의 원천으로 삼고 살고 있기 때문에 현대인은 그 판단이 극도로 편향되어 있다고 말합니다. 소유가 힘이 되어 있는 산업 사회 속에서는 재산을 가진 자들은 환영받고, 언제나 정의로운 존재로 군림하게 마련입니다. 소유를 힘으로 가지고 있는 사람들은 그것을 사용할 때 타인의 행복과 불행까지도 완전히 지배하고, 심지어는 빼앗기까지 하면서 행사한다는 것입니다. 산업 사회 이전의 구매는 보전을 위한 구매여서 '오래된 것은 아름답다'(old is beautiful)고 했으나, 산업사회 이후는 보전보다는 소비 그 자체가 강조된 나머지 새로운 형태의 소비 이야말로 힘의 표현이 되어 버렸고, 이 때의 표어도 변하여 '새 것이 아름답다'(new is beautiful)는 식으로 바뀐 것입니다. 따라서 여기서 무엇을 가지고 있다는 것은 이미 내가 주체가 아니라, 내가 가지고 있는 것이 주체가 되어 버려서 급기야 인격은 사물적 존재로 전락하게 되고 맙니다.

이렇게 소유의 노예가 되어 버린 삶의 양식을 프롬은 '항문적'(肛門的) 양식의 삶이라고 비판하고 있습니다. 본래 항문적이라는 용어는 프롬이 프로이드(S. Freud)에게서 차용한 용어입니다. 소유와 배설물, 돈과 항문의 상징적 연결은 소유 지향적 사회의 악마적 속성을 고발하려는 데서 비롯되었습니다. 따라서 그는 탐욕에 불타는 병든 산업 사회의 구조 갱신을 촉구하면서 건강한 이성적 사회를 추구한 것입니다.

두 번째 사람은 스위스 신학자인 라가츠(L. Lagaz)입니다. 프롬의 탐욕에 대한 사회-심리학적 분석이 일종의 '비판 이론'(kritische Theorie)에 근거한 것이라면, 라가츠의 신학적 분석은 신 - 마르크스 사상과 유대-기독교적 유신론의 복합 전통에서 나온 것이라고 할 수 있습니다. 라가츠에 따르면 현대문명이라는 저주받은 문명의 나무는 왜곡된 삶에의 충동을 그 뿌리로 갖고 있는데, 그 뿌리란 곧 다름 아닌 신(新)의 부재(不在)라고 합니다. 신이 지배하지 않는 그 곳은 바로 탐욕이라는 맘몬(Mammon)의 복음에 따라서 통치되는 우상의 나라입니다. 그는 누가복음 12:13-21 그리고 마태복음 6:19-24에 나타난 대로 퇴락된 맘모니즘의 사회는 바로 염려와 욕심의 문화라고 야단치고 있는 것입니다. 신을 잃어버린 텅 빈 공간에 대치되어 메워진 것, 그것은 바로 탐욕, 즉 이득을 따라 사는 맘모니즘적 삶을 말합니다. 라기츠는 돈의 우상 숭배적 성격을 특별히 신약 성서의 골로새서 3:15("소유에 집착하는 행위는 우상에게 예배하는 행위이다")에서 찾고 있습니다. 그런 의미에서 라가츠는 마르크스와 전적으로 다릅니다. 사실 마르크스는 사회적 '욕심'을 신의 부재 내지는 하나님 상실이라는 지평에서 보지 못했고 또 그렇게 믿지도 않았습니다.

성서 신학자인 쇼트로프(L. Schottroff)의 해석에 따르면, 바울은 탐욕을 '이방성의 징표'로 이해했다(엡4:17 ; 엡4:19 ; 살전4:5)고 합니다. 바울에 따르면, 크리스천이란 탐욕을 극복해야 하는 어떤 사람들입니다. 왜냐하면 바울에게 있어서 탐욕이란 우리의 심장이 하나님으로부터 멀어짐이요, 일종의 하나님께 대한 불순종이 되기 때문입니다. 그의 생각대로 만일 탐욕이 이방성의 징표라면 이는 분명히 '적 그리스도'인 것입니다. 따라서 오늘 우리는 하나님 대신에 들어앉은 대치의 신인 맘몬이라는 우상숭배로부터 과감히 돌아서야 할 것입니다. 오늘 우리는 그 원형적 모델을 '가죽을 가죽으로 바꾸는 존재'라고 하나님에게 도전한 사탄을 향해 끝내 "아니다!"라고 견디어 낸 '욥'에게서 발견하게 된다. 욥은 자기의 일체의 가족들, 즉 종과 재산 그리고 가축들, 심지어는 사랑하는 가족들의 생명까지도 빼앗겼습니다. 그리고 자신은 심한 고통 속에서 건강을 빼앗기고도 사탄에게 굴복하지 않았습니다. 그에게는 이제 소유할 '가죽'이라고는 하나도 없었습니다. 그럼에도 불구하고 욥에게는 사탄의 논리가 더 이상 통하지 않았던 것입니다. 사탄의 탄탄한 논리가 신앙인 욥에게서 깨져나간 셈입니다. 왜냐하면 욥의 신앙고백은 끝내 허공을 치는 빈말이 아니었기 때문입니다.

욥의 승리는 결국 사탄에 대한 하나님 자신의 승리가 되었습니다. 그런 의미에서 욥기서는 인간을 '가죽을 가죽으로 바꾸는 존재'라고 말하는 사탄의 집요한 공략에 대한 하나님 자신의 "인간선언"이기도 합니다. 크리스천은 결코 사탄의 말대로 가죽을 가죽으로만 바꾸는 존재가 아닙니다. 도리어 크리스천이란 예수 그리스도의 십자가 통하여 가죽의 논리를 뛰어넘는 하나님의 자녀임을 신앙 안에서 확인하며 실천하는 사람들이어야 할 것입니다.

이(利)와 의(義)

아브람이 애굽에서 나올 새 그와 그 아내와 모든 소유며 롯도 함께 하여 남방으로 올라가더니 아브람에게 육축과 은금이 풍부하였더라. 그가 남방에서부터 발행하여 벧엘에 이르며 벧엘과 아이 사이 전에 장막 쳤던 곳에 이르니 그가 처음으로 단을 쌓은 곳이라. 그가 거기서 여호와의 이름을 불렀더라. 아브람의 일행 롯도 양과 소와 장막이 있으므로 그 땅이 그들의 동거함을 용납지 못하였으니 곧 그들의 소유가 많아서 동거할 수 없었음이라. 그러므로 아브람의 가축의 목자와 롯의 가축의 목자가 서로 다투고 또 가나안 사람과 브리스 사람도 그 땅에 거하였는지라. 아브람이 롯에게 이르되 우리는 한 골육이라. 나나 너나 내 목자나 네 목자나 서로 다투게 말자. 네 앞에 온 땅이 있지 아니하냐 나를 떠나라. 네가 좌하면 나는 우하고 네가 우하면 나는 좌하리라. 이에 롯이 눈을 들어 요단 들을 바라본즉 소알까지 온 땅에 물이 넉넉하니 여호와께서 소돔과 고모라를 멸하시기 전이었는고로 여호와의 동산 같고 애굽 땅과 같았더라. 그러므로 롯이 요단 온 들을 택하고 동으로 옮기니 그들이 서로 떠난 지라. 아브람은 가나안 땅에 거하였고 롯은 평지 성읍들에 머무르며 그 장막을 옮겨 소돔까지 이르렀더라. (창세기 13:1-13)

설교: 김 광원 목사

선택은 우리의 삶에서 피할 수 없는 요소입니다. 만일 선택의 여지가 없다면, 우리의 삶은 획일적인 구조에 사로잡힌 비극적 삶이 될 것이 분명합니다. 그러나 더 중요한 일은 주어진 선택의 기회를 어떻게 행사하느냐 하는 문제일 것입니다. 선택 하나로 주객(主客)이 전도되기도 하고, 생사(生死)가 엇갈리기도 하기 때문입니다. 그래서 사람들은 선택 앞에서 그렇게 냉정해지는가 봅니다. 아니, 보다 유리한 선택을 위해서라면, 무슨 대가라도 치를 준비가 항상 되어 있는 것처럼 보입니다. 그러나 사실은 그것이 어떤 선택이든 모든 선택 앞에서 그때마다 우리의 질문은 무엇이 유리한가(利)에 있지 않고, 무엇이 옳은가(義)에 있다는 것을 알아야 합니다. 우리는 그 작은 한 예를 창세기 13:1-13에서 발견해 보고자 합니다.

본문은 아브라함과 조카 롯이 그들의 소유(所有)가 많아지자 함께 동거하지 못하고 헤어져야 하는 장면(창 13:6)을 담고 있습니다. 그들이 애굽을 떠나 벧엘과 아이 사이에 이르렀을 때, 아브라함과 롯은 옛날 배고팠던 시절에 이곳에서 단을 쌓고 하나님께 예배했던 제단을 발견하고는 감격에서 넘쳐 옛날을 상기하며 머리 숙여 하나님을 찾았지만, 그러나 머지않아 그들은 비대하게 많아진 가축들과 종들로 인해서 갈등을 겪게 됩니다. 그들이 가난했을 때는 훈훈한 인간적인 애정과 양해로 살았으나, 이제 사태가 달라진 것입니다. 소유는 인간에게 풍요로움과 편이함, 그리고 만족감을 제공해주는 불가결의 요소이기도 합니다. 그러나 때때로 그 소유는 인간의 정신과 사람됨을 병들게도 합니다.

인간이라면, 누구나 최소한 배고프고 힘에 겨운 빈곤은 면제받아야 합니다. 즉 인간의 기본적인 생존권(生存權)은 절대로 보호되어야 합니다. 아니 인간은 참다운 풍요를 함께 누리도록 창조되었고, 또 반드시 그렇게 되어야 할 것이다. 그러나 본문은 상황이 다릅니다. 소유가 많아지자, 대립, 갈등, 소외, 불신 등이 양자 사이를 갈라놓기까지 했다는 것입니다. 이미 이 때의 소유는 풍요가 아니라 갈등과 억압의 도구로 전락하고 만 것입니다. 이렇듯 소유는 인간을 풍요롭게도 하지만, 동시에 인간을 메마르게도 한다는 것을 잊어서는 안됩니다.

아브라함과 롯의 불편한 관계는 서로가 이(利)를 따라 사는데서 비롯된 것입니다. 이(利)는 우리의 판단을 흐리게 합니다. 이(利)에 밝으면, 실속은 있으나 덕(德)이 없어 친구 뿐 아니라 형제 자매까지 잃고 외롭게 되거나, 자기 방어를 위해서 공격적인 포악자가 되곤 합니다. 그리하여 결국에는 승자가 아니라, 패자의 길을 걷게 되기 마련입니다. 인구 폭발에 따른 물량적 팽창을 절대적으로 요청 당하면서 나타난 현대 기술 과학조차도 한편에서는 문명의 편의를 극대화시켜 왔지만, 사실 따지고 보면, 현실적으로는 불행하게도 소위 공의(公儀)보다는 사리(私利)를 바탕으로 하고 있다는 데 실로 지구촌 사람들 모두가 함께 풀어가야 할 고뇌가 숨겨 있습니다. 따라서 지금이야말로 생산성에만 길들여진 거친 테크놀로지가 아니라, 생명 지향적 테그놀로지가 절박히 요구되고 있는 때입니다. 이렇듯 이(利)가 인류의 소박한 꿈을 갉아먹기 시작한 이래, 그리고 더군다나 과학적 메커니즘으로 계몽의 깃발을 높이 들고 자연의 신비와 신화를 지구에서 몰아내기 시작한 이래, 그것이 개인이든 국가든 이미 모두는 모두를 향해서 탐욕에 불타는 광기(狂氣)로 가득차 버린 것 같습니다. 탐욕적인 이(利)가 사람뿐만 아니라 푸른 지구 자체를 멍들게 한 생태학적 위기도 지구를 살아있는 생명체로서가 아니라, 이(利)를 위해서 파헤칠 죽은 덩어리로 보는 데서 극대화되었다고 보아야 합니다.

성서는 이(利)를 따라 사는 삶에서 의(義)를 따라 사는 삶으로 돌이킬 것을 권고합니다. 이(利)의 입장에서 보자면, 예수 그리스도는 도무지 보잘 것이 없습니다. 예수의 교훈은 황당한 유혹이요, 그 분의 삶은 어릿광대와 같습니다. 더군다나 그 분의 십자가는 이(利)의 눈으로 보면, 무모한 좌절이요 패배에 속합니다. 그 분을 믿고 따르려는 사람들 모두가 이러한 이(利)의 기준에는 절대적으로 부족한 자들 뿐입니다. 어쩌면 이 기준에

차고 넘치는 자들에게는 이러한 예수는 도리어 방해자에 불과할 것입니다. 이(利)를 위해서 '죽자살자'하는 자들에게도 예수의 십자가는 몹쓸 방해물이 될 것이 분명합니다. 바울의 말대로, 그 분의 십자가는 유대인에게는 거침돌이며, 이방인에게는 어리석음이 되고 말 것입니다(고전 1:23). 그래서 예수께서는 자기를 찾아온 세례 요한의 제자들에게도 "누구든지 나를 인하여 실족치 아니하는 자는 복이 있도다"(누가 7:23)라고 일성을 갈 했나 봅니다.

예수는 말씀을 통하여 쉽게 살려는 자들에게는 뾰족한 송곳처럼 찔러대고, 추하게 살려는 자들에게는 가차없는 채찍을 드셨으며, 위선 속에서 이(利)만을 챙기려는 자들을 향해서는 목숨을 내어놓고 도전하셨습니다. 그 분의 출현은 동네마다 실로 부담거리였습니다. 그러나 그 분의 도전에 실족 당하지 않고 의(義)를 향하여 자신을 활짝 열어 젖힌 사람들에게는 구원을 얻는 축복이 임했습니다. 뿐만 아니라 위대한 신앙인들도 모두 이(利)에서 보면, 기준 미달에 속할 것입니다. 의(義)를 따르려면, 이(利)를 떠나지 않으면 안 됩니다. 그래서 예수께서도 "한 사람이 두 주인을 섬기지 못할 것이니, 혹 이를 미워하며 저를 사랑하거나 혹 이를 중히 여기며 저를 경히 여김이라 너희가 하나님과 재물을 겸하여 섬기지 못하느리라"(마태 6:24)고 엄히 경고하셨던 것이 아닐까요? 이(利)를 뛰어 넘을 수 있을 때에만 그 이(利)는 진정한 의미에서의 이(利)가 될 수 있습니다. 그러나 이(利)만을 독점하고 있는 한, 그 이(利)는 나와 너를 모두 죽이는 독약이 됩니다.

그런데 놀랍게도, 아브라함은 창세기 13:8에서 위대한 선택을 선언합니다. 그는 소유욕(所有慾)이라는 깊은 잠에서 불연 듯 깨어나서 의(義)를 향한 사람으로 돌아와 이렇게 말하고 있는 것입니다: "우리는 한 골육이라 나나 너나 내 목자나 네 목자나 서로 다투지 말자 네 앞에 온 땅이 있지 아니하냐 나를 떠나라 네가 좌하면 나는 우하고 네가 우하면 나는 좌하리라." 참으로 아브라함은 여기서 하나의 거대한 전환점을 만들어 내었습니다. 바로 아브라함은 이(利)와의 인연 줄을 끊고 의(義)의 줄을 잡게된 것이 아닐까요? 실로 그는 다시금 따뜻한 신앙의 사람으로 돌아왔습니다. 서로가 싸우지 말고 네가 먼저 선택하면, 나는 나머지를 택하겠다는 것이었습니다. 아브라함은 평범하나 잊기 쉬운 진리를 여기서 획득한 셈입니다. 즉 그는 내가 사는 길은 네가 함께 사는 길이요, 네가 죽는 길은 나도 죽는 길이라는 근원적 관계에 대한 각성을 얻었던 것입니다.

인간은 본래가 홀로 사는 존재가 아닌데, 이(利)의 그늘에 눌려 너와 나를 구분하게 되었던 것입니다. 이러한 이기적인 이원론이 가장 극명하게 전개된 것은 데카르트 이후 등장한 근대적 세계관이라고 말해야 옳습니다. 하나의 원자(Atom)는 다른 원자를 요구하지 않고도 홀로 존재할 수 있다고 믿었던 근대 과학적 세계관은 현대인에게 개인주의와 이기주의를 최대의 가치로 숭상하도록 만들어 주고 말았습니다. 따라서 나의 삶은 너 없이도 얼마든지 가능하며, 도리어 가치 있는 것으로까지 생각하게 된 것입니다. 아니 이러한 이원적 분별 사고는 더 나아가서 내가 편히 존재하기 위해서는 너는 없어져야 한다는 배타적 독선으로 발전되고 말았습니다. 바로 여기에 현대 문명의 병리적 현상이 숨겨져 있는 것입니다.

여기에 나타나는 '우리는 한 골육이라'는 아브라함의 말은 단순한 가족 관계를 넘어서는 어떤 것으로 이해해야 더욱 그 의의가 있을 것입니다. 현대의 개인주의와 이기주의의 또 다른 괴물은 배타적인 '내 가정주의'에 있다는 것을 이제 고발할 때가 된 것 같습니다. 내 남편과 아내, 그리고 내 자식 외에는 그 어느 것에도 눈을 돌리려 하지 않는 현대인의 냉담함은 도대체 어디에서 비롯되었을까요? 이것 역시 나와너, 내 가정과 네 가정이 근원적인 유기적 관계 안에 있는 것임을 망각한 데서 나온 것이 아닐까요? 그러나 때때로 이(利)를 위해서 나와너, 내 가정과 네 가정, 그리고 이 나라와 저 나라가 야합하여 이익을 독점하고 수탈하는 무서운 악을 자행하는 모습을 볼 수가 있습니다. 개인적 이기주의와 달리 집단적 이기주의는 상상할 수 없으리 만치 그 정도와 양상을 달리하면서 뿌리깊게 세계 공동체 안에 자리잡고 말았습니다. "누구든지 하늘에 계신 아버지의 뜻대로 하는 자가 내 형제요 자매요 모친이라"(마태 12:50)라고 하신 예수의 말씀은 이러한 배타적인 집단적 이기주의를 향한 준엄한 가르침입니다. 나와 너의 근원적 관계란 야합하여 이익을 독점하는 일탈된 병적 관계가 아니라, 우주적인 형제애와 자매애를 실현해야 하는 가장 구체적인 자리 매김입니다.

오랫동안 인류를 괴롭혀 왔고, 그 야심을 가장 포악하게 드러냈던 근대적 분별 사고가 낳은 위장된 현대적 업적과 그 찌꺼기를 철저히 부수면서 나타난 탈 현대적 정신은 인간이 본래적으로 관계적 존재임을 다시금 상기시키면서 현대적인 각종 질병의 치유에 나서기 시작했습니다. 현대 문명의 막바지에서나마 그들은 이(利)가 부서지고 의(義)가 수립되어야 한다는 예언자적 패러다임의 전환을 인류 정신사에 촉구하고 있는 것입니다. 그런데 바로 옛 아브라함에게서 우리는 이러한 "부숨"과 "다시 세움"의 한 모형을 발견하게 된 것입니다.

이기심(利己心)이라는 깊은 늪에 빠져 이(利)를 쫓던 조카 롯은 급기야 요단 들판을 보고 먼저 그 땅을 택하였고, 이타심(利他心)으로 망심(妄心)을 다스린 아브라함은 남은 땅을 택했습니다. 이(利)의 사슬을 아직 벗지 못한 롯이 택한 땅은 겉보기에는 좋은 땅이었지만, 사실 이곳은 소돔과 고모라 땅으로서 잠시 후에는 멸망 받게 될 타락한 장소였던 것입니다. 그러나 의(義)를 따른 아브라함의 선택은 겉보기에는 거친 땅이었으나, 사실 이 땅은 후에 하나님께서 축복으로 허락하신 가나안 땅이었다는 것입니다.

롯의 선택은 끝내 이(利)와의 인연줄을 끊지 못해 소금 기둥이 된 아내의 비극적 사건으로 종국을 맞고 말았습니다. 아브라함의 선택은 결코 자신만 살아 남으려는 것이 아니였습니다. 도리어 신(神)의 심판을 지연해 가면서까지 사람과 땅을 건지려는 공의(公義)였다는데 의(義)가 있지 않을 까요? 결국 생명을 얻는 것은 이(利)가 아니라 의(義)였습니다. 아니 참된 축복은 우리의 눈에 보이는 이(利)의 선택에 있는 것이 아니라, 의(義)를 향한 하나님의 축복에 있음을 깨닫기 바랍니다.

채플 메세지. 셋

21C 쿼바디스

사울이 행하여 다메섹에 가까이 가더니 홀연히 하늘로서 빛이 저를 둘러 비추는지라 땅에 엎드러져 들으매 소리 있어 가라사대 사울아 사울아 네가 어찌하여 나를 핍박하느냐 하시거늘 대답하되 주여 뉘시오니까 가라사대 나는 네가 핍박하는 예수라. (행 9:3-5)

설교: 문 시영 목사

처음가는 동네에 지하철을 타고가는 사람이면 으레 한번쯤 방향감각을 잃어버린 경험을 해보았을 것으로 생각됩니다. 아무리 안내도를 잘 보아도 나가보면 엉뚱한 길로 혹은 그 건너편길로 나가기 쉽상입니다.

우리가 흔히 농담처럼 하는 말 중에 지방 사투리를 흉내내어 "여기가 아닌게벼", "아까 거기가 거긴가?" 하는 방향감각에 관한 표현이 있습니다. 방향감각을 상실하면 헛고생으로 시간과 노력을 낭비하게 됩니다. 가요중에 영등포로 갈까요, 왕십리로 갈까요 하는 노랫말처럼 갈팡질팡하게 됩니다. 자신의 진로를 결정하지 못하는 시간만큼 방황의 기간은 길어질 수밖에 없습니다. 방향을 신속히 결정해야 합니다. 기왕이면 그것도 제대로 정해야 합니다. 혹시 잘못된 방향으로 가고 있다면 그 즉시 돌이켜 바른 길을 선택할 수 있는 용기도 필요합니다.

방향을 정하는 데에는 여러 가지 방법이 사용될 수 있습니다. 고전적인 방법, 손바닥에 침을 뱉어놓고 손가락으로 내리쳐서 침이 튀는 방향으로 가는 수도 있습니다. 요즘에는 무속이 판치는 세상인 듯 싶습니다. 오죽하면 그랬을까 싶습니다만 한심하다는 생각이 먼저 듭니다. 최근에는 소나타 승용자의 상표에서 S자를 떼어가지고 다니면 S대에 들어간다나 어쩐다나 난리가 났습니다. 우습지도 않은 무속에 자신의 인생을 맡기려는 것인지…… 지푸라기라도 붙들고 싶은 심경에 인생의 진로를 물어보려는 고3 학부모, 취업준비자 등등 많은 사람들로 점집들이 대목을 만난 모양입니다.

어쨌든 우리들의 삶에 있어서 방향감각이라는 것만큼 중요한 것도 드뭅니다. 지하철에서 방향감각을 상실하는 것은 조금만 고생하면 되겠지만, 인생의 방향감각을 상실하는 것은 돌이킬 수 없는 후회를 낳을 수도 있습니다.

우리가 말하는 '삶의 방향감각'이라는 것은 동서남북의 방위(direction)를 뜻하는 것이 아닙니다. 그것은 좀더 진지하고 사려깊은 뜻을 지니고 있습니다. 인생의 목표와 목적이 무엇인지를 제대로 분별하는 능력을 뜻합니다. 오늘 우리는 스스로 자문자답해 보아야 하겠습니다. 나는 지금 어디로 가고 있는가? (채플시간에 적응이 안되어서 고개를 뒤로 제치고 나만의 싸이버 공간, 꿈속으로 가고 있다구요?)

쿼바디스라는 영화를 기억하실 것입니다. A.D67년경 로마에서는 기독교에 대한 박해가 극심했습니다. 사도 베드로는 혹독한 박해의 시기에 교인들로부터 목숨만이라도 건져서 기독교의 명맥을 이어주기를 요구받았습니다. 어느날 새벽 그를 따르는 나자리우스와 함께 로마를 빠져나가 앗

파도기아를 향하여 도망가던 길에 베드로는 황급히 로마를 향하여 달려가
시는 예수 그리스도를 보게 됩니다. 그는 무의식적으로 질문했습니다. "쿼
바디스 도미네?" 라틴어로 이 질문은 "Where are you going, Lord? 주여
어디로 가시나이까?" 하는 뜻이 됩니다.

그때 그리스도는 이렇게 대답하셨습니다. "네가 내 백성과 함께 고난의
현장에 있지않고 로마를 떠나 도망하므로 내가 너를 대신하여 또다시 십자
가를 지기위해 로마로 가노라." 베드로는 주님의 음성앞에 엎드려저 자신
의 비겁함을 회개하고 가던 길을 돌이켜 완전히 U턴한 뒤, 로마의 박해 현
장에서 체포되어 십자가 형에 처해졌습니다. 도망하던 자신의 모습이 너무
도 부끄러워 감히 어떻게 주님지신 십자가를 똑바로 질 수 있으리까 하면
서 십자가에 거꾸로 매달리어 장렬히 순교했다는 이야기가 전해집니다.

A.D 67년 베드로의 질문. "쿼바디스 도미네". 이것은 단순하게 어느방
향으로 가고 있었는지를 묻는 것이 아니었습니다. 그것은 자신의 인생에
대한 냉엄한 반성의 질문이었습니다. 이 질문을 우리들의 물음으로 바꾸
어서 쿼바디스 도미네 자리에 재귀대명사 수이를 집어넣어서 "쿼바디스
수이?" 나 자신은 지금 어디로 가고 있는가를 생각해 보아야 합니다

우리는 지금 전환기의 한복판에 서 있습니다. 저물어가는 20세기를 마
감하고 새롭게 다가오는 세번째 일천년, 너무도 귀에 못이박히게 들어온
21세기를 눈앞에 두고 있습니다. 실로 중요한 전환기를 맞이하고 있습니
다. 21세기는 단순히 서기 2000년이 되는 것 이상의 의미가 있다고들 합
니다. 이 전환의 시기에 주변환경이 바뀌고 달력을 바꾸는 환경적인 전환
이 아니라 무엇보다도 마음의 변화, 생각의 변화, 자세의 변화, 이른바 마
인드의 변화가 있어야 합니다.

얼마전 한 일간지에 최근 북한에서 자행된 농업담당비서의 공개처형에
관한 기사가 실린적이 있었습니다. 평양시내 한복판에서 벌어진 이 공개
처형은 물론 김정일체제 강화를 위한 숙청작업이겠지만, 6.25영화에서나

볼 수 있었던, 다시말해서 새로운 21세기를 앞둔 문명사회에서는 찾아보기 힘든 시대착오적인 발상에서 나온 것이었습니다. 거대한 군함도 조타수의 어리석음으로 방향을 잘못 잡으면 여지없이 난파당하고 마는 것처럼, 그 어느 사회나 민족이나 개인이나 가릴 것 없이 시대의 흐름과 방향을 제대로 파악하는 것만큼 생사를 가늠하는 중요한 문제도 없다고 여겨집니다.

그렇다면 우리들 삶의 방향전환에 꼭 필요한 마인드의 변화는 어떻게 이루어져야 할까요? 자신의 삶을 준엄한 자기반성의 법정에 내세우지않는 사람은 삶의방향을 제대로 측정할 수 없습니다. 사람에게는 -감각과 +감각이라는 것이 있습니다. 지나치게 부정적 사고방식과 소극적인 망설임이 나타난다면 그 사람은 - 감각이 너무많은 사람이고 혹은 지나치게 위선적이며 자기과시적이거나 요즘 흔히 말하는 왕자병 공주병에 걸린 사람들은 +감각이 너무 많은 사람입니다.

자신의 -요소, 즉 부족하거나 보충되어야 할 부분이 무엇인지를 제대로 파악하고 자신의 +요소, 다시말해서 다른 사람들에게 나누어 줄 수 있는 요소가 무엇인지를 파악해야합니다. +감각이나 -감각 어느 하나가 지나치게 자신의 삶을 주도해서는 곤란합니다. +감각을 최대화시키는 사람은 자칫 과대망상에 빠지기 쉽고, -감각을 최대화시키는 사람은 염세주의자나 비관적인사람이 되기 쉽습니다. 가장 바람직한 것은 + 감각과 -감각이 적절하게 균형을 이루는 상태가 되는 것입니다. 여러분은 어떻습니까? +와 - 중 어느요소가 더 강하게 작용하는 사람들인가요? 이것은 자신의 삶의 방향을 점검하는 과정에서 반드시 한번은 짚어 보아야 할 요소입니다.

우리가 서있는 '지금'의 시점은 21세기를 앞둔 중요한 전환점입니다. 이 전환의 시기에 스스로 질문해봅시다. 만일 쿼바디스 수이?에 대한 대답이 부정형으로 나온다면 과감하게 방향전환, 방향수정의 용기가 필요합니다.

일찍이 근대철학의 결산을 보여준 칸트(I.Kant)는 이른바 코페르니쿠스적 전회(Kopernikanische Wendung)의 필요성을 역설한 바 있습니다. 요즘의 말로 바꾸어 표현한다면 관점의 변화, 마인드의 변화가 필요하다는 것입니다.

오늘 우리가 함께 읽은 성경에서 우리는 정말 과감한 방향전환의 성공자를 만나게 됩니다. 칸트의 코페르니쿠스적 전회 보다 더 중요한 방향전환의 선구자, 그의 이름은 사도바울입니다. 그는 기독교에 대한 핍박자로부터 기독교의 골수분자로 변화되는 놀라움을 보여주었습니다.

바울은 길리기아 다소지방 출신의 전통적인 유대교인 이었습니다. 그가 어려서부터 배워온 유대교 교리는 십자가에 달려 희생당한, 예수라는 청년을 따르는 것은 사이비나 이단에 속하는 것이며 하나님의 뜻에 어긋나는 것이라고 확신하고 있었습니다. 그래서 그는 이단과 사이비를 처단하는데 주동자가 되기를 자청했습니다. 사도행전에 따르면 초대교회 최초의 순교자 스데반의 죽음을 당연한 것으로 간주하면서 그 모든 책임을 지겠다고 나선 사람입니다.

그는 예루살렘에서의 박해를 피해 전국으로 흩어진 예수교인들을 완전히 소탕하려고 유대교의 문서를 청하였습니다. 사울의 행동은 정당한 것이며 명예로운 것이므로 예수교인들을 처단하려는 청년사울의 일에 협조하라는 공문을 들고 그는 다메섹, 지금의 터키지방에 해당하는 다마스커스로 향하고 있었습니다.

오늘 본문의 3절을 보면, "홀연히 하늘로서 빛이 저를 둘러 비추었고 이내 사울은 땅에 엎드려졌다"고 했습니다. 그리고 예수 그리스도의 음성이 그에게 들렸습니다. "사울아 사울아 네가 어찌하여 나를 핍박하느냐". 사울이 묻기를 "주여 뉘시오니이까?" 하자 이러한 대답이 들려왔습니다. "나는 네가 핍박하는 예수라". 사울은 눈부신 거룩한 빛을 보고 시력을 잃었고 사람들의 도움을 받고서야 겨우 움직일 수 있었습니다.

사울은 이 사건을 계기로 삶의 방향을 180도 완전히 바꾸게 됩니다. 그
토록 핍박하고 진멸해버리려 했던 예수의 추종자들을 핍박하던 자리에서
돌이켜 오히려 그들보다도 더 헌신적으로, 더 열심히 예수 그리스도를 증
거하고 전하는 골수분자로 새롭게 태어났습니다. 전해져 오는 이야기에
따르면 유대인의 관습을 따라 두 가지 이름을 가지고 있던 그는 '위대한
사람'이라는 뜻의 사울이라는 이름보다는 '작은 자'라는 뜻의 바울이라는
이름을 즐겨 사용할 정도로 자신의 모든 것을 그리스도를 위해 내어놓고
그리스도의 사도로 살아갔습니다.

삶의 방향전환이란 바로 이런 것입니다. 자기의 가는 길이 잘못된 것임
을 깨닫는 순간, 돌이켜 새롭게 살아가려는 결단과 용기를 보여주는 것이
바로 삶의 방향전환입니다. 사랑하는 여러분. 여러분은 과연 어디를 향하
여 달려가고 있습니까? 무엇을 삶의 목표로 삼고 있습니까?

여기 우리들의 삶을 근본적으로 변화시킬 위대한 Turning Point를 소개
합니다. "예수 그리스도" 바로 그분입니다. 바울에게 있어서 삶의 방향전
환은 모든 이름위에 뛰어난 이름, 가장 존귀하신 이름, 예수 그리스도의
말씀과 은총이 사도바울의 인생에 진정한 터닝 포인트가 되었습니다. 예
수 그리스도 그 분은 사울을 변하여 바울이 되게하신 것으로 마감하신 것
이 아니라, 오늘의 우리들에게도 중요한 삶의 터닝 포인트로 작용하고 계
십니다.

우리는 지금 중요한 전환기에 살고 있습니다. 21세기가 우리를 향하여
육박해 오고 있습니다. 21세기를 앞둔 우리들의 질문은 이것이라 할 수
있습니다. "나는 지금 무엇을 준비하고 있으며, 무엇을 나의 삶의 목표로
삼고 있는가?" 21세기의 쿼바디스는 이러한 질문의식을 대변하는 필수불
가결의 물음입니다. 21세기 쿼바디스에 올바르게 대답하는 자만이 새로운
세기의 낙오자가 아닌 진정한 주인공으로 인정받게 될 것입니다.

채플 메시지. 넷

다이애나와 테레사

무엇을 가지고 여호와 앞에 나아가며 높으신 하나님께 경배할까 내가 번제물 일년 된 송아지를 가지고 그 앞에 나아갈까 여호와께서 천천의 수양이나 만만의 강수 같은 기름을 기뻐하실까 내 허물을 위하여 내 맏아들을, 내 영혼의 죄를 인하여 내 몸의 열매를 드릴까 사람아 주께서 선한 것이 무엇임을 네게 보이셨나니 여호와께서 네게 구하시는 것이 오직 공의를 행하며 인자를 사랑하며 겸손히 네 하나님과 함께 행하는 것이 아니냐.   (미가 6:6-8)

설교: 문 시영 목사

우리는 얼마전 세기의 두 여인 영국의 다이애나 황태자비와 인도의 테레사 수녀, 이 두 여인의 죽음을 보면서 많은 것을 생각할 수 있었습니다. 매스컴은 대부분의 지면과 시간을 할애하여 두 여인의 일생에 관한 이야기를 쏟아부었고 특히 텔레비전에서는 웨스트민스터사원에서 있었던 다이애나의 장례식을 전세계에 생중계하기도 했습니다.

여러가지 이야기의 홍수 속에서 저에게는 어느 신문 한 면에 나란히 두 여인의 사진과 함께 그들의 삶을 비교해 놓았던 기사가 가장 인상적이었습니다. 우리 시대의 신데렐라로 불리울만한 사연을 가졌던 다이애나는 젊은 나이에 왕세자와 결혼하여 많은 것을 누렸고 화려한 삶을 살았지만 내면으로는 왕실로부터 버림받고 스캔들에 시달리며 안정을 찾지못하는 삶을 그것도 아주 짧은 기간동안에 마무리하였습니다. 가수 엘튼 죤은 다이애나를 '영국의 장미'라고 칭송했고 그녀의 죽음을 슬퍼하는 많은 사람들의 조문행렬과 헌화가 줄을 지었는가하면, 특히 영국인들은 유난히 권위를 앞세우던 왕실의 고정관념을 깨고 에이즈환자를 비롯한 약자들을 위해 관심을 가졌던 다이애나를 눈물로 추모했습니다.

화려한 등장, 화려한 생활, 그리고 그녀의 최후가 이교와의 재혼을 용납할 수 없었던 영국왕실의 작품이었다는 소문에다가 결정적으로 영국의 어떤 심리학자의 말처럼 젊은 나이의 죽음이라는 극적인 요소까지 완벽하게 구비하여 다이애나는 또하나의 여신으로, 그녀의 이야기는 하나의 신화로 남아있을지도 모릅니다.

우리 시대의 신화를 만들어 낸 한 여인의 장례식이 전세계에 생중계되던 날, 대부분의 메스컴은 단 한줄 기사로 혹은 단 몇 분의 화면으로 마더 테레사의 죽음을 언급하고 지나갔습니다. 너무도 대조적이었던 상업매스컴의 보도를 보면서 150센티미터의 작은 키에 87년 평생을 가난하고 소외된 자들을 위해 헌신했던 마더 테레사의 모습이 오히려 더욱 값지게 여겨지는 듯했습니다. 얼핏보기에 초라한듯 향기도 없고 화려한 빛도 없는 삶이었지만 모든 것을 다바쳐 그리스도를 사랑하는 마음으로 소외된 자들을 위해 자신을 불태운 테레사의 죽음은 오늘 우리에게 깊은 감동을 전해 주고 있습니다.

공교롭게도 같은 주간에 숨을 거둔 두 여인의 생전 화면중에 미국에서 다이애나와 테레사가 만나던 장면을 보면, 모든 것을 누릴 수 있을 것처럼 여겨졌던 화려한 여인의 삶에서는 오히려 동정심과 호기심이 작용하고 자신의 모든 것을 내어준 늙고 초라한 여인에게서는 애석함과 감동이 깃드는 것은 저만이 느낀 감정은 아닐 듯 싶습니다.

마치 국력의 차이를 보여주기라도 하는 듯 이른바 대영제국의 왕실은 마음에 내키지 않던 며느리 다이애나에 대한 최후의 제스처를 위해 대대적인 언론 플레이를 포함하여 각별함 관심을 기울인 것처럼 보이고, 빈민의 나라 인도에서 일생을 사랑의 실천에 바친 테레사를 위해서는 구슬프게 내리는 빗속에 이어지는 가난한 백성들의 헌화행렬만이 우리 눈에 비추어지지만, 실상 우리들 마음 깊은 곳의 감동은 초라한 이들의 헌화행렬에서 찾아야 할 듯 싶습니다.

오늘 우리는 스스로에게 질문해 보아야 합니다. 무엇이 진정한 힘인가? 호기심과 동정심의 신화를 낳았던 사람에게서는 멋과 낭만의 이야기는 찾을 수 있을 지 모르나 세계를 이끌어 갈 힘(Power)은 찾아보기 어렵습니다. 비록 아무것도 아닌것 같고 초라해 보이더라도 진한 감동을 남겨준 한 여인의 삶에서 우리는 이 세계를 이끌고 갈 진정한 힘을 발견하게 됩니다.

사랑의 힘, 자기를 희생하는 헌신의 힘! 진실의 힘! 그것이 진정으로 세계를 이끌어갈 힘의 원천인것입니다. 많은 사람들이 말하기를 다가오는 새로운 세기를 앞두고 준비해야할 여러가지 중에 가장 필요한 것은 힘이라고 말합니다. 힘을 표시하는 한자가 들어간 말, 실력이 있어야 하고 능력있는 사람이 되어야 한다고 말합니다. 여러분. 무엇이 실력이고 무엇이 능력인가요? 컴퓨터작업을 능숙하게 해내는 실력, 외국인과 만날때 바디랭귀지로 헤메는 것 보다는 유창한 말솜씨로 그들을 대할 수 있다면 그는 능력있는 사람입니다.

재력이 있어서 마음껏쓰고 걱정없이사는 사람도 능력있는 사람중의 한 사람입니다. 천부적인 소질이 있어서 별다른 노력없이도 남들 장학금 면제받을 때, 등록금 면제받는 사람도 분명이 능력있는 사람임에 틀림없다. 많은 사람들이 능력을 자랑하거나 능력을 비교합니다. "너 나보다 잘났어?" "너 나보다 주먹세?" "나보다 돈많아?" "나보다 술 많이 마셔?" ....

　　우리시대는 비교급의 주제가 잘못되어 있는 것 같습니다. 권력과 재력, 그리고 그 어떠한 능력 보다도 더 중요한 것은 바로 사랑과 희생이 있는 삶의 자세입니다. 오늘 우리 사회는 참된 사랑을 찾아보기 어려운 허약한 공동체로 전락하고 있습니다. 정치가도 진실하지 못하고 경제인도 진실하지 못합니다. 만일 우리들의 사회가 지금보다 더 어려운 상황에 처하게 된다면, 그것은 무엇보다도 참된 사랑의 결여에서 그 원인을 찾아야 할 것입니다.

　　얼마전 끔찍한 토막살인사건이 있었습니다. 한강둔치의 시체토막과 한강에서 떠오른 가방에서 여인의 머리가 발견되었습니다. 몽타쥬라는 명목으로 시커멓게 부패되기시작한 시신의 토막난머리를 사진으로 찍어 텔레비젼을 통해 방영하는 모습을 보면서 우리는 마치 "이야기속으로"나 "전설의 고향"을 보는듯한 섬뜩함을 느끼지 않을 수 없었습니다. 범인은 같은 호텔의 남자 종업원이었고 그는 성폭행으로 고소한다는 여인의 말에 기소유예중이던 자신의 살길을 찾기위해 이러한 잔인한 일을 저질렀다고 했습니다.

　　그 얼마전에는 17살난 동생의 동거생활비를 마련해 주기위해 자신이 살던 옆집 아파트의 새댁과 세살짜리 딸을 죽였던 십대들의 뉴스도 있었습니다. 겨우 170만원을 위해 어머니의 주검앞에 울고있는 세살박이 아기를 마치 중국무협영화에 나올법한 대사 한마디, "혹시 애가 커서 후환을 만들지 몰라" 하는 한마디에 아기까지도 목졸라 죽이고 말았습니다.

　　오늘 우리들의 사회는 강력한 치안정책이나 그 어떠한 법적 제도적 노력으로도 치유하기 어려운 심각한 상태에 빠져 있습니다. 정치력으로 해결할까요? 그야말로 법대로 병역을 빼돌린 사람이나 허울좋은 경제논리를 앞세우는 파렴치한 경제인들의 힘을 빌어 이 사회를 바로잡을 것인가요? 비록 그들에게 힘은 주어져 있을지 모르나 그들이 지니고 있는 힘은 두려움의 대상인 물리적인 힘 이상의 다른 어떠한 의미도 없습니다.

오늘 여러분이 함께 읽으신 성경말씀을 기억해야 합니다. "여호와께서 천천의 수양이나 만만의 강수 같은 기름을 기뻐하실까 내 허물을 위하여 내 맏아들을 내 영혼의 죄를 위하여 내 몸의 열매를 드릴까 사람아 주께서 선한 것이 무엇임을 네게 보이셨나니 여호와께서 네게 구하시는 것이 오직 공의를 행하며 인자를 사랑하며 겸손히 네 하나님과 함께 행하는 것이 아니냐"

여호와께서 우리에게 구하시는 것은 물량공세로 입막음을 가능할 한보따리 선물도 아니고 멋진 외모나 각선미도 아니고 강력한 군사력도 아니고 오직 공의를 행하며 인자를 사랑하며 겸손히 하나님과 함께 행하는 것 그것뿐입니다. 요컨대 하나님은 참된 사랑의 사람, 진실한 사람을 찾으십니다.

사랑의 힘!, 진실의 힘! 그것은 지금 당장 아무에게도 보이지 않고 아무도 알아주지 않는 것 같지만 사랑과 진실의 힘처럼 위대한 것은 없습니다. 사랑과 진실은 겉으로 드러나는 물리적인 세계를 바꿀 수 없을지 몰라도 우리마음 깊은 곳의 변화를 이루어 내는 원동력이 됩니다. 진실의 힘! 그것이야말로 우리시대가 진정으로 구비해야할 필수요소입니다. 혹 어떤 사람은 이렇게 생각할지 모릅니다. 진실이라고 하는 것, 그것은 얼핏 듣기에는 좋은 것 같지만 냉엄한 사회적 현실(reality)를 제대로 알지 못하는 순진한(naive)한 구호에 지나지 않는다고 생각할 수 있습니다.

그러나 우리들의 사회가 무엇보다도 사랑, 헌신, 진실의 결여라는 심각한 중증에 걸려있다는 사실을 명심해야 합니다. 겉보기에 좋은 것이라고 모든면에서 좋은 것이 되는 것은 아닙니다. 겉으로는 화려하고 산뜻한 음식도 속이 부패했다면 그것은 음식이 아니라 오히려 독입니다. 그러므로 예수께서는 이렇게 말씀하셨습니다. 마가복음 7장 18절부터 이렇게 기록되어 있습니다.

예수께서 이르시되 너희도 이렇게 깨달음이 없느냐 무엇이든지 밖에서 들어가는 것이 능히 사람을 더럽게하지 못함을 알지못하느냐. 이는 마음에 들어가지 아니하고 배에 들어가 뒤로 나감이니라……. 또 가라사대 사람에게서 나오는 그것이 사람을 더럽게 하느니라 속에서 곧 사람의 마음에서 나오는 것은 악한생각 곧 음란과 도적질과 살인과 간음과 탐욕과 악독과 속임과 음탕과 흘기는 눈과 훼방과 교만과 광패니 이 모든 악한 것이 다 속에서 나와서 사람을 더럽게 하느니라.

그렇습니다. 진정 우리가 주목해야만 하는 것은 겉만 번지르한 대상들이 아니라 우리 마음을 새롭게하는 일, 마음의 진실을 회복하는 일입니다. 많은 사람들이 기독교에 대해 요구사항들을 늘어놓습니다. 무엇이 이 시대를 위한 기독교의 예언자적 기능인가요? 해외선교 많이 한다고, 나라와 민족을 위해 기도한다고 예언자적 기능을 다하는 것입니까? 그렇지 않습니다. 오늘의 기독교가 수행해야 할 우리시대의 예언자적 기능은 '진실한 사랑, 진실한 헌신, 진실한 기도, 진실한 생활'을 회복하는 것입니다.

우리에게 멋진 패션감각과 멋진 삶의 능력이 필요합니다. 주어진 일을 잘 감당할만한 실무능력도 필요하고 어학능력도 필요합니다. 하지만 이 모든 것은 구비하였다 하더라도 사랑과 헌신, 그리고 진실이 없다면 그것은 무의미합니다. 사랑의 힘, 진실의 힘. 그것은 우리가 도전해야 할 미래와 사회를 향해 자신있게 내어놓을 수 있는 가장 중요한 담보물이라는 사실을 명심하십시오. 여기 사랑과 헌신, 그리고 진실의 표본을 소개합니다. 예수 그리스도, 바로 그 분입니다. 예수 그리스도와 더불어 참된 삶의 힘을 발견하시기 바랍니다.

주기도문, 사도신경, 십계명

주기도문
(The Lord's Prayer)

하늘에 계신 우리 아버지여,
이름이 거룩히 여김을 받으시오며,
나라이 임하옵시며,
뜻이 하늘에서 이룬 것같이 땅에서도 이루어지이다.
오늘날 우리에게 일용할 양식을 주옵시고,
우리가 우리에게 죄 지은 자를 사하여 준 것같이
우리 죄를 사하여 주옵시고,
우리를 시험에 들게 하지 마옵시고,
다만 악에서 구하옵소서.
대개 나라와 권세와 영광이 아버지께 영원히 있사옵나이다.
- 아멘 -
(마태 6:9-13)

Our Father in heaven, Hallowed be Your name. Your Kingdom come. Your will be done on earth as it is in heaven. Give us this day our daily bread. And forgive us our debts, as we forgive our debtors. And do not lead us into temptation, but deliver us from the evil one. For Yours is the kingdom and the power and the glory forever.

Amen.

(MATTHEW 6:9-13)

사도신경
(The Apostles' Creed)

전능하사 천지를 만드신 하나님 아버지를 내가 믿사오며,
그 외아들 우리 주 예수 그리스도를 믿사오니,
이는 성령으로 잉태하사 동정녀 마리아에게 나시고,
본디오 빌라도에게 고난을 받으사, 십자가에 못박혀 죽으시고,
장사한 지 사흘 만에 죽은 자 가운데서 다시 살아나시며,
하늘에 오르사, 전능하신 하나님 우편에 앉아 계시다가,
저리로서 산 자와 죽은 자를 심판하러 오리시라.
성령을 믿사오며, 거룩한 공회와, 성도가 서로 교통하는 것과,
죄를 사하여 주시는 것과, 몸이 다시 사는 것과,
영원히 사는 것을 믿사옵나이다.
-아멘-

I Believe in God The Father Almighty, Maker of heaven and earth; And in Jesus Christ His only Son our Lord; Who was conceived by the Holy Spirit, born of the Virgin Mary, suffered under Pontius Pilate, was crucified, dead, and buried; He descended into hell; the third day He rose again from the dead; He ascended into heaven, and sitteth on the right hand of God the Father Almighty; from thence He shall come to judge the quick and the dead.

I believe in Holy Spirit, the Holy Universal Church; the communion of saints; the forgiveness of sins; the resurrection of the body; and the life everlasting.

Amen.

십 계 명

(The Ten Commandments)

하나님이 이 모든 말씀으로 일러 가라사대
나는…… 너의 하나님 여호와로라.

제 일은, 너는 나 외에는 다른 신들을 네게 있게 말지니라.

제 이는, 너를 위하여 새긴 우상을 만들지 말고, 또 위로 하늘에 있는 것이나, 아래로 땅에 있는 것이나, 땅 아래 물속에 있는 것의 아무 형상이든지 만들지 말며, 그것들에게 절하지 말며, 그것들을 섬기지 말라.

나 여호와 너의 하나님은 질투하는 하나님인즉 나를 미워하는 자의 죄를 갚되, 아비로부터 아들에게로 삼사대까지 이르게 하거니와, 나를 사랑하고 내 계명을 지키는 자에게는, 천대까지 은혜를 베푸느니라.

제 삼은, 너는 너의 하나님 여호와의 이름을 망령되이 일컫지 말라.

나 여호와는 나의 이름을 망령되이 일컫는 자를 죄없다 하지 아니하리라.

제 사는, 안식일을 기억하여 거룩히 지키라.

엿새 동안은 힘써 네 모든 일을 행할 것이나, 제 칠일은 너의 하나님 여호와의 안식일인즉, 너나 네 아들 이나, 네 딸이나, 네 남종이나, 네 여종이나, 네 육축이나 네 문 안에 유하는 객이라도 아무 일도 하지 말라. 이는 엿새 동안에 나 여호와가 하늘과 땅과 바다와 그 가운데 모든 것을 만들고 제 칠일에 쉬었음이라. 그러므로 나 여호와가 안식일을 복되게 하여, 그 날을 거룩하게 하였느니라.

제 오는, 네 부모를 공경하라.
> 그리하면 너의 하나님 나 여호와가 네게 준 땅에서 네 생명이 길
> 리라.

제 육은, 살인하지 말지니라.

제 칠은, 간음하지 말지니라.

제 팔은, 도적질하지 말지니라.

제 구는, 네 이웃에 대하여 거짓 증거하지 말지니라.

제 십은, 네 이웃의 집을 탐내지 말지니라.
> 네 이웃의 아내나, 그의 남종이나 그의 여종이나, 그의 소나 그의
> 나귀나, 무릇 네 이웃의 소유를 탐내지 말지니라.
> (출애굽기 20 : 1-17)

Then God spoke allthose words. He said "I am Yahwe your God :

1. You shall have no gods except me.
2. You shall not make yourself a carved image or any likeness of anything in heaven or earth beneath or in the waters under the earth : you shall not bow down to them or serve them.
3. You shallnot utter the name of Yahwe your God to misuse it.
4. Remember the sabbath day and keep it holy.
5. Honour your father and your mother.
6. You shall not kill.
7. You shall not commit adultery.
8. You shall not steal.
9. You shall not bear false witness against your neighbour.
10. You shall not covet your neighbour's house. (Exodus 20 : 1-17)

참 고 문 헌

Bäumer Franz-Josef, *Fortschritt und Theologie*. Frankfurt/a.M. u.a, 1985.

Curran C., *Politics, Medicine, and Christian Ethics*. Philadelphia : Fortress Press, 1973.

Fischer J. M., *Moral Responsibility*. Ithaca and London. : Cornell Univ. Press, 1986.

Geisler N., 《기독교 윤리학》 위거찬 역, 기독교문서선교회, 1992.

Giddens A., *The Consequences of Modernity*. 『포스트 모더니티』 이윤희/이현희 역, 민영사, 1991.

Griffin D. R., *The Reenchantment of Science*. Postmodern Proposals. Albany : SUNY Press, 1988.

Guthrie Shirley C.Jr., *Christian Doctrine. Teachings of The Christian Church*. Atlanta : John Knox Press, 1968.

Häring H., *Das Problem des Bösen in der Theologie*. Darmstadt 1985.

Harrison Everett F., *Baker's Dictionary of Theology*. Grand Rapids, Michigan : Baker Book House, 1960.

Hospers J., *Human Conduct*. 《도덕 행위론》 최용철 역, 지성의 샘, 1994.

Jentsch W. u.a. (Hrsg.), *Evangelischer Erwachsenkatechissmus*. Gütersloh 1975.

Jonas H., 《책임의 원칙 : 기술시대의 생태학적 윤리》 이진우 역, 서광사, 1994.

Küng H., *Existiert Gott?* 《신은 존재하는가?》 성염 역, 분도출판사, 1994.

Küng H./Tracy D.(Hrsg.), *Theologie Wohin?* Auf dem Weg zu einem neuen Paradigma. Gütersloh u.a. 1984.

Lee Se H., *A Reinterpretation of God and Evil from the Taoist Perspective*. Drew University Dissertation, 1996.

Livingston J. C., *Modern Christian Thought. From the Enlightenment to Vatican*

356

II. New York : Macmillan, 1971.

Long Jr. E. L., *A Survey of Recent Christian Ethics.* N.Y. : Oxford Univ. Press.

Maclntyre A., *After Virtue.* Indiana : iNotrdame Univ. Press, 1984.

Mann U., *Einführung in die Religionsphilosophie.* Darmstadt 1970.

May F., *Tatort Erde.* Vom Selbstmordprogramm zur Überlebensstrategie. Ein Umwelt-Report aus christlicher Sicht. Raeinkamp-Basel, 1973.

Megill A., *Prophets of Extrimity.* Berkley, Los Angeles, London : University of California Press, 1985.

Moltmann J., *Der gekreuzigte Gott.* 《십자가에 달리신 하나님 ; 基督敎 神學의 根據와 批判으로서의 예수의 十字架》金均鎭 옮김, 韓國 神學硏究所, 1981.

Niebuhr H. R., *The Responsible Self.* 《책임적 자아》정진홍 역, 이대출판부, 1979.

Oden Thomas C., *The Living God.* San Francisco: Haper & Row, 1987.

Ott H., *Die Antwort des Glaubens.* 『신학해제』김광식 역, 한국신학연구소, 1989.

Outka G., *Agape; an ethical analysis.* Heaven&London : Yale Univ. Press, 1976.

Pamsey P., *Basic Christian Ethics.* London : Chicago Univ. Press, 1980.

Pöhlmann Hosrt G., *Abriß der Dogmatik. Ein Kompendium.* Gütersloh, 1975.

Rachels J., 《도덕철학》김기순 역, 서광사, 1989.

Schütz C., *Einführung in die Pnumatologie.* Darmstadt, 1978.

Schweiker W., *Reponsibility and Christian Ethics.* Cambridge : Cambridge Univ. Press, 1995.

Scheffczyk L., *Einführung in die Schöpfungslehre.* Darmstadt, 1987.

Smith H., 《현대의학과 윤리》김중기 역, 대한기독교출판사, 1983.

Toffler A., *The Third Wave.* 《제3의 물결》이규행 역, 한국경제신문사, 1994.

Verantwortung Wahrnehmen Für die Schöpfung. Herausgegeben vom Kirchenamt der Evangelischen Kiech in Deutschland und dem Sekretariat der Bischofskonferenz. Köln 1985.

Waldenfels H. (Hrsg.), *Lexikon der Religionen.* Freiburg u.a, 1978.

Weber O., *Grundlagen der Dogmatik.* Bd.I.II. Neukirchen-Vluyn, 1954/1962.

Woodbridge John D. (Ed.), *Great Leaders of the Christian Church.* Chicago : Mody Press, 1988.

Wright Richard T., *Biology Through the Eyes of Faith.* 《신앙의 눈으로 본 생물학》 권오식 역, 한국기독학생회출판부 • 한국기독교대학협의회, 1995.

Zink H., *Erfahrung mit Gott.* Stuttgart, 1974.

W. 비치/H. R. 니버, 《기독교 윤리학》 김중기 역, 대한기독교출판사, 1985.

N. 케머린, 《기독교 의료윤리》 권성수 역, 횃불, 1993.

T. 매스턴, 《성서윤리》 고재식 역, 대한기독교출판사, 1993.

V. 퍼니, 《바울의 신학과 윤리》 김용옥 역, 대한기독교출판사, 1994.

T. 샤논 J. 디자아코모, 《생의 윤리학이란?》 황경식 외 역, 서광사, 1988.

곽선희, 《현대인을 위한 신앙고백-사도신경강해》 종로서적, 1984.

김광식, 《조직신학》 I. II. III. 대한기독교서회, 1988/1989/1994.

김광원, 《열린 기독교를 향하여 - 포스트모더니즘과 종교다원주의》 한들, 1997.

김광원/문시영, 《현대인과 성서》, 선학사, 1997.

문시영, 《아우구스티누스와 행복의 윤리학》, 서광사, 1996.

문시영, 《기독교 윤리 이야기》, 한들, 1997.

민경배, 《한국교회사》, 대한기독교서회, 1968.

민영진, 《기독교의 뿌리탐구 2. 이스라엘 이야기》, 컨콜디아사. 1995.

박충구, 《기독교 윤리사》, 대한기독교서회, 1994.

선한용, 《아우구스티누스에 있어서 시간과 영원》 성광문화사, 1989.

양명수, 《호모 테크니쿠스》, 한국신학연구소, 1995.

연세대 종교교육위원회, 《현대인과 기독교》, 연세대학교 출판부, 1997.

김광원(金光元)

- 감리교신학대학교 신학과졸업
- 동 대학원졸업
- 독일 Bonn대학교 신학부졸업
  (조직신한 전공/Dr. Theol.)
- 협성대학교 신학부 교수 역임
- 미국 Syracuse연합감리교회 담임목사 역임
- 현재 / 남서울대학교 교수

문시영(文時影)

- 숭실대학교 철학과졸업
- 동 대학원 석, 박사과정 수료
- 장로회 신학대학원 졸업
- 숭실대학교 대학원에서 철학박사 학위취득(윤리학전공)
- 천안외전 교수 역임
- 현재 / 남서울대학교 교수

기독교 바로 알기

1998년 2월 25일 초판 1쇄 발행
2018년 3월 13일 초판 2쇄 발행

지은이 • 김광원 · 문시영
펴낸곳 • 선학사
펴낸이 • 이찬규
주소 • 13209 경기도 성남시 중원구 사기막골로 45번길 14 우림 2차 A동 1007호
전화 • 02-704-7840
팩스 • 02-704-7848
등록 • 제10-1519호
ISBN • 978-89-8072-258-7(93230)

값 15,000원